政策网络视角下的地方政府治理研究：
理论、方法和案例

龚虹波　著

ZHEJIANG UNIVERSITY PRESS
浙江大学出版社

图书在版编目（CIP）数据

政策网络视角下的地方政府治理研究：理论、方法和案例 /
龚虹波著. —杭州：浙江大学出版社，2021.4（2022.5 重印）
　　ISBN 978-7-308-20643-3

　　Ⅰ．①政… Ⅱ．①龚… Ⅲ．①地方政府－行政管理－
研究 Ⅳ．①D035.5

中国版本图书馆 CIP 数据核字（2020）第 191778 号

政策网络视角下的地方政府治理研究：理论、方法和案例

龚虹波　著

责任编辑	杜希武
责任校对	夏湘娣　石国华
封面设计	刘依群
出版发行	浙江大学出版社
	（杭州市天目山路 148 号　邮政编码 310007）
	（网址：http://www.zjupress.com）
排　　版	杭州好友排版工作室
印　　刷	广东虎彩云印刷有限公司绍兴分公司
开　　本	710mm×1000mm　1/16
印　　张	19.75
字　　数	333 千
版 印 次	2021 年 4 月第 1 版　2022 年 5 月第 2 次印刷
书　　号	ISBN 978-7-308-20643-3
定　　价	59.00 元

前　言

近 20 年来,全球地方政府治理正经历着"治理的转型(tranformation of governace)"①。这一转型主要体现在地方政府治理过程中,参与主体多元化、权力分散与互赖、信息资源共享和更多地依赖一线行政人员提供服务。可以说,网络和网络化已成为全球地方政府治理的重要特征。对于中国而言,如何在全球化背景下实现有效的地方政府治理是推进我国国家治理体系和治理能力现代化的重大议题。加强中国地方政府治理的经验研究,推动中国地方政府的有效治理是近几十年来我国公共管理学、政治学、社会学、法学、经济学等众多社会科学研究从业者共同面对的历史性命题。

事实上,改革开放以来,特别是十八届三中全会提出国家治理体系和治理能力现代化的历史性任务以来,全国各地的地方政府治理的创新举措可谓精彩纷呈。如广东省地方政府内部纵横双向权力配置改革,国家、市场、社会与群众四者之间的协同共治关系变革,以及基层自治与社会治理革新②。贵州省县乡两级政府服务体系与服务能力建设和贵州省社会治理创新促进地方政府治理能力提升③。苏南地方政府构建服务型政府的制度性平台和操作性经验④。浙江省将评价改革成效的权力交给人民群众,扭转以往政府中心主义的改革逻辑的"最多跑一次改革"⑤,地方政府以实现整体性政府为目标的行政审批制度改革⑥,以及"互联网＋"时代的地方政府

---

① Kettl D F. The transformation of governance: Globalization, devolution, and the role of government. Public administration review, 2000, 60(6): 488-497.

② 张紧跟. 调适与变迁:广东探索地方政府治理结构创新. 广州:中山大学出版社,2018.

③ 靳永翥. 贵州地方政府治理能力研究. 北京:社会科学文献出版社,2018.

④ 沈荣华,金海龙. 地方政府治理. 北京:社会科学文献出版社,2006.

⑤ 郁建兴,高翔. 浙江省"最多跑一次"改革的基本经验与未来. 浙江社会科学,2018(4):76-85＋158.

⑥ 陈永杰,皇甫鑫. 以整体性行政审批制度改革推进国家治理现代化:地方经验与作用机制. 天津行政学院学报,2019,21(3):30-38.

治理创新探索①,等等。中国地方政府治理创新以自主探索、设计实验和请示授权等多种形式,探索了多中心治理、扁平化治理、共同治理、参与式治理、合作治理等多种模式,在提升基层地方政府治理能力上显示出蓬勃的生机②。从总体上看,在以下五方面发生显著且深刻的变化。一是,以人民为中心的发展思想不断深入;二是,多元治理主体之间更加协同;三是,地方政府内部更具整体性;四是,地方创新更加有序;五是,数字技术成为地方治理的重要工具③。当然,就目前而言,中国地方政府治理也面临着诸多瓶颈性困境。如在新的经济、社会发展需求下,地方政府与市场、社会、民众的关系结构以及政府之间关系结构的变迁;在现有的行政体制模式下,地方政府治理如何走出"运动式治理"模式,形成制度化的治理模式;如何解决社会组织、公民个人参与共同治理的意愿不足;地方治理主体的能力还不足以支撑大规模和快速的数字化治理转型等问题;等等。

面对上述中国地方政府治理丰富的经验现象,学者们也从不同的理论视角、运用多样化的研究方法进行了越来越深入细致的探讨。本书是在政策网络的视角下,运用社会网络分析、案例分析的研究方法,主要以宁波市地方政府治理实践和中西方地方政府治理实践比较为案例展开研究。

政策网络分析是近10年来发展极为迅猛的研究视角。这一视角之所以吸引国内较多学者致力其中,主要有三方面的原因:一是,政策网络分析与当下地方政府治理的实践和理论研究盛行的"治理"理念相契合,并且为各类"治理"现象提供了开展经验研究、定量分析的途径;二是,第三代政策网络分析整合社会网络分析的研究方法和技术后,克服了"网络"这一核心概念模糊化的比喻,并且在与社会科学研究的其他理论视角的融合上,显示出强大的包容性;三是,政策网络分析是在地方政府治理的公共政策研究发展脉络中自然产生的。地方政府治理的公共政策研究,经历了行为主义阶段后,学者普遍关注到结构与行为融合的重要性。但如何融合是摆在学者们面前的一大难题。整合社会网络分析的研究方法和技术后的第三代政策网络分析,以其特殊的研究视角和方法④,将结构与行为自然地融合到网络

---

① 刘英凤."互联网+"时代的地方政府治理创新.活力,2019(12):69-69.

② 每两年一次的中国地方政府创新奖的评选活动所展现的事例可充分展现这一活力。

③ 郁建兴.新时代我国地方治理的新进展.学习时报,2019-12-23(005).

④ 政策网络分析从以往公共政策研究关注行动者个体的行为以及由此产生的集体行动,转而研究公共政策过程中行动者个体之间形成的关系、关系内容以及由此形成的结构性特征。

的分析中。这一研究方法通过分析政策网络中的行动者属性、行动者之间的关系,展现其结构性特征,以及结构的形成和演化。虽然政策网络分析的上述三大优势吸引了许多社会科学研究者的关注,但这一视角在研究的深度,与其他理论的融合度,以及产生有影响力的理论成果上尚有很大的努力空间。

　　本书即在政策网络分析视角下,在宁波市地方政府治理经验的个案研究基础上所做的理论归纳。这些个案中,既有对宁波市行政审批制度改革的纵向历时研究,也有对宁波市地方性高校治理的横向即时研究;既有地方政府自身改革政策的执行,也有地方政府的环境治理、高效治理;既有对宁波市的个案研究,也有对宁波市与美国地方政府治理的比较研究。长期多个案例研究的积累,旨在抽象中国地方政府治理的理论。另外,本书的研究是运用政策网络的理论视角和研究方法开展的。但研究者也发现,中国地方政府治理的政策网络有别于西方,其最大的原因是,作为基层治理单位,地方政府具有熟人社会的特征,这使其往往深受传统"关系"文化的影响,因此本书在中国地方政府治理的"关系"网络上做了方法论的思考和尝试。事实上,笔者认为,运用社会网络理论与方法来分析中国地方政府治理实践有着得天独厚的优势。因为社会网络分析与传统的行为主义研究进路相比较,最大优势即是它不再仅仅关注个体的行为,而强调人际关系、关系内涵以及社会结构对社会现象的解释[①]。而中国社会又是一个"人情"社会[②],人际关系不仅有着有别于西方国家的复杂内涵,更是社会行为不应忽略或无视的研究内容。中国地方政府治理是在中国的"人情"社会中展开的,不可能也不应该摒弃中国文化所传承下来的人际关系内容。相反,这是我们理解中国地方政府治理现象的要点,也是发展政策网络理论与方法的中国经验。基于此,本书从理论、方法和案例研究三方面出发对上述理路进行了思考和研究。

---

　　① 罗家德.社会网分析讲义.2版.北京:社会科学文献出版社,2010.
　　② 翟学伟.人情、面子与权力的再生产——情理社会中的社会交换方式.社会学研究,2004(5):48-57;黄光国,胡先缙.人情与面子:中国人的权力游戏.北京:中国人民大学出版社,2010.

目　　录

第二篇　方法篇

第三篇　案例研究篇

第一篇　理论篇

近十几年来，中国地方政府治理理论研究的发展十分迅猛。这一发展既有分析范式的转变，也有理论模型的变化；既有中国本土化理论的创造，也受西方各种理论思潮的影响；既有对行动主义范式的深入探索，也在不断寻找结构与行动的有机融合。这些理论均来自中国近十几年来精彩纷呈的地方政府治理实践，以及对中国与西方国家地方政府治理比较后的深入思考。

本篇在梳理中国地方政府治理既有理论模型的基础上，尝试寻找"结构"与"行动"有机融合的研究路径。基于此，本篇主要包括四部分内容。一是，综述地方政府治理研究既有的三个理论模型，即官僚制模型、博弈模型和运动式治理模型，并分析上述研究模型各自的贡献、特色和不足之处。二是，从分析"结构"与"行动"两者之间的断裂、联结、融合出发，探讨了从政策网络分析视角研究中国地方政府治理的可能性。三是，着重分析了中国地方政府治理的政策结构特征，将其归纳为"有限分权"的正式结构和"关系主导"的非正式结构，并将两者组合成四种不同的模式。在此基础上，分析了不断转换的政策结构、政策过程和政策结果三者之间的关系。四是，在线性分析了政策结构、政策过程和政策结果三者之间的关系之后，将中国地方政府治理的政策结构和政策过程融合在政策网络中，提出中国地方政府治理的定量、定性分析要素，以及政策网络分析框架，在结构与行动有机融合的政策网络中来考量中国地方政府治理的绩效。

本篇的创新之处主要在于以下三点：一是，从结构与行动的二元紧张来检视中国地方政府治理已有的研究成果，并展现了政策网络研究进路在消解传统社会科学研究在结构与行动上的二元紧张，实现结构与行动有机融合上所具有的优越性；二是，深入分析中国地方政府治理的政策结构特征，将其归纳为"有限分权"的正式结构和"关系主导"的非正式结构，并将两者组合成四种不同的模式；三是，将中国地方政府治理的政策结构特征纳入政策网络分析，提出中国地方政府治理的政策网络分析框架。

第一章　地方政府治理研究的理论模型

由于政治、行政体制不同于西方国家,中国的地方政府治理具有一定的特殊性。更重要的是,在传统政治文化下形成的非正式制度又加剧了中国地方政府治理的复杂性。这种特殊性和复杂性使中国的地方政府治理具有了丰富的理论内涵。因此,中国的地方政府治理问题历来是西方学者的研究兴趣所在。近 30 多年来,西方著名的学者如李侃如(Kenneth Lieberthal)、戴维·M.兰普顿(David M. Lampton)、鲍大可(A. Doak Barnett)、裴鲁恂(Lucian Pye)、夏竹筠(Susan L. Shirk)等人一直在关注、研究中国的地方政府治理现象,且形成了不少引人注目的研究成果。虽然这些研究成果在某些方面较为偏颇,或多或少受到意识形态的影响,但对我们更深入地理解中国地方政府治理是有帮助的。近十几年来,该研究领域也引起了越来越多国内学者的关注。对于中国具有丰富内涵的地方政府治理现象,中西方学者做出了不少具有竞争性的理论解释,大致可分为三种模型:官僚制模型、博弈模型和运动式治理模型。

第一节　官僚制模型

官僚制模型是指在规范意义上以韦伯的官僚制为标准,分析地方政府治理中的个体、制度与官僚制的差距,从而得出实现治理目标的政策执行建议的研究范式。由于当代中国地方政府治理的基本决策,主要依靠党和政府的各级组织加以贯彻执行,因此,用官僚制模型来解释中国地方政府治理现象具有一定的合理性。依照韦伯的观点,官僚制具有如下特征:层级制(在一种层级划分的劳动分工中,每个官员都有明确界定的权限,并在履行职责时对其上级负责);连续性(借助于提供有规则的晋升机会的职业结构);非人格化(工作按照既定的规则进行,而不听任于任何个人偏好,每一项事务都要记录在案);专业化(官员们根据实绩进行选拔,依据职责进行培训,通过存档的信息对他们进行控制)。[①] 据此,复杂的公共政策目标将在政策执行过程中被细分为可处理、可重复的任务。每一项任务归属于某一特定的公职,然后由一个权力集中的、等级制的控制中心加以协调。循此理路,官僚制模型的基本假定是,政府组织的目的在于实现政策目标,而政策目标是由国家政治机构决定的,并不取决于政策执行中的个人、群体或利益团体。

在这一研究视角下,中国地方政府治理的核心问题是,中央(上级)政府应该如何控制或协调地方(下级)政府的行为以实现政策目标。换言之,中国地方政府治理的研究目的在于找出政策执行过程中的阻滞机制并设法予以消解。对这一问题的回答,研究者需要一个前设的、应然的规范标准,即在什么样的情况下,地方政府的政策执行将是无阻滞的。而韦伯的官僚制理论则是对这一问题的系统回答。因此,在这一研究视角下,研究者大多采取自上而下的政策执行的研究进路,分析地方政府在政策执行中的个体、制度与规范意义上的官僚制的差距,从而给出解决中国地方政府治理问题的方案[②]。从这一理路出发,中国地方政府在政策执行过程中出现的信息流通不畅、认知缺陷、认同障碍、政策本身欠缺、执行方式欠缺、监督不力、"人情—面子—关系网"等非正式制度的妨碍,以及"条块分割""党政双轨"等正式制度的缺陷都是导致某一具体的公共政策在地方层面执行阻滞的解释变量。

但是,一个具有争议性的问题是,在规范意义上,官僚制模型对中国地方政府的治理过程是否具有足够的指导意义?质问的理由在于,中国地方政府的治理结构与韦伯意义上的官僚制相去甚远。一方面,中国的传统政治文化背景对官僚制的基本特征只能提供微弱的支持。官僚制特有的要求是任人唯贤、非人格化、照章办事和程序,而中国传统政治文化则推崇身份、血缘和人情面子。这两者之间存在着严重的脱节。另一方面,在"发展中国家""以经济建设为中心"这样的地方政府治理目标环境下,要使政府行为受

---

① 戴维·毕瑟姆.官僚制.长春:吉林人民出版社,2005.

② 目前,采用这一进路的文献比较多,比较有代表性的是:丁煌.政策执行阻滞机制及其防治对策——一项基于行为和制度的分析.北京:人民出版社,2002;丁煌.监督"虚脱":妨碍政策有效执行的重要因素.武汉大学学报(哲学社会科学版),2002(2):209-214;金太军,钱再见,张方华等.公共政策执行梗阻与消解.广州:广东人民出版社,2005.

到系统化的制度约束一时是难以实现的。事实上,这种地方政府治理的环境和任务本身就与官僚制模型的前提有巨大差异。

上述对官僚制模型的批评尽管尖锐但过于笼统了。因为在该进路的研究者看来,尽管中国的地方政府治理结构与韦伯意义上的官僚制相去甚远,但这并不意味着中国的地方政府治理需要完全抛弃官僚制的规范,而且也不意味着中国的地方政府治理完全没有官僚制的某些特征。因此,如果从该进路对中国地方政府治理现象的解释力着眼,批评就不应该笼统地指责官僚制模型对中国地方政府治理的规范意义,而是应该指出官僚制模型的前提假设,从而分析该模型的适用范围。事实上,官僚制模型隐含着四个前提假设。(1)政治与行政(政策制定与政策执行)是截然分开的。(2)假定政策目标的规定是很清楚的,实现这些目标所需的资源也是充足的。(3)执行政策的组织从属于严格的等级控制制度。(4)政策决策团体能够改变和控制环境。[①] 当然,这些前提假设对大多数地方政府的公共政策执行而言实在是过于严格了,但并不排除中国有些公共政策能较好地符合上述前提。

第二节　博弈模型

与运动式治理模型不同,博弈模型认为,中国的地方政府治理是决策者与执行者、执行者与执行者,基于各自利益的博弈过程。其核心观点是,由于中国改革进程中不断强化的分权趋势,决策者已经逐渐失去对执行者的控制,政策执行的结果是各行动团体之间讨价还价产生的。需要指出的是,中国地方政府治理中的博弈模型与西方国家的博弈模型是有区别的。西方国家的地方政府治理中有相对稳定的政策执行结构(政策网络),其博弈结果具有较强的可预期性和可管理性;而中国地方政府治理过程中的博弈是在不断变化的政策执行结构中进行的,博弈的形式和产生博弈的原因具有多样性。

中国地方政府治理中的博弈形式既可以是有秩序的,也可以是无秩序的。有秩序的博弈是指博弈行为得到政策认可,是决策者设计的一个政策执行环节,商量或讨价还价的内容在政策目标范围之内。如 1978—1988 年

干部离、退休政策的执行,其政策执行结果既实现了决策者的政策目标,也体现了政策目标团体(离、退休干部)的个人利益。所谓无秩序的博弈是指,博弈行为未得到政策认可,是政策执行过程中随时发生的讨价还价及策略性行为,其内容也往往在政策目标范围之外。无秩序的博弈是对预期政策结果不满意的地方政策执行者设法逐渐突破已有的政策安排,采取"特殊政策、灵活措施"和"变通执行中央政策"的做法以维护自身利益。

在中国地方政府治理中,导致博弈行为产生的原因主要有三点:一是中国地方政府的政治环境因素。在"以政治稳定为基础""摸着石头过河"的渐进改革中,决策团体为了减小改革所引起的社会震荡,降低政策设计失误所带来的成本,在政策执行过程中并不强调政策刚性。换言之,当推行的新政策有碍于稳定或不利于经济发展时,决策团体可以允许政策执行者偏离原初的设计目标。这导致了政策执行过程中博弈现象的产生。① 二是中国地方政府治理过程中的利益因素。有学者认为,博弈主要来自利益驱动,特别是各级党政组织基于自身特殊利益的反改革力量与中央的改革力量之间存在着博弈。中央的政策经常被地方政策执行者的利益扭曲。② 地区和单位经常是最大化自由裁量资源,它们运用这些资源去最小化内部冲突,最大化本地区或单位的权威。③ 而中央权威监督地方政策执行过程和及时评估政策执行结果的能力又相当有限。由此,产生了中国地方政府治理中的选择性政策执行(selective policy implementation),适应性遵从(adaptive compliance),"上有政策、下有对策"等政策执行亏空的现象。三是中国地方政府治理中的结构性因素。中国政策执行结构中"条块分割"的结构性困境影响了地方执行中央的目标。如在中国产业政策的执行过程中,在部门利益的支配下,各行业部门对"条条"用"块块"的要求来搪塞,对"块块"用"条条"的规定来制约。④ 在这种情况下,谁也没有力量去整合各个部门的

---

① 徐湘林.以政治稳定为基础的中国渐进政治改革.战略与管理,2000(5):16-26;徐湘林.渐进政治改革中的政党、政府与社会.北京:中信出版社,2004.

② 李景鹏.中国政治发展的理论研究纲要.哈尔滨:黑龙江人民出版社,2003.

③ Lampton D M. Policy Implementation in Post-Mao China. Berkeley:California Press,1987.

④ 杨鹏.产业政策在中国的境遇——一位基层官员的实践体会.战略与管理,2001(2):54-60.

统一行动,也几乎不可能将分散在各部门的资源整合起来服务于共同的产业政策目标。有学者认为,"条块分割"的政府治理结构产生了地方保护主义,地方政府通过在贸易上设置障碍、在引进外资上放低门槛等手段,增加地方利益,违背中央的政策执行标准和目标。①

博弈模型比较贴切地描述和解释了中国地方政府治理过程中的某些现象,而且似乎恰好弥补了运动式治理模型的解释缺陷,但博弈模型也有一定的理论局限性。问题在于,同样处于党的领导和监督之下,为什么地方政府治理有时是运动式治理模型,有时又是博弈模型呢? 在这些地方政府的治理过程中,博弈与运动式治理是如何结合在一起的? 在等级制的官僚体系中,博弈又是怎样展开的? 对于这些问题,博弈模型理论没有做出回答。

第三节　运动式治理模型

所谓运动式治理模型,是指在中国地方政府治理过程中,决策者通过意识形态的宣传来发动群众参与治理,或在政府组织内通过意识形态或政治上的组织人事控制、经济财政控制等来驱动政策执行的现象。运动式治理通常是与地方政府治理过程紧密结合在一起的。运动式治理模式是当代中国地方政府治理的一大特色。邓小平曾指出:"社会主义国家有个最大的优越性,就是干一件事情,一下决心,一做出决议,就立即执行,不受牵扯。"②美国一些研究中国问题的专家也认为,中国政治生活的一个明显而又独特的方面就是,它在很大程度上是一种动员政治。③ 因此,用运动式治理模型来解释中国地方政府的治理现象能很好地反映中国地方政府治理过程的特殊性。

运动式治理模型有狭义与广义之分。狭义的运动式治理模型,仅指通过意识形态宣传来发动群众参与治理过程,以此驱动具体政策目标的贯彻

---

① Mertha A C. China's "soft" centralization: shifting tiao/kuai authority relations. The China Quarterly, 2005, 184: 791-810.

② 邓小平. 邓小平文选:第 3 卷. 北京:人民出版社,1993.

③ 王景伦. 走进东方的梦——美国的中国观. 北京:时事出版社,1994.

落实,即运动式治理。如胡伟指出,所谓运动式治理,就是在国家利益、民族利益、人民利益等名义下,运用大众舆论和宣传教育等政治社会化手段调动民众对执政者及其政策的认同、支持和配合,从而加强政治体系的施政能量,促进政策的贯彻执行。它是中国共产党的群众路线运用于政策执行中的一种具体表现形式。① 在狭义的运动式治理模式中,由党认定并得到广大群众拥护的意识形态目标具有刚性。地方层面的相关政策执行者必须无条件拥护,并加以贯彻。如改革开放前的"三反""五反"运动和"大跃进"运动,改革开放后"以经济建设为中心"路线。从政策执行的角度看,狭义的运动式治理模式能在某些领域内使政策渗透力达到最快、最大,甚至达到官僚制模型也难以企及的治理效果。

但是,狭义的运动式治理模型过于强调意识形态刚性,使一些错误的决策也会迅速贯彻下去,造成国家和社会的灾难。因此,改革开放后,中国的地方政府治理在逐渐摒弃大规模的群众运动。狭义的运动式治理模式正在呈式微的趋势,而广义的运动式治理模式却在日益兴盛。所谓广义的运动式治理模式不仅仅指通过意识形态宣传来发动群众参与地方政府治理过程,更主要的是指在政府组织内通过意识形态或政治上的组织人事控制、经济上的财政控制来驱动地方政府治理的现象。在中央与地方的组织人事控制制度方面,中国不同于西方的三权分立制度,中央对地方政府治理的控制主要是通过维护和贯彻中国共产党对政府的领导地位来实现的。细言之,中国共产党通过在同级政府中设立相应的党组织机构,通过保留任命政府官员的权力、提出政策路线和否决政府决策的权力,促使政府官员按照党的指示执行政策。② 即使在改革开放后,中央与地方在经济上、行政上进行了分权,但是中央通过贯彻"党管干部"路线,依旧有足够的资源和权力,在必要时促使地方在政策执行时与其保持一致。③ 因此,一些学者概括基层政

---

① 胡伟. 政府过程. 杭州:浙江人民出版社,1998.

② Shirk S L. The Political Logic of Economic Reform in China. Berkeley: University of California Press, 1993.

③ Lee, J Z. Central-local Political Relationships in Post-Mao China - A Study of Recruitment Policy Implementation in Wuhan. The doctor degree dissertation for Ohio University, 1993.

府在执行政策时面临着压力型体制①。与西方国家相比较,中国的地方政府治理过程有着更为突出的政治驱动现象②。同时,在中央与地方的财政关系方面,分税制改革后,国家形成了以项目制为形式的自上而下的财政资金再分配制度,不仅强化了国库的支付权力,强化了专业行政部门的垂直财政控制权力,同时也弱化了地方政府向下的财政汲取能力。③ 在地方行政资源紧张的条件下,中央各部委为实现政策目标,越来越多地通过项目制来调动地方政府贯彻执行中央的治理目标。④ 各级地方政府为争取更多的行政资源,展开各种各样的项目运动,出现"跑部钱进"的特殊现象。"项目经济"成为地方政府开启运动式治理的主要激励机制。⑤ 近些年来,在"依法治国""全面小康"的口号下,中国政府也在试图改变这种运动式治理的模型。这主要是因为,运动式治理模型存在以下几个矛盾的主题:首先,运动式治理是促动地方政府治理的有力工具,但是启动运动式治理模式的关系网络也会阻碍政策的有效执行,特别是在确立法理权威的改革中,这种阻碍就尤其明显。⑥ 其次,以项目经济驱动地方政府运动式治理的模式虽然迅速提高了国家调控宏观经济的能力和平衡地方财政的权力,但在实际运作中,项目运动所遵循的另一套逻辑是逐利价值观下的权钱结合,也可能会导致"官商勾结"。这一机制虽然在一定程度上推动了中国经济的快速发展、调动了各级地方政府的治理积极性,但也促使基层社会越来越不公平。⑦

尽管运动式治理模型反映了中国地方政府治理现象的特殊性,但它并没有完全解释中国地方政府治理过程中出现的问题。因为依照运动式治理

---

① 如荣敬本等在县、乡级政府层面上分析了上级政府通过职位提升、降级、撤职等政治压力来促使下级政府完成行政指标的压力型体制。参见荣敬本,等.再论从压力型体制向民主合作体制的转变——县乡两级政治体制改革的比较研究.北京:中央编译出版社,2001.

② 所谓政治驱动是指政府工作人员执行政策的动力来自职位提升、降级、撤职等政治压力,而不是法律或程序规定。

③ 渠敬东.项目制:一种新的国家治理体制.中国社会科学,2012(5):113-130+207.

④ 陈家建.项目制与基层政府动员——对社会管理项目化运作的社会学考察.中国社会科学,2013(2):64-79+205.

⑤ 周黎安.转型中的地方政府:官员激励与治理.上海:格致出版社,2017.

⑥ Barret L M. Leninist Implementation: The Election Campaign. David M. Lampton. Policy Implementation in Post-Mao China Berkeley: California Press,1987.

⑦ 黄宗智,龚为纲,高原."项目制"的运作机制和效果是"合理化"吗?.开放时代,2014(5):143-159+8.

模型的逻辑,中国的地方政府治理将是高效的,但是这无法解释为什么中国各级地方政府的治理中出现"上有政策、下有对策",以及"悬而未决""不断反复""时进时退"的现象。显然,像官僚制模型一样,运动式治理模型也只能解释中国某一类的地方政府治理现象。

第四节 对上述理论模型的述评

上述三种理论模型分别解释了中国某一类、某一侧面的地方政府治理现象。然而,当我们比照现实时会发现,这三种理论模型似乎都适用,但又都解释得不够充分。比如,近10年来在全国范围内全面推开的行政审批制度改革,在改革初期,大量的领导讲话、媒体报道、群众参与、审改与领导人考核挂钩等,俨然是中国地方政府治理过程中的运动式治理模型;但在深化审改阶段,却是围绕着削减审批事项的审改决策者和执行者之间的博弈行为;最后发展到"行政服务中心"全面铺开时,审改政策的执行则演变为控制"窗口"人员的办事时限、办事程序、服务质量的官僚制模型。这三种模型为什么会不断转换? 在中国的地方政府治理过程中,这三种模型是怎样展开的? 怎么结合起来,又是怎样相互转换的? 这种转换是决策者主导、设计的,还是自发产生的?

对于这些重要的理论与现实问题,上述三个模型都没有做出回答。官僚制模型、运动式治理模型和博弈模型比较一致的假定,中国地方政府的治理结构是固定不变的。但事实并非如此,中国地方政府的治理结构,不仅有"条块分割""党政双轨"之下形成的"有限分权"的正式治理结构,还有与这一结构相伴随的"关系主导"的非正式治理结构。这两种结构时分时合,时而相互促进,时而彼此抵突,使得中国地方政府治理结构不断转换,从而影响地方政策执行者的策略选择和政策执行结果。

据此,笔者认为,为弥补上述理论模型的局限性,突显中国地方政府治理结构变量,可从"执行结构—政策执行—执行结果"三者互动的视角,来解释决定中国地方政府治理成败的原因。细言之,首先确认地方政策执行结构的模式;然后在该政策执行结构模式下,考察地方政策执行参与团体的相互作用过程;再考察地方政策执行结果,分析政策执行过程与结果之间的关系;最后分析执行结果对执行结构可能产生的影响,即建构"执行结构—政策执行—执行结果"分析框架。与官僚制模型、运动式治理模型和博弈模型相比,"执行结构—政策执行—执行结果"分析框架将更着重于中国地方政府治理结构变量的影响分析。这种处理与转型中国这个特定的语境以及这个特定语境下的地方政府治理是非常切合的。

第二章　走向"结构"与"行动"的融合：论地方政府治理研究的政策网络分析进路

当今社会,地方政府改革对任何一个国家而言都是头等大事,对政府主导型发展战略的国家来说更是如此。但是,地方政府改革对任何一个国家来说都是件困难的事。改革开放以来,中国政府改革一直面临着"精简—膨胀—再精简—再膨胀""一收就死、一放就乱"的怪圈。这种改革实践中所面临的"结构"与"行动"的困境,急需在理论上找到一个恰当的研究进路,进而为改革实践提供可靠且可行的指导。

第一节　"结构"与"行动"的断裂

社会结构如何影响个体行为进而影响个体维持或改变社会？这一直是社会科学研究的核心问题。在中国的地方政府治理中,改革政策往往涉及众多的行动者,这些行动者有着各自的意愿、动机和行为策略,但是这些行动者又不是完全自由的,每一个行动者都有着自己的角色和位置,受到正式或非正式制度、人际关系、资源分布等综合而成的结构性因素的制约。中国地方政府治理正是要通过这些行动者的集体行动来实现政府组织的结构性转变。对于这一充满"结构"与"行动"紧张的改革实践,现有的中国地方政府治理研究却缺失对"结构"性因素或"结构"与"行动"互动过程的考量。

总体来看,中国地方政府治理的解释性研究[①]主要有三个不同的视角。

---

① 这类研究旨在对中国政府改革现象做出因果解释,区别于另外两类,即基于个人经验或相关理论提出的改革规范、政策建议的研究和以描述中国政府改革的经验现象为主的研究。

一是利益分析。[①] 其研究特色是梳理个人利益、组织利益、公共利益、政府利益、利益结构等概念,在这些概念间进行逻辑推理、理论演绎,并以不同层次的利益冲突、合作来解释中国地方政府治理的经验现象。该进路在分析行动者利益的同时,也提出利益结构的概念并加以理论研究。[②] 但遗憾的是,对"利益结构"与"行动者追求利益的行动"两者之间的互动过程缺乏基础经验研究之上的理论考察,无法在中国政府利益结构如何改变上做出有力回答。

二是行政生态学。[③] 其研究特色是把行政现象放入社会系统中来加以考察。从这一视角出发可以分析政治、经济、社会等因素对地方政府治理的影响。这使研究者可以从宏观层面来系统地认识、把握政府治理的经验现象,而不局限于政府组织内部。然而政府组织本身的结构转型过程却是这一视角的研究盲点。

三是政策过程的视角。[④] 中国的地方政府治理可以看作政治权威在特定的政治环境和政治体系中按照特定的规则选择政策并付诸实施的过程,[⑤]政策过程理论关注政府治理过程中行为者的政策选择、政策制定、政策实施和政策评估的过程,试图以此对中国的地方政府治理现象及存在的问题做出理论回答。但这一研究视角的缺陷是无法考察隐藏于政策过程背后的结构以及过程与结构之间的互动,而这恰恰是中国地方政府治理实践

---

① 参见李景鹏.试论行政系统的权力配置和利益结构的调整.政治学研究,1996(3):54-57;陈国权,李院林.政府自利性:问题与对策.浙江大学学报(人文社会科学版),2004(1):149-155;涂晓芳.政府利益论:从转轨时期地方政府的视角.北京:北京大学出版社,2008;李贺.房地产调控中中央政府与地方政府利益博弈探析.西安:陕西师范大学,2012.

② 参见李景鹏.当代中国社会利益结构的变化与政治发展.天津社会科学,1994(3):31-37;叶富春.利益结构、行政发展及其相互关系.北京:社会科学文献出版社,2004.

③ 参见张成福.大变革:中国行政改革的目标与行为选择.北京:改革出版社,1993;李成言,郭丽岩.政府权能的行政生态学探讨.北京大学学报(哲学社会科学版),2002(6):99-107;徐家良.WTO与政府:外在变量的作用——中国政府加入世贸组织后的变化.政治学研究,2002(1):13-20;李辉.论协同型政府.长春:吉林大学,2010.

④ 邓大松,方晓梅.从公共政策的角度看政府在社会保障中的职能.经济评论,2001(6):53-55;袁岳范文,肖明超等.中国公共政策及政府表现评估领域的零点经验——独立民意研究的位置.美中公共管理.2004.;王骚,王达梅.公共政策视角下的政府能力建设.政治学研究,2006(4):67-76;王绍光.中国公共政策议程设置的模式.中国社会科学,2006(5):86-99+207.

⑤ 徐湘林.从政治发展理论到政策过程理论——中国政治改革研究的中层理论建构探讨.中国社会科学,2004(3):108-120+207.

所面临的核心问题。

第二节 "结构"与"行动"的联结

与地方政府治理研究的上述进路相比,理性选择制度主义的研究进路则非常重视"结构"与"行动"之间的关系,①其本身就是对西方学界一直占主流地位的行为主义学派长期忽略"结构"性因素的反动的结果。②

20世纪90年代以来,在西方新制度主义政治学和国内新制度主义经济学的影响下,不少学者将新制度主义的基本假设、概念和分析框架引入中国地方政府治理的经验研究。③ 在研究过程中,这一进路运用了一系列可观察的变量(如制度安排、行动团体、行动舞台、权力博弈),借鉴了交易成本、博弈、制度变迁、路径依赖等理论来研究中国地方政府治理的经验现象,对政府治理的"结构"与"行动"之间的互动有了实证研究。

具体而言,这一进路对中国地方政府治理主要考察两个问题:(1)现有制度如何影响地方政府治理中行动者的理性选择? (2)行动者的理性选择行为综合起来又如何影响制度的变迁? 对于这两个问题的回答,理性选择制度主义的分析方式是:以"现有制度→行动者的理性选择→新的制度"的顺序来考察"结构"与"行动"的互动关系,即从现有的制度出发,分析基于行动者偏好的选择集合,然后考察行动者的理性选择;或者从行动者的理性选

---

① 荣格·西邦指出,结构(structure)与模式化的关系、人类行动的限制以及宏观的社会现象相联系,行动(agency)则往往与人类的创造力和社会行动相联系。从本体论上看,前者认为,人类行动有本体论的优先性,结构是由个人目标最大化的个体创造;后者则认为,社会结构有本体论的优先性,人类的行动是由结构塑造的。事实上,自韦伯以降,社会理论的大家们,如福柯、吉登斯、布迪厄、哈贝马斯等都在努力融合这两条进路,以缓解行动与结构之间的紧张。Sibeon R. Rethinking Social Theory. London: Sage, 2004.

② Hall P A, Taylor R C R. Political science and the three new institutionalisms. Political Studies, 1996, 44(5): 936-957.

③ 参见傅小随. 中国行政体制改革的制度分析. 北京:国家行政学院出版社,1999;傅大友,袁勇志,芮国强. 行政改革与制度创新:地方政府改革的制度分析. 上海:上海三联书店,2004;杨光斌. 制度范式:一种研究中国政治变迁的途径. 中国人民大学学报,2003(3):117-123;王金秀."政府式"委托代理理论模型的构建. 管理世界,2002(1):139-140;孔繁斌. 从限制结社自由到监管公共责任——中国政府社团管制正当性及其制度改革. 中国行政管理,2005(2):83-85;马斌. 政府间关系:权力配置与地方治理. 杭州:浙江大学出版社,2009.

择行为出发，来解释制度发生了或将会发生什么样的变迁。这种分析方式从表面上看虽然将"结构"与"行动"联结了起来，但从深处看它存在两个弊端。第一，在理性选择制度主义进路中，"制度"与"行为"的联结是线性的，并不像现实生活中"结构"与"行动"之间的互动是即时的、合二为一的。正如有学者指出的，这种"制度"或者"行为"在解释上的优先性，会导致"制度"与"行为"相互作用的静态化割裂。① 第二，理性选择制度主义在研究中国地方政府治理时，把"结构"与"行为"转化成"制度"与"行为"。当然，理性选择制度主义所理解的制度既包括正式制度，也包括非正式制度，而且是指"使用中的规则"（Rules-in-use），而非"形式上的规则"（Rules-in-form）。② 但是，"结构"并不等同于"制度"。古登斯指出，"结构"通常指社会再生产过程中反复涉及的规则和资源；"社会结构"不是"社会事实"，它是人类行动的媒介和结果。③ 由此可见，"制度"仅仅是"结构"外显的规则而已。由上可知，理性选择制度主义尽管把"结构"与"行为"通过对"制度"与"行为"之间关系的考察联结了起来，但这种联结过度简化了"结构"，也把"结构"与"行为"之间的即时性关系转化成了线性关系。因此，该进路在研究政府改革的"结构"与"行动"的互动关系上并未达到理想的状态。而西方国家近十几年逐渐兴盛的政策网络进路则在融合"结构"与"行动"上独辟蹊径，并做出了独特的贡献。

第三节　"结构"与"行动"的融合

从总体上看，政策网络进路通过经验研究展现"互动秩序"（Interaction order），系紧了"结构"与"行动"之间松开的纽带。"互动秩序"是指无论以何种方式发生的个体之间"面对面"的关系，都包括有形和无形（如情感）的

---

① Shilling C. Towards an embodied understanding of the structure/agency relationship. The British Journal of Sociology，1999，50(4)：543-562.

② 一般而言，理性选择制度主义在最宽泛的含义上使用制度这个概念，即指人类反复使用而共享的规则、规范和策略等。保罗·A.萨巴蒂尔. 政策过程理论. 北京：生活·读书·新知三联书店，2004.

③ Giddens A. The Constitution of Society：Outline of the Theory of Structuration. Univ of California Press，1984.

互动。① 戈夫曼和罗尔斯认为，"互动秩序"根植于人类社会生活中具有普适性的前在状态，能够展现"互动"的先决条件，如"面子维护"；但同时"互动秩序"也独立于社会，为社会制度和意识形态提供不可或缺的灵活的意义。② 因此，研究人类社会中的"互动"行为、展现"互动秩序"是解决传统社会科学研究中"结构"与"行动"紧张的一个很好的途径。

如何对"互动"行为进行经验研究并展现"互动秩序"呢？这个问题的解决存在着两个难题。一是如何观察、分析"互动"行为？二是如何在"互动"行为的基础上展现出"互动秩序"？面对数量众多的"互动"行为，传统的"归纳"方法肯定是极其困难的。特别是当论及地方政府治理领域内的"互动"行为和"互动秩序"时，就更增加了观察和分析的难度。政策网络进路通过对"行动者之间的关系"的研究解决了上述两个难题，为融合"结构"与"行动"找到了经验研究的进路。具体而言，政策网络研究通过以下途径来实现上述目标。

一是从关注"行动者（actors）的行为"，转向对"行动者之间的关系（relations）"的研究。行为主义包括新制度主义都通过研究"行动者之间的行为"来解释集体行动、制度变迁和社会现象，这种研究进路的最大弊端就是把个体从其所在的社会情境（social context）中抽离出来，并无视行动者之间存在的广泛联系，③这在根基上割裂了"结构"与"行动"的关系。政策网络则将研究视角投向了"行动者之间存在的广泛联系"。任何政策网络研究都有两个基本要素：行动者和关系。研究者通过分析"一对行动者（dyad）""三个行动者（triads）""组成部分（components）""子群体（subgroups）"的关系来研究社会现象。④ 这一转向使社会科学研究从"行

---

① "互动秩序"这一概念由戈夫曼于1983年提出，后来罗尔斯发展了这一理论，并提供了一个系统的解释。此后，用"互动秩序"进路来缓解"结构"与"行动"紧张的研究层出不穷。具体参见 Goffman E. The interaction order: American Sociological Association, 1982 presidential address. American Sociological Review, 1983, 48(1): 1-17.

② Goffman E. The interaction order: American Sociological Association, 1982 presidential address. American sociological review, 1983, 48(1): 1-17; Rawls A W. The interaction order sui generis: Goffman's contribution to social theory. Sociological theory, 1987: 136-149.

③ Freeman L. The Development of Social Network Analysis: A Study in the Sociology of Science, Vancouver: Empirical Press, 2004.

④ Knoke D. Issues and Strategies: in Social Network Data Collection, 5th Annual Political Networks Conference and Workshops, 2012.

动"研究发展到"互动"研究，①从而奠定了"结构"与"行动"融合的基础。

二是政策网络的边界确定使"结构"有了明确的对象，使之不再是一个泛泛的概念。经济结构不同于社会结构，整个社会结构也不同于某个小群体的结构，要融合"结构"与"行动"，首先要确定"结构"所对应的对象。但"结构"是一个不可被直接观察的抽象对象，政策网络在经验研究中通过唯实论、唯名论、定位、关系、基于事件等策略来确定政策网络的行动者，从而确定政策网络的对象和边界。②确定与"结构"相对应的对象，使之不再是一个庞大、模糊而神秘的概念，而是一个影响政策网络内行动者互动行为的权力、资源等配置的社会规则，这样才能对"结构"展开间接的经验研究。

三是通过研究"行动者之间的关系"来展现结构性特征。政策网络研究"行动者之间的关系"的目的并不仅仅在于找回被忽略的"行动者之间存在的广泛联系"，而是要展现隐藏在"行动者之间的关系"后面的结构性特征。由于"结构"并不能被研究者直接观察到，政策网络研究通过分析"行动者之间的关系"，找到潜藏在"互动"行为后面的"互动秩序"，进而把握不能被直接观察到的"结构"。具体而言，通过分析"行动者之间的关系"形成的集聚（cluster）、结构洞（structure hole）、核心与边缘（Cores and Peripheries）、枢纽和权威（Hubs and Authorities）等"互动秩序"来分析影响互动关系的社会规则和资源。因此，学者将政策网络研究中反映行动者关系的变量称为"结构性变量"（structural variables），并把它看成政策网络分析的基石。③

四是通过研究"行动者之间的关系"使"结构"和"行动"有机融合起来。在传统的社会科学研究中，结构主义与行为主义往往各执一端。④近几十年来，理性选择制度主义试图通过"制度"这一媒介来调和"结构"和"行动"之间的紧张，但由于过度简化和线性解释降低了这一进路的有效性。政策网络研究则用"行动者之间的关系"来打通"结构"与"行动"之间的隔阂。质

---

① 行动者之间的互动现象也是博弈论研究的重点。博弈论与政策网络分析对行动者互动现象分析的差异在于，博弈论是对少数几个行动者的互动行为做深入分析，但政策网络则分析大量的行动者之间的互动，试图找到互动关系后面的结构性特征。

② 戴维·诺克.社会网络分析.杨松，李兰，译.上海：上海人民出版社，2012.

③ Wasserman S, Faust K. Social network analysis: Methods and applications. Cambridge university press, 1994.

④ 在传统社会科学研究中，以艾米尔·涂尔干为代表的结构主义者强调社会事实只能用社会结构来说明，社会结构是解释个体行为的出发点；而以马克斯·韦伯为代表的行为主义学派则认为，个体行动才能解释社会结构的改变。

言之,"行动者之间的关系"的建立、维系、发展、变化等都来源于个体行动者的行为,同时"行动者之间的关系"的建立、维系、发展、变化等又都受到潜在"结构"的影响。由此可见,政策网络通过研究"行动者之间的关系"使它能站在结构主义与行为主义的中间而不偏执于一端,既不直接研究"行为",也不直接研究"结构",而是通过研究纷繁复杂的"行动者之间的关系"共时性地间接呈现"结构"和"行动"。这使它摆脱了新制度主义过度简化和线性解释的弊端,从而实现"结构"和"行动"的有机融合。

第四节　地方政府治理的政策网络分析进路

受西方蓬勃发展的政策网络研究的影响,国内政府改革研究也出现了政策网络进路的萌芽。这一类研究运用政策网络理论来描述、解释我国的社区治理政策[1]、农村税费改革的政策执行现象[2]和公民在地方政府治理中的政策参与[3]等问题。这一进路的研究者开始关注政策过程中"行动者之间的关系"以及在此基础上形成的政策网络。但遗憾的是,这些研究往往只是在比喻的意义上使用"政策网络"这个词,对于"行动者之间的关系"如何影响"结构"的形成和变化,以及不同的政策结构如何影响个体的行为选择等重要问题,还缺乏内在机理的剖析和验证。在现有的研究基础上,从政策网络进路研究中国地方政府治理现象,迫切需要在以下几方面展开并深入。

第一,从政策网络进路研究中国地方政府治理现象首先需要确定网络边界。政策网络对"结构"与"行动"的融合是在具体的研究对象中展开的,因此,和其他所有经验研究相同,从政策网络进路研究中国地方政府治理现象时,研究者首先需要确定研究对象,即具体的中国地方政府治理政策,如农村税费治理改革、政府机构治理改革、行政审批制度治理改革等等。但是,和其他经验研究不同的是,从政策网络进路研究中国地方政府治理现

① 陈春.政策网络视角下的社区卫生服务政策的网络分析.上海:复旦大学,2009.

② 唐皇凤.政策网络与政策后果:中国的运用——对农村税费改革中利益分配关系变化的分析.中共浙江省委党校学报,2004(1):31-36.

③ 朱旭峰."司长策国论"——中国政策决策过程的科层结构与政策专家参与.公共管理评论,2008;朱旭峰.中国社会政策变迁中的专家参与模式研究.社会学研究,2011,25(2):1-27+243.

象,研究者在确定具体的政府治理政策后,还需要确定网络边界,即确认有多少行动者作为政策网络成员参与了此项治理政策。① 网络边界确定之后,观察就有了明确的目标和内容,即"行动者之间的关系"。针对具体的政府治理政策和治理情境,研究者赋予"行动者之间的关系"以不同的内容,如沟通关系、人员共享关系、信息共享关系、权威/权力关系等。② 通过确认政策网络的行动者和网络边界,并赋予政府的"与行动者之间的关系"以具体的内容,就有了从政策网络进路研究中国地方政府治理的起点。

第二,"权力"是研究地方政府治理政策"行动者之间的关系"的重要内容。地方政府治理政策是在政府组织中推行的,这为政策网络内的行动者提供了丰富的权力来源和众多的权力运作手段,研究地方政府治理政策网络内的"行动者之间的关系"时,要在表面的"权力关系"下挖掘潜在的"权力互动"。比如,在行政审批制度改革中,改革政策要求某审批部门的官员放弃某一事项的审批权,但玄妙的是,该审批部门的官员即使是名副其实地放弃了此项审批权,也不能确认他对这一审批事项将不再产生影响。改革政策削除了他对这一事项的审批权,但并没有剥夺政府组织赋予他的其他权力。在与此审批事项相关联的事件上,该官员可以在法律许可范围内不同程度地利用政府组织赋予他的处罚权和报偿权,更可以通过兢兢业业地向上级、同事汇报工作情况,提供数据、信息等手段行使谁也无法察觉的制约权力。而这些在政府组织内俯拾可得的权力,是社会领域的行动者所不具备的。因此,政府改革的政策网络研究必须充分展现政府组织内所特有的"权力"因素。

第三,"关系(Guanxi)"③因素对中国地方政府治理政策网络的影响。"关系"是华人社会成年人处理日常人际关系的文化养成。④ 虽然"关系"与政府组织倡导的"规则"格格不入,甚至背道而驰,党和政府也一直在意识形

---

① 确定政策网络边界的方法如前所述。

② 关系内容(relational content)是指关系呈现的实质性理由,通常是由研究者分析建构的,目的在于从政策网络内行动者的视角来捕获关系的意义。Burt R S. Distinguishing relational contents. in Burt R S, Minor M J. Applied network analysis: A methodological introduction[M]. Sage Publications, Inc, 1983. pp. 35-74.

③ 儒家传统意义上的"关系"的内涵不同于一般意义上的行动者之间的关系,在国际期刊上,通常用"Guanxi"来指代前者。

④ Lin N. Guanxi: A conceptual analysis. Contributions in Sociology, 2001, 133: 153-166.

态层面将"关系"排斥在政府组织之外,但"关系"作为华人社会的文化养成是不可能根除的。① 而且,由于政府组织是权力、利益的集中之地,"关系"运作与权力运用、利益分配纠结起来,其影响比在社会领域要更大、更复杂一些。这种影响既有正面的(如通过"关系"整合资源,实现更好的合作与协调),也有负面的(如使整个组织帮派化、帮派之间合作困难、运用"关系"突破法定规则、资源的不公正分配等)。(见本书第四章内容)因此,在地方政府治理的政策网络研究中,我们不能回避"关系"的影响。具体而言,需要分析"关系"对行动者的互动行为和互动秩序的影响,分析它如何影响政策网络中行动者的行为选择,从而探讨它对政策网络的影响机制。可以说,分析清楚"关系"对地方政府治理政策网络的影响机理,既是中国学者对政策网络理论发展的巨大贡献,也是推进我国地方政府治理实践不可回避的关键问题。

第四,展现处于转型社会的中国地方政府治理政策网络所特有的复杂多变性。与西方国家已基本定型的政策网络不同,中国地方政府治理的政策网络是复杂多变的。这主要是因为:中国的社会结构既有从传统向现代的转型,也有现行体制在面对复杂社会问题时所做的应对性转型。在处于转型期的社会结构中,整个国家和社会的正式制度往往还不完善和稳定,正式制度和非正式制度也没有很好地整合在一起。因此,中国地方政府治理政策网络也是复杂多变的。首先,在复杂多变的政策网络下,行动者互动的个人策略选择也是多样化的,有时是正式制度独自起作用(如按规则办事),有时则是正式制度和非正式制度共同起作用(如灵活运用规则、规则和情面兼顾),有时甚至是非正式制度单独起作用而撇开了正式制度的约束(如违规办事)。其次,政府改革使政策网络更具有复杂多变性。从严格意义上说,在科层组织内各项改革政策应该做到政行令通,但事实并非如此,世界各国政府治理政策的落实都面临着不同程度的困难,中国的地方政府治理实践也表现为参与者之间权力分配和互动秩序的不断变化,时而是"自上而下"权力控制下的合作,时而是"自下而上"放权搞活后的互动,时而又是权力撤退后的各自为政。与社会领域相比较,政府组织更易于"运动式治理",同时也更易于变化、反复。因此,分析清楚地方政府治理的政策网络类型、

① 事实上,"关系"建构在像中国香港、台湾地区那样现代化的中国人社会里也并没有消失。参见金耀基.关系和网络的建构——一个社会学的诠释.二十一世纪(中国香港),1992.

变化过程，才能解释清楚中国地方政府治理政策网络内的互动行为和治理所面临的"怪圈"循环。

第五，从政策网络进路研究中国地方政府治理现象需要一个恰当的、整合性的分析框架。这个分析框架在合理借鉴西方政策网络已有研究成果的基础上，要能体现影响中国地方政府治理的"权力""关系""政策网络的复杂多变"等关键性因素。鉴于政策网络进路在融合"结构"与"行动"上所特有的理论优势，这一分析框架在中国地方政府治理领域有望提供与其他研究进路不同的理论贡献和实践指导。

第三章 "政策结构—政策过程—政策结果"
——一个分析中国地方政府治理的理论框架

改革开放以来,中国地方政府治理是在什么样的状态下展开的,是如何展开的以及治理结果如何?这是一个重要的问题。从理论上看,由于我国的政治、行政体制不同于西方国家,中国地方政府治理具有一定的特殊性。而传统政治文化下形成的非正式制度又加剧了它的复杂性。这种特殊性和复杂性使中国地方政府治理具有了丰富的理论内涵。从实践上看,中国地方政府治理在决策阶段往往以权力精英决策为主,而在执行阶段却是政策相关行为团体利益、观点汇聚的过程。因此,中国地方政府治理对于中国的改革实践具有十分重要的意义。

本章首先回顾近十几年来,中国地方政府治理研究已有的三个理论模型(官僚制模型、博弈模型和运动式治理模型),然后对这三个理论模式都简化处理的中国地方政府的治理结构进行分析,并从"结构—行为"互动的视角提出分析改革开放以来中国地方政府治理的理论框架。

第一节 中国地方政府治理理论的回顾与反思

近十几年来,中国的地方政府治理现象引起了国内外众多学者的研究兴趣,而且也形成了一些有关地方政府治理研究的理论模型。目前主要可概括为以下三种:官僚制模型、博弈模型和运动式治理模型。

官僚制模型是指在规范意义上以韦伯的官僚制为标准,分析地方政府治理中的个体、制度与官僚制的差距,从而得出有效的地方政府治理建议的研究范式。由于当代中国的基本决策主要依靠党和政府的各级组织加以贯彻执行,因此,用官僚制模型来解释中国的地方政府治理具有一定的合理性。在这一视角下,中国地方政府治理的核心问题是,中央(上级)政府应该如何控制或协调地方(下级)政府以实现政策目标。这一视角下的研究者大多采取自上而下的分析进路,找出地方政府治理中政策目标的阻滞(梗阻或执行不力)机制并设法予以消解①。但是,一个具有争议性的问题是,在规范意义上,韦伯的官僚制对中国的地方政府治理是否具有足够的指导意义?换言之,在中国的地方政府治理结构与韦伯意义上的官僚制相去甚远的情况下,官僚制模型对中国的地方政府治理实践是否具有规范意义?

在当代中国地方政府的治理过程中,运动式治理通常与政策过程紧密结合在一起。运动式治理模型反映了当代中国地方政府治理的一大特色。运动式治理有狭义与广义之分。狭义的运动式治理仅指通过意识形态宣传发动群众参与政策执行过程,以此驱动政策的贯彻落实②。广义的运动式治理模式不仅仅指通过意识形态宣传来发动群众参与地方政府治理过程,更主要的是指在政府组织内通过意识形态或政治上的组织人事控制、经济上的财政控制来驱动地方政府治理的现象。换言之,党通过在同级政府中设立相应的党组织机构,通过保留任命政府官员的权力、提出政策路线和否决政府决策的权力,促使政府官员按照党的指示执行政策③,属于广义运动式治理范畴。在狭义的运动式治理模型中,由党认定并得到广大群众拥护的意识形态目标具有刚性特点。政策执行者必须无条件拥护,并加以贯彻。如改革开放前的"大跃进"运动、改革开放后的"以经济建设为中心"路线。广义的运动式治理模型假设,即便在改革开放后,中央与地方在经济、行政上实行了分权,但中央通过贯彻"党管干部"路线,依旧有足够的资源和权力,在必要时促使地方在政策执行时与其保持一致④。因此,一些学者概括指出,基层政府在执行政策时面临着压力型体制⑤。分税制改革后,国家形成了以项目制为形式的自上而下的财政资金再分配制度,不仅强化了国库

---

① 目前,这一进路的文献比较多,比较有代表性的是,丁煌.政策执行阻滞机制及其防治对策——一项基于行为和制度的分析.北京:人民出版社,2002;丁煌.监督"虚脱":妨碍政策有效执行的重要因素.武汉大学学报(哲学社会科学版),2002(2):209-214;金太军,钱再见,张方华等.公共政策执行梗阻与消解.广州:广东人民出版社,2005.

② 胡伟.政府过程.杭州:浙江人民出版社,1998:312-313.

③ Shirk S L. The political logic of economic reform in China. Univ of California Press,1993.

④ Lee J Z. Central-local political relationships in post-Mao China: a study of recruitment policy implementation in Wuhan. The Ohio State University,1993.

⑤ 荣敬本等.再论从压力型体制向民主合作体制的转变——县乡两级政治体制改革的比较研究.北京:中央编译出版社,2001.

的支付权力,强化了专业行政部门的垂直财政控制权力,同时也弱化了地方政府向下的财政汲取能力①。更是以项目发包制的形式强化了地方政府治理的运动式治理模式。运动式治理模型较好地反映了中国地方政府治理的特殊性,但它却难以解释中国地方政府治理过程中出现的"上有政策、下有对策",以及"悬而未决""不断反复"的现象。

与运动式治理模型不同,中国的地方政府治理是决策者与执行者、执行者与执行者之间基于各自利益的博弈过程。其核心观点是,由于中国改革进程中不断强化的分权趋势,中央政府已经逐渐弱化对地方政府的控制,地方政府治理是由参与者讨价还价产生的。需要指出的是,地方政府治理的博弈模型与西方国家有所不同。西方国家有相对稳定的治理结构(政策网络),其博弈结果具有较强的可预期性和可管理性。而中国地方政府治理过程中的博弈是在不断变化的治理结构中进行的。博弈的形式和产生博弈的原因具有多样性。中国地方政府治理的博弈形式既可以是有秩序的,也可以是无秩序的。有秩序的博弈是指,博弈行为得到政策认可,是决策者设计的治理过程中的一个环节,商量或讨价还价的内容在治理目标范围之内。如 Melanie Manion 对中国离退休政策在各级地方政府执行过程的描述和解释②。无秩序的博弈是指博弈行为未得到决策者认可,是政策执行过程中随时发生的策略性行为,其内容也往往在治理目标范围之外。如杨鹏描述的产业政策在各级地方政府的境遇③。学者们认为,产生博弈行为的原因主要有三点:一是,"以政治稳定为基础""摸着石头过河"的渐进改革的地方政府治理环境④;二是,地方政府治理过程中参与者受各自的利益驱动⑤;三是,地方政府治理结构中"条块分割"的结构性困境⑥。博弈模型比较贴

---

① 渠敬东.项目制:一种新的国家治理体制.中国社会科学,2012(5):113-130+207.

② Manion M. Policy implementation in the People's Republic of China: Authoritative decisions versus individual interests. The Journal of Asian Studies, 1991, 50(2): 253-279.

③ 杨鹏.产业政策在中国的境遇——一位基层官员的实践体会.战略与管理,2001(2):54-60.

④ 徐湘林.以政治稳定为基础的中国渐进政治改革.战略与管理,2000(5):16-26;徐湘林.渐进政治改革中的政党、政府与社会.北京:中信出版社,2004.

⑤ Lampton D M. Policy implementation in post-Mao China. Berkeley: California Press, 1987.

⑥ Mertha A C. China's "soft" centralization: shifting tiao/kuai authority relations. The China Quarterly, 2005, 184: 791-810.

切地描述和解释了中国地方政府治理的某些现象,但问题在于,同样处于党和中央政府的领导和监督之下,为什么地方政府治理有时是运动式治理模型,有时又是博弈模型呢?在地方政府的治理过程中,博弈与运动式治理是如何结合在一起的?在等级制的官僚体系中,博弈又是怎样展开的?对这些问题,博弈模型理论没有做出回答。

上述三种理论模型分别解释了中国某一类、某一侧面的地方政府治理现象。然而,当我们比照改革开放以来中国地方政府治理的现实时会发现,这三种理论模型似乎都适用,但又都解释得不够充分。它们不能解释为什么某一地方政府治理过程中,这三种模型会同时存在或不断转换?在中国地方政府治理过程中,这三种模型是怎样展开的?怎么结合起来,又是怎样相互转换的?这种转换是决策者主导、设计的,还是自发产生的?对于这些问题,上述三种理论模型都没有做出回答。而这些问题的解决对于中国的改革实践是非常重要的。

笔者认为,要回答这些问题可从中国比较特殊的政策执行结构入手,从结构与行为互动的视角来分析中国地方政府治理的过程与结果。上述三种理论模型比较一致地假定,中国的地方政府治理结构是固定不变的。官僚制模型和博弈模型假定中国的地方政府治理是在正式结构中展开的,而忽视非正式结构的影响;运动式治理模型则只分析了非正式结构的影响。这种简单化的处理不符合转型中国的社会结构特征,从而无法解释中国在现阶段的地方政府治理中所出现的"时进时退""不断反复"的改革循环现象。事实上,中国的地方政府治理有两种不同性质的结构。这两种结构时分时合,时而互相促进,时而彼此抵触,形成中国地方政府治理结构的不断变化,进而影响地方政府治理的过程和结果。

第二节　中国地方政府治理的政策结构分析

近几十年来,西方发达国家已基本上达成了用"政策网络"(policy networks)来概括政策结构的共识。但是,中国地方政府的治理结构远比西方国家复杂得多。中国的正式结构与非正式结构差异之大,关系之复杂,根本不能用类似于"网络"等简单的比喻来标识。笔者认为,中国正式结构和非正式结构分别具有"有限分权"和"关系主导"的特征。

目前,国内外学者对中国地方政府治理的正式结构特征的描述和概括,主要有以下两点:一是,"党政不分";二是,"条块分割"①。

"党政不分"是指党组织与以国务院为首的人民政府都具有治理国家的功能。党所具有的治理功能是通过在同级政府中设立相应的党组织来实现的。在国家治理功能上,党、政没有明确的职责与权限划分。具体表现在,党组织制定政策后,继而控制和参与这些政策的实施,或取代政府机关直接行使执行功能,或通过行政决策干预政府机关的执行活动,或与政府部门共同履行执行功能②。"条块分割"是指中央或上级政府职能部门垂直对本系统实行直接领导,从而使各个层级的地方政府失去应有的权力和作用;而中央把相当一部分权力下放给地方政府时,相应的上级政府职能部门将无法干预③。由于我国幅员辽阔、人口众多,单一的"条条"或"块块"都无法有效治理整个国家的经济和社会生活;而"条块结合"形成的矩阵结构则有助于政策在广大的地域范围内推行,但同时也造成了"条块分割"的弊端。

"党政不分"和"条块分割"使得中国地方政府治理的正式结构具有"有限分权"的特征。所谓"有限分权",是指权力在治理结构中的分配有一定限度。即在中国地方政府治理的正式结构中,每个官员、每个部门之间的权限并没有清晰的界定。由于权力配置上的重叠、交错,有些权力的分配在地方政府治理过程中因时而异、因地而异、因人而异、因事而异。当然,这种机动性也是有限度的,只有那些由"党政不分"和"条块分割"而导致的交错、重叠的权力才需要机动分配。"有限分权"的结构性因素导致权力的上下交错、左右交错和纵横交错,形成权力的支离破碎,造成"政出多门"。正如李侃如指出的,在中国的地方政府治理结构中,参与者促进有效治理是非常困难的,但阻碍有效治理则是轻而易举的事④。

相对于正式结构而言,非正式结构不是通过正式的条文规定来界定和分配权力,而是在组织中自发形成的一种权力分配机制。"关系主导"是中

① 如胡伟(1998)、李侃如(1998)、David M. Lampton (1987) 等。

② 胡伟.政府过程.杭州:浙江人民出版社,1998:292.

③ 地方政府部门既受地方政府("块")的领导,又受上级政府对口职能部门("条")的领导或指导;"条条"指的是从中央到地方各级政府业务内容和工作性质相同的职能部门;"块块"指的是由不同职能部门组合而成的各级政府。参见马力宏.论政府管理中的条块关系.政治学研究,1998(4):3-5.

④ 李侃如.治理中国.杨淑娟译.台北:台湾编译馆,1998:167.

国地方政府治理的非正式结构的基本特征。

一般而言,关系是指人或事之间所具有的某种性质的联系。但当"关系"作为一种研究范畴时,就具有了很强的中国本土化特征。许多国内外学者用"关系"这一重要的概念来解释中国社会复杂的人际关系现象①。"关系"作为传统中国所具有的社会性和文化性,在权力特别是政治权力的运作中扮演着重要的角色②。"关系主导"的非正式结构是指基于"关系"维护和发展而基础之上形成的权力分配机制。在这一分配机制中,"人情"与"面子"发挥着重要作用。细言之,"关系主导"下的交往并不严格按照公平法则进行每一次交换。资源支配者有时碍于"人情"与"面子"会采取代价大于预期回报的行为③。在这种行为模式下,"关系"对行为者而言,本身是一种有价值的资源,而且具有一定的稀缺性。因此,在中国地方政府治理过程中,行为者会以维持和发展自己的"关系网络"为行为导向。

从运作方式上看,"关系主导"的非正式结构与"有限分权"的正式结构存在着差异。这主要表现为以下三点:一是,前者依据行为者在"关系网络"中的地位来分配权力,而后者则依据行为者的职位级别。虽然行为者在政府组织内的职位级别越高,其在"关系主导"的非正式结构中的地位可能越重要;但这并不是说,正式结构与非正式结构的权力分配是一一对应的。在具体的地方政府治理结构中,不排除位于组织下层的某个行为者由于有较好的"关系网络"而拥有较大的权力,而处于组织上层的某个行为者由于"关系网络"经营不善而大权旁落。二是,"有限分权"的正式结构虽然在一些权力的分配上模糊不清,但从权力的分配方式看则是刚性的;而"关系主导"的非正式结构分配权力的方式则是具有弹性的。在"人情""面子"的运作过程中,小人物如果受到大人物的庇护,形成权威的连环机制,那么小人物也就不再是小人物,大人物也不敢说自己永远是大人物④。只要"关系"存在,

---

① 比较具有代表性的是,黄光国、胡先缙(2004)、翟学伟(2004、2005)、Bruce J. Jacobs (1979)、Andrew G. Walder(1983,1986)、Lee, James zhongzi(1993)等。

② Bruce J. Jacobs. 中国政治联盟特殊关系的初步模式:台湾乡镇中的人情和关系,黄光国著. 面子:中国人的权力游戏. 北京:中国人民大学出版社,2004:93.

③ 参见黄光国的人情与面子的理论模式图。黄光国. 人情与面子:中国人的权力游戏. 黄光国. 面子——中国人的权力游戏. 北京:中国人民大学出版社,2004:5.

④ 即我们平常称此人有"后台""背景""靠山""保护伞"或有人给他"撑腰"等。

权力就没有最大也没有最小①。三是，"关系主导"的非正式结构不一定具有统一性。在"有限分权"的正式结构中，权力由上而下呈等级状分布，通常只有一个权力中心。而"关系主导"的非正式结构则大多不是一个统一的"关系网络"。在一个治理结构中，通常有几个"关系网络"，而且各个"关系网络"之间的权力资源不能相互交换。

如上所述，中国地方政府的治理结构，不仅有"党政不分""条块分割"之下形成的"有限分权"的正式结构，还有与这一结构相伴随的"关系主导"的非正式结构。这两种结构时分时合，时而相互促进时而彼此抵触。因此，中国地方政府治理结构会有不同的模式，影响地方政府治理过程和结果。

第三节　"政策结构—政策过程—政策结果"分析框架

目前，国内外学术界关于中国地方政府治理的正式结构与非正式结构之间的关系，主要有两种观点。一种观点认为，"关系主导"的非正式结构阻碍"有限分权"的正式结构的正常运转，使地方政府治理偏离既定的治理目标②。另一种观点认为，"关系主导"的非正式结构若与"有限分权"的正式结构整合得好，可在一定程度上弥补后者在权力配置中存在的不足③。上述两种观点表达了两类治理结构之间相当重要的两种关系，但依据逻辑推理，"有限分权"的正式结构和"关系主导"的非正式结构之间应该组合为四种不同的模式，即 A 模式、A＋B 模式、A－B 模式和 B 模式④。据此，从结构与行为互动的理论视角出发，考察中国地方政府治理的政策结构、政策过程和政策结果三者之间的关系，其分析框架如图 3.1 所示。

在"政策结构—政策过程—政策结果"分析框架中包含三类变量。即政策结构变量、政策过程变量和政策结果变量。其中政策结构变量是自变量，政策过程变量是中间变量，政策结果变量则是因变量。现将这三类变量分

---

① 翟学伟.人情、面子与权力的再生产.北京：北京大学出版社，2005：229.

② 丁煌.政策执行阻滞机制及其防治对策——一项基于行为和制度的分析.北京：人民出版社，2002：234-241.

③ 如胡伟(1998)、David M. Lampton(1987)。

④ 关于上述四种模式的运作原理及其在公共政策执行中的典型例子请参见龚虹波.中国公共政策的执行结构分析.云南社会科学，2008(1)：18-22.

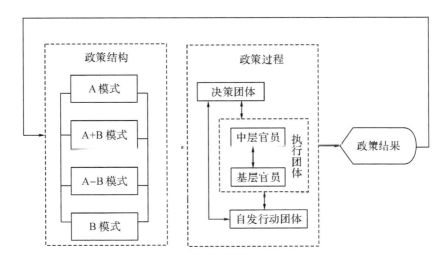

图 3.1 "政策结构—政策过程—政策结果"分析框架

述如下。

1. 政策结构变量

如上所述,中国地方政府的治理结构,不仅有"条块分割""党政不分"之下形成的"有限分权"的正式结构,还有与这一结构相伴随的"关系主导"的非正式结构。这两种结构时分时合,时而相互促进,时而彼此抵触。因此,中国地方政府的政策结构可有四种不同的模式,即 A 模式、A+B 模式、A－B 模式和 B 模式。

(1)A 模式:在中国地方政府的治理过程中,"有限分权"的正式结构独自起作用。

(2)A＋B 模式:在中国地方政府的治理过程中,"有限分权"的正式结构与"关系主导"的非正式结构共同起作用,且"人情—面子"关系的运作促进权力在"有限分权"的正式结构中的有效配置。

(3)A－B 模式:在中国地方政府的治理过程中,"有限分权"的正式结构与"关系主导"的非正式结构共同起作用,但"人情—面子"关系的运作加剧权力在"有限分权"的正式结构中的无效配置。

(4)B 模式:在中国地方政府的治理过程中,"关系主导"的非正式结构独自起作用。

2. 政策过程变量

中国地方政府的治理是在不断转换的政策结构下,治理参与团体相互作用的过程。表征这一过程的变量称为政策过程变量。政策过程变量包括治理参与团体、行动者的权力资源、行动者的策略选择和参与团体是否形成集体行动。

(1)治理参与团体指中国地方政府治理中的行动团体。其大致可分成三类:决策团体、执行团体和自发行动团体。其中执行团体又可分成中层官员和基层官员。但是,在具体某项地方政府的治理过程中,上述几类行动团体并不一定全部出现。而每一类行动团体出现与否都会影响治理过程与结果。

(2)行动者的权力资源。依据上述分析框架的研究视角,本书界定两种类型的权力资源,即"职位权力"①和"关系权威"②。在中国地方政府的治理过程中,行动者的社会角色在政府组织中的职位、关系运作能力不同,其所拥有的权力资源也不同。行动者的权力资源,特别是关键行动者的权力资源,是影响中国地方政府的治理过程的重要变量。

(3)行动者的策略选择表征行动者如何运用权力资源。行动者的策略选择既有在地方政府的治理事项中的预期收益、预期成本的比较,也有在多项地方政府的治理事物之间的预期收益、预期成本比较。多维的比较决定行动者在地方政府的治理过程中如何运用自己拥有的权力资源。

(4)参与团体的集体行动表征参与团体是否能形成集体行动。该变量对治理参与团体的相互作用过程极其重要。因为治理参与团体内部、行动者之间的权力资源是否内耗、策略选择是否冲突,将影响该治理参与团体在地方政府治理过程中的作用。

---

① 职位权力是指合法地属于任何具有权威或影响的社会角色或组织中官位的担当者的权力。这可以从国家官员的情况中看出,只要他们继续占据着他们的位置,就享有巨大权威和影响,但在替换后,这种权威和影响就丧失了。参见格尔哈斯·伦斯基.权力与特权:社会分层的理论.关信平,陈宗显,谢晋宇译.杭州:浙江人民出版社,1988:74.

② 本书在此选用权威一词,旨在与职位赋予的权力的制度性特征相区分。权威是权力的一种形式。L.斯坦曾将其定义为"对他人判断未经检验的接受"。在中国的权力运作研究中,国内外学者往往不对权力与权威做出区分,两者加以混用。理由在于,在中国的权力运作的情境下,权力与权威实在很难区分开来。参见翟学伟.中国社会中的日常权威——关系与权力的历史社会学研究.北京:社会科学文献出版社,2004:30-39.

3.政策结果变量

在中国地方政府的治理研究中,要明确界定政策结果(成功或失败)是非常困难的。但国内外政策执行研究者已经提供了若干可供参考的标准。如理查德·曼特兰德认为,评价政策执行成功与否有两种标准:一是政策设计者的计划;二是执行行为所引起的总体性后果[1]。台湾学者李允杰、丘昌泰等概括了三条标准:一是从"官方目标"的角度;二是从"利害相关人"的角度;三是从"问题解决"的角度[2]。

本书选取的标准是地方政府治理中决策团体的政策目标。即将中国地方政府的政策结果与决策团体的政策目标相比较。换言之,中国地方政府治理所发生的某种行为的改变或社会现状的变化是否与决策团体的原初的政策目标相一致。

(1)与决策团体的政策目标一致,则为成功的治理结果。

(2)与决策团体的政策目标不一致,则为失败的治理结果。

之所以选择这一标准,主要基于以下理由:我国的地方政府的治理基本上是由决策团体发起的,而且我国在改革开放后推行的地方政府的治理事项,大多利益冲突性高、实现目标的手段不明确,但是政策目标基本上是确定的。因此,决策团体的政策目标是清晰的。相对而言,治理事项的"利害相关人""治理行为所引起的总体性后果""问题解决"等角度比较模糊而难以观察。

上述分析框架认为,解释中国地方政府治理成败的原因,首先需要确认政策结构的模式;然后在政策结构模式下,考察治理参与团体的相互作用过程;再考察政策结果,分析政策过程与结果之间的关系;最后分析政策结果对政策结构可能有的影响。

第四节 结 语

与官僚制模型、博弈模型和运动式治理模型相比,"政策结构—政策过

---

① Matland R E. Synthesizing the implementation literature: The ambiguity-conflict model of policy implementation. Journal of public administration research and theory, 1995, 5(2): 145-174.

② 李允杰,丘昌泰.政策执行与评估.新北:台湾空中大学,1998:125-126.

程—政策结果"分析框架突显了改革开放以来中国地方政府的政策结构变量。这种处理与转型中国这个特定的语境以及这个特定语境下的地方政府治理是非常切合的。这种切合主要体现在以下几个方面。

首先,自鸦片战争以来,传统中国的超稳定结构受到西方现代性的剧烈冲击;中国社会进行着艰难的社会结构转型;中国人深层次的精神世界、思维和行为方式、社会关系特征,需要在现代与传统、西方与东方两个截然不同的结构模式中协调起来。事实上,这两种结构本身并不能很好地契合,有时甚至截然相反。因此,结构性因素对分析中国人的行为方式,特别是中国地方政府的治理过程中人的行为方式显得尤其重要。比如,在行政审批制度改革过程中,削减审批事项既有"有限分权"的正式结构的影响,又有"关系主导"的非正式结构的影响。这两种结构何种起主导或以何种方式结合,对削减审批事项的展开有着重要的影响。

其次,在中国地方政府的治理研究中突显结构变量,在治理结构层面和治理过程层面选取了一个具有逻辑性的变量体系,来解释中国地方政府的治理结果。这避免了官僚制模型、博弈模型和运动式治理模型将中国地方政府的治理结构做简单化处理的弊病。官僚制模型和博弈模型假定中国地方政府的治理在"有限分权"的结构中展开,而忽视了"关系主导"的非正式结构的影响;运动式治理模型则看到了"关系主导"的非正式结构,抛弃了"有限分权"的正式结构的作用。这种简单化的处理不符合转型中国的社会结构特征。"政策结构—政策过程—政策结果"分析框架将"关系主导"的本土化特征纳入中国地方政府的治理中进行分析,这就为建构转型中国地方政府治理的本土化理论提供了可能性。

最后,选取中国地方政府治理的政策结构变量,提出"政策结构转换"的理论假设。这符合转型中的中国在地方政府的治理过程中所出现的"时进时退""不断反复"的改革循环(比如行政审批制度改革中存在的"削减—膨胀—再削减—再膨胀"的"怪圈")现象。同时,从中国地方政府治理的微观层面解释了中国社会转型所面临的问题以及问题产生的原因。

据此,相比较而言,本书提出的"政策结构—政策过程—政策结果"分析框架,更切合分析转型中国地方政府的治理现象,对转型中国地方政府的治理问题具有更强的解释力。当然,这种解释力还需要靠进一步实证研究来加以验证。

第四章　地方政府治理的政策网络分析模型

在中国地方政府的治理过程中,由于"有限分权"的正式结构和"关系主导"的非正式结构的不同组合,中国地方政府治理形成 A 模式、A＋B 模式、A－B 模式和 B 模式四种模式,即政策结构的不停转换,从而形成不同地方政府的治理过程,产生不同的治理结果。那么在地方政府治理中,政策结构如何与政策过程发生互动? 如何来研究政策结构与政策过程的互动? 这些问题是揭示地方政府治理内在运作机制的核心内容。而结构与行为的互动问题也是 21 世纪以来社会科学研究的大范式,各类网络(社会网络、政策网络)研究进路即是在这一范式下形成并不断发展的。因此,地方政府治理中的政策结构与政策过程的互动也将放在政策网络的分析模型中加以考察。

第一节　地方政府治理的经验研究工具:政策网络分析

地方政府治理不仅仅是一种理念,更是观察、解释和指导实践的理论进路。在这一进路下,"整体性政府理论""多中心治理理论""协同治理理论"等受到诸多国内学者的关注,并被运用于我国地方政府治理实践的研究中。这些理论很好地展示了"治理"应该是怎么样的,实现"治理"应该有什么样的行动者、行动舞台、制度框架等。这些理论知识虽然有助于研究者观察现实的地方政府治理现象,但是研究者依旧需要恰当的理论工具,来获取、分析地方政府治理的经验现象。只有这样,才能在地方政府治理的微观机理上找到实然与应然的差距,以寻找有效治理的具体路径。而 21 世纪逐渐兴盛的政策网络理论和技术是很好的经验研究工具。

近半个世纪来,中西方政策网络进路的文献数量巨大,且呈逐年增加趋势。按其研究发展脉络来看,大致可分为以下三代。

第一代政策网络的研究中包括了两种不同的观点。第一种我们称之为

"利益协调学派",利益协调学派强调政策网络中各个利益团体与政府部门之间的交互,以及根据政策网络的制度化程度、网络边界开放性程度、各个行动者所拥有的权力资源等因素对内在结构特征不同的政策网络进行类型学上的描述和区分。第二种我们称之为"治理学派",治理学派主要是将政策网络作为政策过程的一部分,其区别于传统的国家等级控制模式和市场运行模式。他们认为传统国家与市场制度的职能分工不再适应日趋复杂的现代社会,可通过网络治理模式解决集体行动的困境。但无论是利益协调学派还是治理学派都存在以下三个缺陷:(1)仅仅关注行动者各自的特征而忽视行动者之间的关系;(2)仅仅停留在全国网络层面上的对比,而忽视政策网络在特定情境下某些潜在的重要差异;(3)对政策网络内在结构与政策结果之间的联系缺乏明确的探讨。总体上第一代政策网络研究更多的是对网络的描述而非解释,这使得其难以形成一套系统的具有说服力的理论[①]。

第二代政策网络是基于上述政府治理研究路径发展而来的,我们称之为"网络管理"流派。网络管理流派虽依旧没有完成建构理论的目的,依然具有强烈的隐喻特征,但其为政策网络的发展做出了一个关键性的贡献:政策网络的动态特征,即政策网络随着时间推移而不断变化。有两种策略可以改变政策网络以达到元治理者期待的政策功效。一是网络管理员改变网络的"游戏规则"以促进行动者之间的互动与合作。二是尝试改变网络的制度特征以达到期望的成效。第二代政策网络相比于第一代的不同在于其指出了政策网络不是静态的,是可以通过网络管理员的努力不断变化的。但第二代政策网络与第一代一样,仍然没有解决第一代政策网络存在的三个核心问题[②]。这意味着这一类政策网络研究是从如何进行网络管理的视角出发来研究政策网络的。而政策网络结构与过程的管理往往发生在较高的层次,而不仅仅在政策网络内部。因此,政策网络内各主体间的相互作用模式和政策网络结构的变化往往成为政府有意识干预的结果。

第三代政策网络的主要特征在于将"社会网络分析"引入政策网络中来解决上述三个核心问题。第三代政策网络的发展在两方面做出了突出贡献。其一,聚焦于全球网络层面,将社会网络分析作为工具来描绘政策网络

---

① 如 Richardson、Jordan, 1979; Atkinson、Coleman, 1989; Van Waarden, 1992; Kenis, 1991; Schneider, 1992; Scharpf, 1978, 1994。

② 如 Kickert、Koppenjan, 1997; Skelcher, 2006; Sorensen and Torfing, 2007。

的结构,以此来对这些政策网络结构进行事后解释。其二,注重政策网络结构内的行动者关系变量以解释政策网络在特定情境下某些潜在的重要差异。将政策网络结构作为变量也可以连接政策网络结构与网络结果之间的关系。尽管第三代政策网络致力于构建政策网络理论,但其对于结构的解释仍需要其他理论来支撑。政策网络能否真正成为一个系统的理论需要解决两个问题:一方面是政策网络自身理论的完善,即能否清楚说明网络产生、发展、变化的内在动力;另一方面是政策网络能否解释和预测治理后果①。因此,它将社会学的社会网络分析方法和技术运用于政策网络分析,使得政策网络研究能提炼出一系列可观察的关系变量,同时也产生了一系列具有因果解释力的政策网络理论。

　　上述三代政策网络研究虽然着眼点不同,但在分析我国地方政府治理时可取长补短地加以运用。首先,我国地方政府的治理局面正在逐步形成,可运用第三代研究对具体的政策网络加以定量的描述,分析行动者的类型及相互关系、政策网络的结构性特征;然后,在此基础上运用第一代研究解释政策网络运作的结果;最后,运用第二代研究将政策网络看成管理工具,提出改进地方政府治理的结论和建议。这样的研究至少具有如下优势:一是,可以从个体行动者的行为出发,通过分析行动者之间的关系来观察地方政府近几年逐渐增强的治理趋势,从而避免了难以观察的"制度";二是,第三类政策网络研究可将地方政府治理的政策网络定量地、清晰地呈现出来并加以分析,为治理结果解释和对策研究提供确凿的依据;三是,这三类研究相互关联、相互补充,为地方政府治理提供了系统的经验研究工具。

　　那么,在西方土壤上发展而来的治理网路是否适合分析中国地方政府治理实践现象呢?有学者质疑,政策网络模型能否将我国地方政府治理中的垂直行政体制考虑进去?也有学者认为中西方政治、行政体制以及社会文化的差异如此之大,尽管目前在一些治理领域十分强调多主体的参与,但是政策文本中的内容与实际的执行情况之间的差距并不小,多个行动者是否真实存在?"权威统治与有效治理"的治理悖论、党政双轨、高位推动、"强国家—弱社会"等特点在地方政府治理中普遍存在,政策网络能够用于分析中国的治理问题?笔者认为,运用政策网络模型来研究中国地方政府治理

---

①　如 John、Cole,1998;Brass、Galaskiewicz、Greve、Tsai,2004;Isett、Provan,2005;Borras、Olsen,2007;Sandstrom,2008。

现象必须认真对待这些问题,这是政策网络模型研究进路的出发点。

首先,学者对于政策网络模型能否将我国地方政府治理中的垂直行政体制考虑进去的质疑主要是基于对政策网络多元主体平等合作特点的认识。在此,需要厘清的一个概念是"政策网络"。政策网络是一种相互依赖的结构,它涉及多个组织或部分,其中一个单位在某个更大的层级结构中不仅仅是其他单位的正式下属①。换言之,政策网络并不取代官僚组织的垂直行政体系;相反,它们在垂直行政体系中增加了一个或多个结构复杂的层次,使地方政府治理中来自同一政府的同行或与大都市地区多个政府相同的其他政府交织在一起。因此,政策网络模型拓展了传统政府组织结构研究的视野。这种拓展体现在以下两个方面:一是拓展了中国地方政府治理中的研究对象,使它能突破传统政府组织结构研究中简单的"条块"思维;二是拓展了传统政府组织结构研究视角,使之不再局限于结构分析,而是用网络分析的理论与技术方法,将结构分析与行动分析有机地融合起来。

其次,笔者认为政策网络可以应用在中国地方政府治理的研究领域,还可从网络形成的微观机制来加以分析。政策网络形成需要两个条件:(1)多元主体的诉求;(2)这些多元主体进行合作互动。随着中国人口的增加、阶层的分化,社会矛盾激增,多元主体的利益诉求显然存在。多元主体进行互动合作是政策网络持续良好运行的必要条件。中国多元主体进行互动合作与西方国家制度化的互动不同,展现出一种非正式性,这种非正式性受两个关键因素影响:政党、人际关系。第一,中国是中国共产党领导下的权威政体,党政合一。因此多元主体的合作互动不能忽视中国共产党的作用。"高位推动""政治势能"等理论概念很好地解释了在党的领导下如何进行跨越部门的互动合作。这也可以理解为在党的领导下如何进行网络治理以促进网络内行动者之间的互动,虽然这种互动的持续性还有待加强。第二,在中国与人合作离不开"关系",费孝通称之为"差序格局",这种华人社会中的微妙关系难以进行量化分析,但其在我们分析中国的政策网络中是必须考虑的关键变量,这增加了中国学者运用政策网络分析中国地方政府治理现象的难度。

由此可见,政策网络进路是在"结构—行为"互动的视角下,研究中国地

---

① O'Toole Jr L J. Treating networks seriously: Practical and research-based agendas in public administration. Public administration review, 1997: 45-52.

方政府治理现象一个适当的理论视野。它能够包容中国传统社会、政治和行政文化的特征,能够包容中国单一制下"党政双轨、条块分割"的行政体制特征,更主要是它能够将中国地方政府治理的结构与行为有机融合起来,分析政策结构对政策行动的制约、影响,同时也展现政策行为对政策结构的作用机制,在政策结构和政策行为互动的视野下分析中国地方政府治理的绩效。

第二节　地方政府治理的政策网络分析要素

政策网络是分析我国地方政府治理比较恰当的理论进路,那么如何在上述三类政策网络研究的基础上,结合我国地方政府治理的具体情境,选择恰当的分析要素来解释其所面临的治理问题呢? 事实上,政策网络分析在政府治理的研究由来已久。一般来说,政策网络类似于原始的组织,或者是一种松散的组织。它介于单个个体的市场和正式组织之间。政策网络与组织的区别在于关系正式化的程度和合作的类型。政策网络不需要一个权力中心,协调不是基于等级权威,而是平等的讨价还价①。中国地方政府治理的政策网络比较分析框架选用三类参数,即"行动者特征"、"行动者之间的关系特征"和"网络特征"②,并对这三类参数采用定量和定性方法进行分析。第一类定量分析参数包括行动者、关系、节点度(Nodal degree)、最短距离(Geodesics distance)、中心化(Centrilization)、核心(Core)与边缘(Periphery)和集聚(Cluster)等值③。通过对上述定量网络参数的分析,可以确认作为研究对象的地方政府治理的政策网络是否真实存在,及其网络的定量特征,从而为下面的定性研究提供清晰、确凿的依据。第二类为定性分析参数。本书根据研究需要、融合多中心治理理论,在这三类参数下分别选取定性分析指标。其中"网络特征"包括网络性质、网络功能、网络制度

---

① Van Waarden F. Dimensions and types of policy networks. European journal of political research, 1992, 21(1-2): 29-52.

② 这三类参数是反映政策网络差异的重要指标。Wasserman S, Faust K. Social network analysis: Methods and applications. Cambridge university press, 1994.

③ 刘军. 整体社会网络分析. 上海:上海人民出版社,2009:97.

化、网络经费[①];"行动者特征"包括行动者类型和数量、行动者目标和策略及行动舞台[②];"行动者的关系特征"包括关系内容、权力关系、行为规则、信任基础[③]。如表 4.1 所示:

表 4.1　中国地方政府治理政策网络分析参数表

分析参数		分析方法	
		定量分析	定性分析
政策网络分析参数	行动者特征	行动者数量 行动者类型	行动者目标和策略
			行动舞台
	行动者的关系特征	节点度 最短距离	关系内容
			行为规则
			信任基础
			权力关系
	网络特征	中心化 核心与边缘 集聚	网络性质
			网络功能
			网络制度化
			网络经费

第一,地方政府治理政策网络的定量分析要素。第三代政策网络分析引入社会网络分析的技术和方法后,对地方政府治理可以采用定量化的研究方法[④]。可以通过实地调研确认"行动者"和"行动者之间的关系",得到

---

① 网络性质是指地方政府政策网络是自生自发形成的,还是自上而下建构形成的;网络功能指政策网络在形成、实现地方政府有效治理中所发挥的作用;网络运作的制度层面,指网络在多中心治理理论所指出的三个层面(操作、集体选择和宪法选择)的哪个或哪几个层面运作。

② 行动舞台指包含一组被称为行动情境的变量和另一组被称为行动者变量的复杂单元。埃莉诺·奥斯特罗姆:制度性的理性选择:对制度分析和发展框架的评估,保罗·A.萨巴蒂尔编.彭宗超等译.政策过程理论.北京:生活·读书·新知三联书店,2004:57.

③ 关系内容指中国地方政府政策网络内行动者之间的互动呈现的实质性理由,如利益关系、权力关系、需求关系、命令控制关系等。行为规则指在政策网络内行动者是合作的,还是对抗的;网络制度必须遵守的,还是可突破的;是规则主导的,还是人情主导的;集体主义导向的,还是个人主义导向的;等等。信任基础是指中国地方政府政策网络内行动者之间的信任是基于制度、契约、个人声誉、私交"关系"和共同利益。

④ 刘军.整体社会网络分析.上海:上海人民出版社,2009:2.

定量的政策网络图。在此基础上，中国地方政府治理的政策网络分析的常用定量要素如下。

行动者：政策网络分析中所说的行动者可以是任何一个社会单位或社会实体。地方政府治理的政策网络中的行动者可以是个体、社区、政府组织、非政府组织等。行动者在政策网络内以点的形式出现，关于点的信息既可以是动态的，也可以是静态的。

关系：行动者之间的关系常常代表具体的联络内容（relational content）或者现实中发生的实质性的关系。地方政府治理的政策网络内行动者之间的关系内容是多种多样的，可以是上下级关系、目标群体和治理政策决策者或执行者之间的关系、合作治理关系等等。同时行动者之间可能存在不止一种关系，而是多元关系的叠加。在研究中到底调查什么样的关系内容有赖于特定的研究目的。

网络密度：地方政府治理的政策网络中的网络密度等于网络中"实际存在的关系总数"除以"理论上最多可能存在的关系总数"。从总体上看，整体网的密度越大，该网络对其中行动者的态度、行为等产生的影响可能越大。

子结构（Subgraphs）：在地方政府治理的政策网络中考察的两个行动者之间的组合、三个行动者之间的组合和以个体为中心的领域都可以视为子结构。从简单的两个或三个行动者组合关系分析可建立并推至更大的密集聚类（如"派系"）[1]。

节点度：在地方政府治理的政策网络中，节点度是指与节点关联的边的数量，或者说节点的度是与节点邻接的节点的个数。一个节点的最小值是0，即该点所表征的行动者与网络内任何其他行动者都没有连接，即孤立点；一个节点的最大值是政策网络内的节点数总和减去一，即该点所表征的行动者与网络内任何其他行动者都连接。节点度反映了行动者在政策网络内的活跃程度[2]。

最短距离：在地方政府治理的政策网络中两个行动者之间的最常用的距离定义方式，它通常指的是从一个行动者到另一个行动者的最短路径（即

① 约翰·斯科特,彼得·J.卡林顿.社会网络分析手册.刘军,刘辉译.重庆:重庆大学出版社,2018.
② 斯坦利·沃瑟曼,凯瑟琳·福斯特.社会网络分析:方法与应用.陈禹,孙彩虹译.北京:中国人民大学出版社,2012.

需通过几个其他行动者)。每个行动者在网络中最大的最短距离就是这个行动者的离心度(ecentricity),它测量了一个行动者在网络中距离最远者有多远[1]。

中心性(Centrality)和中心化[2]:中心性和中心化是政策网络分析的重要内容。中心性表征个人或组织在其政策网络中居于什么样的中心地位,通常有三种度量方式,即度数中心度[3]、接近中心度[4]和中介中心度[5]。中心化是表现整体政策网络特征的数值,与中心性相对应,可以分为网络的度数中心化、接近中心化和中介中心化[6]。从整体上看,政策网络的中心化程度越高,则网络的动员能力越强。

核心与边缘[7]:在地方政府治理的政策网络的结构分析中,一个常见但非正式的概念是核心与边缘。核心的概念包含紧密的、内聚的核心和稀疏的、不相连的外围。核心可以是一个或多个,不同的核心与边缘结构会导致地方政府治理的政策网络运作的差异。

在地方政府治理的政策网络分析中,引入第三代社会网络分析的理论与方法,我们发现除上述比较常用的定量分析要素外,还有许多其他可供选择的要素,如派系、互惠性、传递性、关联性、结构洞、局部桥等等。另外,在地方政府治理的政策网络分析中,当地方政府治理相关理论与政策网络分析相结合时,诸如多中心、行动舞台、人际关系、社会资本概念也可以成为定

---

① 约翰·斯科特,彼得·J.卡林顿.社会网络分析手册.刘军,刘辉译.重庆:重庆大学出版社,2018.

② 刘军.整体网分析:UCINET 软件实用指南(第三版).上海:上海人民出版社,2019.

③ 度数中心度表征行动者在政策网络内的活跃程度,可用绝对度数中心度和相对度数中心度来表示。绝对度数中心度表示在政策网络内与某个行动者直接相连的其他行动者的个数;相对度数中心度是行动者的绝对度数中心度与政策网络内行动者的最大可能的度数相比。参见刘军(2019)。

④ 接近中心度测量政策网络内一个行动者与其他行动者的"距离",若一个行动者与政策网络内其他行动者的"距离"都很短,就称该行动者具有较高的接近中心度。一个行动者接近中心度越高,其在政策网络内的交流越不受他人控制。参见刘军(2019)。

⑤ 在政策网络中,如果很多人要想建立联系必须要经过某个个人,则可以认为此人居于重要地位,因为"处于这种位置的个人可以通过控制或者曲解信息的传递而影响群体"。因此,中介中心度测量的是行动者对资源控制的程度。参见刘军(2019)。

⑥ 刘军.整体网分析:UCINET 软件实用指南(第三版).上海:上海人民出版社,2019.

⑦ Borgatti S P, Everett M G. Models of core/periphery structures. Social networks, 2000, 21(4): 375-395.

量要素在政策网络中进行测量与分析。通过分析这些要素,可以确认地方政府治理研究中的政策网络是否真实存在,以及政策网络的各类定量特征,从而为定性研究提供依据。

第二,地方政府治理政策网络的定性分析要素。定性分析要素可以展现中国地方政府治理的政策网络中那些难以量化考察,但对分析单个或比较分析多个地方政府治理的政策网络不可或缺的要素。从上述地方政府治理政策网络的定量分析要素来看,"行动者""行动者之间的关系"和"网络特征"是政策网络的三大基本要素。因此,本书选取反映网络总体性特征的"网络特征""行动者特征""行动者之间的关系特征"这 3 个维度的 13 个网络参数来定性分析政策网络。

第一个维度:"网络特征",包括 5 个参数,网络目标、网络性质、网络功能、网络制度化和网络经费。在中国地方政府治理过程中,政策网络的形成和运作往往是伴随着治理目标产生的。比如在海洋环境治理中伴随着蓝色海湾行动计划而产生的海湾环境治理的政策网络;在城市社区中伴随着垃圾分类处理政策所产生的社区垃圾分类政策网络;等等。网络性质是指地方政府治理的政策网络是自生自发自下而上形成的,还是自上而下由地方政府建构推动形成的,或是两者相互融合在一起的。网络功能是指政策网络在具体的地方政府治理事项中所发挥的作用。在一个具体的地方政府治理事项中,政策网络的功能可能是多样化的。对于网络制度化的分析包括两个方面:一是地方政府治理的政策网络内是否有制度化的行为规范。这个制度可以是正式的法律法规、合同契约,也可以是网络内的行动者默认或默会的非正式制度。网络制度化是衡量地方政府治理的政策网络成熟与否的标志之一。二是地方政府治理的政策网络的制度在哪一个或哪几个层面,即网络运作在操作、集体选择或宪法选择的哪个或哪几个层面展开。地方政府治理的网络经费不仅是一个量化的数值大小,更重要的是反映网络经费的来源。网络经费来源可以是政府(包括中央政府和地方政府)、国际组织、民间组织、公民或几种渠道的组合。网络经费来源不同,政策网络的目标、运作方式都会有很大差异。

第二个维度:"行动者特征",包括 4 个参数,行动者类型和数量、行动者目标和行动者策略、行动者拥有的资源、行动舞台。行动者的类型与数量表征行动者的身份和数量,本研究依据行动者不同的身份来划分行动者类型。如政府部门、民间组织、国际组织、企业、公民等等。一般来说,对于某一地方政府治理事项，政策网络中的行动者类型越丰富、每一类行动者参与者越多、行动者之间建立的联结越多，那么这一地方政府治理事项就展开得越深入。行动者的目标和策略是指行动者在某一地方政府治理的政策网络中的行为目的，以及基于自身利益考量的策略选择。如在地方政府治理的政策网络如何选择交往对象，如何建构与其他行动者之间的交往关系，乃至如何建构整个政策网络的功能，等等。行动者拥有的资源指行动者拥有的权威、权力、资金、合法性、组织、知识和信息等。在地方政府治理的政策网络中，任何一个行动者，必须依赖于其他行动者的资源共享和交换而发展，为实现治理目标，行动者之间必须交换资源。行动者在政策网络内运作种种策略，与其他行动者进行资源交换，以实现自身目标行动舞台是指个体间相互作用，交换商品、资源和服务，解决问题，（在个体与行动舞台上所做的很多事情中）相互支配或斗争的社会空间①。行动舞台是指在地方政府治理事项展开的政策网络内，各行动者在形成合作或对立的个体关系、交流信息、权力博弈、达成协议而相互支配或斗争的社会空间。影响行动舞台的有以下三个变量：行动舞台的类型和数量、行动者是否有根据需要进行拓展的能力、现有行动舞台的适宜性。

第三个维度："行动者之间的关系特征"，包括 4 个参数：关系内容、行为规则、信任基础和权力关系。在地方政府治理中，直接影响过程、结构和结果的是有着不同角色和各自目标与策略、拥有不同资源和影响力的行动者采取了什么样的互动行为，形成了什么样的关系联结。因此，本书选取四个要素来分析地方政府治理中行动者之间的关系：关系内容、行为规则、信任基础和权力关系。关系内容指的是在地方政府治理的政策网络内行动者之间交往所呈现的实质性理由，如利益关系、需求关系、命令控制关系、资源交换关系、信息交流关系等等，这些关系内容可能根据不同的研究需要进行分类、选择并加以考察。行为规则指行动者在地方政府治理的政策网络内形成的一系列指导行动者行为的正式或非正式制度。它反映行动者之间是相互对立的还是互相合作的；制度是可以突破的还是必须遵守的；是由规则主导的还是人情主导的，集体主体导向的还是个人主义导向的。信任基础反映地方政府治理的政策网络内行动者之间互动、合作的根本性基础。政策

---

① 保罗·A.萨巴蒂尔,埃莉诺·奥斯特罗姆.制度性的理性选择对制度分析和发展框架的评估,政策过程理论.北京:生活·读书·新知和三联出版店,2004:57.

网络内行动者的联结需要有信任基础①。这种信任基础在不同的政治、社会、文化背景下和具体的地方政府治理的政策网络中是有多种形式的。它既包括具有约束力的国际国家法律、地方政策规范等正式的制度和契约，又包括政府权威、企业、个人的声誉和影响力，行动者之间的人情面子和私交"关系"，以及不同行动者之间的共同利益，等等。权力关系则是指在地方政府治理的政策网络内行动者之间的权力分配特征，反映行动者之间地位是平等—协商的，还是命令—控制的。在地方政府治理过程中，各行动者之间具有复杂的权力关系。虽然地方政府治理往往被看成多个行动者之间的利益协调过程，政策网络也被看成一种不同于传统政府管理的新型治理工具，但这并不意味着地方政府治理的政策网络内的权力关系是平等协作的。由于地方政府治理的政策网络整合了不同层级的政府、企业、社会组织及公民等，因此地方政府治理的政策网络内的权力关系既有不同层级政府间的命令—控制关系、业务指导关系，也有同级政府部门的平等协作关系，也有政府和企业、社会的指导、合作关系。

第三，政策网络的规范分析要素。通过对地方性高校治理政策网络的定量描述和定性分析，指出政策网络上述分析要素可以改进的地方，并针对各类行动者（特别是政策网络管理者）提出改进政策网络诸要素的结论和建议。

第三节　地方政府治理的政策网络分析框架

地方政府治理的政策网络分析可以从定量和定性两个方面寻找出主要的分析要素（如上节所述）。而且可以设想，根据地方政府治理不同的情境、不同的类型，这些定量和定性分析要素的重要性会有变化，甚至有些在此没有列举的分析要素也可能需要增补进来，显然有些则需要删除。事实上，这类工作是每一项经验性研究都要面临的。但这对于地方政府治理的政策网络分析而言是不够的。因为除寻找定量和定性分析要素之外，地方政府治理的政策网络分析必须考虑的一个问题是，这些分析要素在具体的地方政

---

① Berardo R，Scholz J T. Self-organizing policy networks: Risk, partner selection, and cooperation in estuaries. American Journal of Political Science，2010，54(3)：632-649.

府治理事项中是如何有机地组合在一起,影响地方政府治理的过程和结果? 回答这一问题需要考虑以下具体的地方政府治理的政策网络分析框架。

在具体的地方政府治理网络分析过程中,除了考虑政策网络的定量定性分析要素外,还需考虑地方政府治理问题可以分为三个层面,即地方政府治理的价值构建层面、政策制订层面和政策执行层面;在每个治理问题的层面都中存在三类要素,即行动者、行动者之间的关系、行动者交往的行动舞台。在每个治理问题的层面中,这三个要素是彼此联系、相互影响的。那么,整个地方政府治理政策网络的分析框架又是怎么样的? 不同层面的治理问题是如何联结在一起相互影响的? 微观层面的个人选择又是如何在网络中集聚起来变成地方政府治理的集体行动呢? 本节试图归纳地方政府治理政策网络的分析框架。

一、不同层面的地方政府治理问题

在地方政府治理中,根据治理问题属性的不同,可分成三个层面,即价值构建层面、政策制订层面和政策执行层面。这三个层面致力于寻找的规则不同,所分析的问题不同,治理展开的过程也不同,但在现实的地方政府治理中,这三个层面并不是截然分开的,而是相互粘连、相互影响的(见图 4.1)。正是这种相互粘连、相互影响的运作机制不断推动着地方政府治理政策网络的运作。

层面	价值构建	政策制订	政策执行

规则	元规则	法律、法规、政策	操作性实施方案

解决的问题　价值追求　损害防范、补偿原则、如何补偿　落实的方案

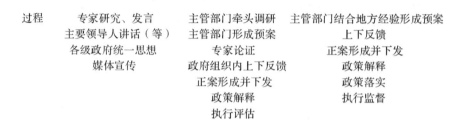

过程　专家研究、发言　　　主管部门牵头调研　主管部门结合地方经验形成预案
　　　主要领导人讲话(等)　主管部门形成预案　　　　上下反馈
　　　各级政府统一思想　　　专家论证　　　　　正案形成并下发
　　　媒体宣传　　　政府组织内上下反馈　　　政策解释
　　　　　　　正案形成并下发　　　　政策落实
　　　　　　　政策解释　　　　　执行监督
　　　　　　　执行评估

图 4.1　地方政府治理分析的三个层面之间的关系

从图 4.1 可知:第一,地方政府治理的三个层面所致力寻找的规则是不同的。价值构建层面并不像政策制订层面一样出台正式文件,而是寻找解决地方政府治理问题的一种指导性思想、一种共识、一种舆论氛围。在 2018 年我国出台史上最严围填海管控政策之前存在两大共识:一是围填海工程降低了附近海域的生态环境质量,对自然景观也会带来不可逆的负面影响;二是相关监督保护与利用并行的管控制度与规划落实应被视为破解海洋开发利用与海洋生态矛盾的利器。这些共识虽然不是政策文本,但它们是指导各类法律法规和政策的元规则。政策制订层面往往发生在政府组织内部,这是我国现有公共政策过程和政府代表国家行使海域使用权所决定的。而且在现有的政治、行政体制和政府间利益格局下,地方政府治理的政策往往是自上而下的。大多是中央政府拟定相关的法律、法规和政策,经过一定程序后下发至各级地方政府。在政策执行层面,市县乡镇往往需要根据中央文件的精神,因地制宜地制订具有可操作性的实施方案。由此可见,地方政府治理的价值建构、政策制订和政策执行三个层面所寻找的规则是不同的。

第二,地方政府治理的三个层面所解决的问题是不同的。价值建构层面并不像政策执行层面一样直接面对地方政府治理的具体问题。比如在行政审批制度改革中,价值建构层面只关注提高行政效率,建设服务型政府。在政策制订层面则考虑如何提高行政效率、如何实现服务型政府,比如联合审批、窗口化服务、标准化审批、最多跑一次审批等等。由于政策制订层面的核心行动者是中央政府,因此,这些指导意见和管理办法往往是原则性的,需要地方政府结合地方的具体情况和具体经验来加以细化、执行。因此,在政策执行层面,基层政府大多不再花时间和精力来考虑和讨论具体地方政府治理问题中的价值追求,而是依据上级政府要求的力度来寻找落实的方案,解决具体的问题。由此可见,三个层面的核心行动者所处的位置不同,所要解决的问题也是各不相同的,但这些各不相同的治理问题其实是具有内在关联的。

第三,地方政府治理的三个层面展开的过程是不同的。上述三个层面寻找的规则不同,致力于解决的问题不同,其治理活动展开的过程也是不同的。价值构建层面的启动可能是一位国家主要领导人的讲话,如习近平总书记提出的"绿水青山就是金山银山"理念①；也可能是一起社会问题所产生的恶劣后果引起了广泛关注。在这样的政策背景下，中央政府开始思考地方政府治理的重要性。同时，中央政府开始关注专家学者的研究和声音。比如垃圾分类对环境保护的重大意义，专家学者平时也在提倡，但只有在"政策窗"打开，专家学者倡导的相关价值诉求才会进入政府政策制订的视野。中央政府在价值构建层面并不会停留于自身找到共识，而是会动用各种媒体，或通过各种政治动员的方式，在各级政府乃至全社会倡导这种价值。在政策制订层面，由于中央政府远离基层民众，其在政策制订中较少有民众直接参与，即使有听证会或网络参与等形式，由于其政策的原则性，民众的参与积极性也不高。因此，地方政府治理政策的出台往往由主管部门牵头，联合相关部门展开调研，形成政策预案，然后在政府组织内上、下级或平级政府部门间进行意见交流和反馈、专家论证，最后经过一定程序形成正式的法律法规和政策下发。当然，政策下发后的政策解释和执行评估也在政策制订层面。政策执行层面的核心行动者是地方政府。在这一层面里，地方政府治理不再只关注政策的合理和合法，由于其与民众、企业和个人、社会组织等直接接触，直接面临利益冲突和分配，除地方政府之外的其他行动者参与的积极性很高。因此，这一层面的治理过程更多地关注政策的可落实性，政策解释也更加因地制宜和灵活。由此可见，上述三个层面由于治理问题不同，治理层级不同，其治理过程也各不相同。

二、三类要素在不同层面地方政府治理政策网络中的运作机制

在地方政府治理中，从宏观层面看，价值构建层面、政策制订层面和政策执行层面是相互联结、相互影响的，正是这三个层面的不断互动促动着地方政府治理向前发展。那么这三个层面相互联结、相互影响的微观机理是怎样的呢？换言之，地方政府治理的三个要素，行动者、行动者之间的有关系和行动舞台是怎样在三个层面中联结在一起，并相互影响的呢？三类要素在不同层面地方政府治理政策网络中的运作机制如图4.2所示。

首先，各个层面三个要素的内容、形式有区别又有联系。在地方政府治理中，由于价值构建层面、政策制订层面和政策执行层面所要解决的问题不

---

① 中共中央宣传部.习近平总书记系列重要讲话读本。北京:学习出版社、人民出版社，2016。

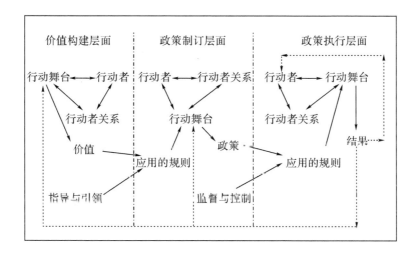

图 4.2 三类要素在不同层面地方政府治理政策网络中的运作机制

同,寻找的规则不同,活动的过程也不同,因此,参与这三个层面行动者、行动者之间的关系和行动舞台也不相同,但它们之间又是有内在联系的。

就行动者而言,不同层面的参与者是有差异的,当然有些行动者会横跨几个层面。价值构建层面的行动者主要包括国家主管部门、核心领导人、专家学者、宣传媒体;政策制订层面的行动者主要包括国家主管部门、同级政府其他部门、地方政府、专家学者、宣传媒体;政策执行层面的行动者主要包括国家主管部门、地方政府、企业或个人、宣传媒体、社会组织。在各个层面的行动者,以国家主管部门为代表的中央政府处于核心地位,它既是价值构建层面的发起者,又是政策制订层面的行动者,还是政策执行的监管者。宣传媒体则会根据党和国家的方针政策宣传报道各个层面的活动、内容和结果。

就行动者之间的关系而言,不同层面建立的行动者之间的关系是不同的,但这些关系内容又是彼此关联的。由于不同层面要解决的问题不同,因此即便是相同的行动者在不同层面建立的关系内容也是不同的。以国家主管部门为代表的中央政府,在价值构建层面与专家学者、宣传媒体建立的关系内容是要寻找、论证、宣传、倡导地方政府治理政策的价值理念;在政策制订层面与同级政府其他部门、地方政府、专家学者、宣传媒体建立的关系内容是制订出合法合理的地方政府治理政策;在政策执行层面与地方政府之间的关系内容是地方政府治理政策的监督。同时,在不同层面以国家主管部门为代表的中央政府与其他行动者的权力关系也不同。在价值构建层面主要是合作关系;政策制订层面主要是协商、咨询关系;政策执行层面则是上下级的命令—控制关系。但这三个层面的关系内容又是彼此关联的,只有解决了价值追求问题才会有正确的政策制订,有了政策制订才有可能有政策的执行。

就行动舞台而言,不同层层面建构的行动舞台是不同的。价值构建层面行动舞台的参与者主要是专家学者和高层官员,人数相对较少,因此行动舞台往往是小型研讨会、政府发包的科研项目、采访等;政策制订层面的行动舞台围绕政策文本的形成有政府部门的调研、相关部门碰头会、文件制订(起草)的小组等;政策层面的行动舞台主要在基层,面向广大人民,参与人数多,有各类行动组织、社会组织,甚至各类小型的自组织活动。根据需要,这一个层面行动舞台的类型最多,开拓性最强。

其次,各个层面通过三要素产生的活动结果彼此联结。在地方政府治理中,价值构建层面、政策制订层面和政策执行层面通过行动者、行动者之间关系有内在沟联外,最直接的联结便是这三个层面内三要素相互作用产生的活动结果。价值构建层面内行动者在行动舞台内建立行动者之间的关系,彼此互动产生的活动结果即某种价值或共识,将作为政策制订层面在制订法律、法规、政策文件时应用的规则;在这些应用规则的引领下,政策制订层面的行动者在各类行动舞台内相互作用,形成这一层面行动者之间的关系。其活动所产生的结果便是法律、法规、政策文件的形成,这些法律、法规、政策文件又将作为政策执行层面寻找操作性方案时的应用规则;在这些应用规则的监督和执行下,政策执行层面的行动者创建各类行动舞台建立关系、形成互动,产生政策结果;至此,并没有完成地方政府治理的一个周期的运作。更为重要的是,政策执行层面产生的结果分别反馈于三个层面。首先政策执行层面的行动者会感知政策执行结果,及时根据上级要求调整操作方案;其次政策制订层面的行动者通过监督检查和舆论感知政策执行结果,并督促地方政府或改进政策方案,必要时甚至重新启动价值构建,寻找新的政策方案;价值构建层面的行动者通过实地调研、采访和舆论也能感知政策执行结果,并分析治理现状及问题。

第三,各个层面通过不同的活动方式相互影响。在地方政府治理中,价值构建层面、政策制订层面和政策执行层面三个层面相互联结、相互影响,但三个层面之间相互影响的方式是不同的。这意味着地方政府治理网络的管理者需要根据不同的层面、采用不同的方式来推进治理进程。

其中,价值构建层面对政策制订层面和政策执行层面的影响主要是通过价值指导和引领的方式进行的。在极端重要或危急的情况下,党和政府也会通过在政府组织内政治动员的方式开展意识形态教育。但从总体上看,这个层面的影响是在其他两个层面的行动者主动接受或潜移默化接受的基础上产生的。政策制订层面对政策执行层面的影响是监督和控制。不管地方政府和基层行动者愿意或不愿意,法律、法规和政策文件出台以后就会具有强制力,要求在政策执行层面加以贯彻。当然贯彻并不是自然而然会发生的。这个过程伴随着地方政府基于自身利益与中央政府的博弈,也伴随着基层行动者基于自身利益展开的博弈。而中央政府监督和控制的力度是保障政策得以贯彻的重要条件,特别是在利益调配幅度比较大的情况下更是如此。但我国幅员辽阔且地域差异大,事实上中央政府严格的监督和控制所花费的成本是巨大的,这也是我国地方政府治理所面临的困境之一。政策执行层面对政策制订层面和价值构建层面的影响通常是自然而然发生的,或者说是后两个层面的行动者在主动寻找政策执行结果时自然而然发生的。政策执行结果以成效、问题乃至危机的形式呈现在政策制订者和价值构建者面前,促使前两个层面的行动者寻找行动舞台建立关系并采取行动。

第四,政策执行结果和价值重新构建是地方政府治理运作机制的动力来源。三类要素在不同层面的地方政府治理中的运作机制是通过行动者、行动者之间的关系联结、通过各个层面三类要素的活动结果采用不用的方式相互影响的。那么这个运作机制的动力来源于何处呢?最重要的地方政府治理运作机制的动力来源于政策执行结果。政策执行结果作为一种现状、问题或危机推动着地方政府治理活动的开展。比如,在我国围填海生态损害治理中,我国经历了围海晒盐治理沿海滩涂发展制盐业、围垦沿海滩涂扩展农业地以及发展海洋养殖等三次大规模的围填海时期,许多地方政府过于注重经济发展,而忽略了海洋生态保护,对海洋生态系统产生了不可逆转的损害。这些严重的问题引起专家的警觉、政府的重视、民众的抱怨,甚至国际社会的关注。因此,围填海生态损害治理的政策窗才会打开,史上最严格的围填海管控政策在2017—2018年相应出台。一般来说,最直接的地方政府治理运作机制的动力来源于核心行动者(如以国家主管部门为代表的中央政府）。在地方政府治理中，以国家主管部门为代表的中央政府贯彻三个层面的行动，是地方政府治理的直接责任人、治理网络的核心行动者、网络管理者。因此，这一行动者在政治、行政体系中所承接的任务压力和扮演的角色、目标和策略、影响力、拥有的资源，及其对条块各级政府组织的管理能力都会影响到地方政府治理的动力。比如，在我国围填海生态损害治理中，以国家海洋主管部门为代表的中央政府致力于出台史上最严格的围填海管控政策，得益于当前政治、行政体系中开始强化环境生态保护的价值导向，强调经济发展与生态并重，强调可持续发展的话语体系。在这样的话语体系下，以国家海洋主管部门为代表的中央政府面临的围填海生态损害补偿治理压力增大，这时才可能去主动打开政策窗，启动围填海生态损害严控政策程序。

当然，由于我国是幅员辽阔的行政大国，以国家主管部门为代表的中央政府如何在行政体系内调动资源、发挥影响力、层层传递压力，实现政策目标是一个非常艰难的问题。这也正是我国地方政府治理需要在现有政策网络运作的基础上，找出存在的问题，从政策网络管理的视角，来提升地方政府治理能力的原因所在。

第二篇　方法篇

本研究的理论创新点主要在"关系主导"的非正式结构引入中国地方政府治理的政策网络研究。因此,如何在政策网络内开展"关系"研究,如何研究中国地方政府治理的政策网络,成为本研究在方法论上思考的核心问题。

围绕这两个核心问题,本篇的研究内容主要包括以下四个部分。一是,通过中西方社会网络的比较,分析了"关系"网络的正、负社会资本。这为政策网络内"关系"的定量化研究提供了方法论上的可能性。二是,华人社会特别是涉及政府治理的"关系"现象很难展开实地调研,获取一手资料。因此要解决中国地方政府治理"关系"现象需采用什么研究进路、如何开展实地调研才能获取真实有效的经验材料。西方第三代政策网络研究进路在研究对象、研究内容和研究目的上与中国地方政府治理的"关系"现象研究具有较好的契合性,可采用"调研他人"的方法获取实地调研的一手资料。三是,从社会科学研究中的行动—结构对峙的理论视角出发,评析了科恩、马奇和奥尔森1972年提出的"垃圾桶"模型在消弭行动与结构的紧张中所做的理论贡献,及其理论与研究方法折中所导致的理论因果解释力下降等理论缺陷。通过对"垃圾桶"模型这一理论个案的评析,探讨政策网络的理论研究中存在的不同学派视界融合的必要性与可能性、理论解释力的多向度理解及概念的可观察性等方法论问题。四是,分析西方第三代政策网络研究引入社会网络分析后,在研究方法上融合或缓解了"结构与行动""定性与定量""描述、解释与规范""多学科整合"等传统社会科学上的分歧和难题;在理论研究上与新制度主义理性选择理论,社会资本理论、治理理论和游戏生态学理论等社会理论的结合上也显示出很好的包容性。同时,探讨了中国地方政府治理政策网络研究面临着不同于西方国家的优势和劣势,以此为基础探讨西方第三代政策网络研究范式对中国地方政府治理的研究所具有的重要理论意义。

本篇的创新点主要有以下几点:一是,提出了"关系"网络圈子内外的正、负社会资本的概念;二是,通过在政策网络内调研他人的方法,即"所有个体报告除自己之外的所有关系""部分个体报告除自己之外的所有关系"

"选取部分关系调研所有个体或部分个体"等来获取反映华人社会个体之间所特有的"关系"的经验研究资料;三是,从行动与结构的视角出发,结合分析西方第三代政策网络的包容性,提出了中国地方政府治理的政策网络分析在方法论上的优劣势。

第五章　论"关系"网络中的社会资本：
一个中西方社会网络比较分析的视角

　　人是"社会人"，有着各种各样的社会关系。如朋友、同学、师生、亲人、同事、上司、下属……。所有这些关系重重叠叠组合在一起，犹如一张网络，当事人"嵌入"其中。人们在这张网络中传递信息、产生信任、建立预期、履行规范，以实现个体和群体的目标①。在讨论华人社会的社会网络时，"关系"是一个不可回避的话题。学者大多认为，华人社会的"关系"不同于西方社会人与人之间的关系②。那么，与西方国家的社会网络相比较，华人社会的"关系"网络呈现出什么样的特殊性？这种特殊性带给群体什么样的竞争性优势或劣势？本章从个体中心网（ego networks）和整体社会网（social networks）两个层面来比较分析中西方社会网络，并把社会资本作为考量差异的标准。

第一节　何为社会资本

　　在研究人与人的联结方式上，欧美学界有一个重要的理论，即"社会资本"。20世纪90年代以来，许多著名学者对这一概念做出过界定③。社会资本的研究可分为两个进路，即个体层面和群体层面。个体层面的代表性学者林南把社会资本界定为嵌入在社会网络中的资源，行动者能通过网络中的各种联系来获得或动用这些资源。他认为，社会资本有以下作用：（1）

---

① Granovetter M. Economic action and social structure: The problem of embeddedness. American journal of sociology, 1985, 91(3): 481-510.

② 参见：Pye, 1995; Kipnis, 1997; 金耀基, 1992; Park, S. H. and Luo, Y., 2001: 455-477.

③ 参见：Bourdie, 1986/1990; Coleman, 1988; Burt, 2000; Putnam, 1995; Nan Lin, 1999/2001a.

有助于信息的流动；（2）影响与个体息息相关的重要决定（如聘用、提升）；（3）个体向组织或组织内的成员出示的社会资格证；（4）强化身份和认同①。个体在社会网络中投资、经营社会资本是为了实现工具性的目的（如金钱、权力、地位、声誉）和情感性的目的（如幸福感、对生活的满意度）。群体层面的代表性学者罗伯特·帕特南认为，社会资本是社会组织内有助于实现相互利益协调和合作的某些特征，比如网络、规范和社会信任②。它主要有三种形式：信息渠道、义务和预期、社会规范③。社会资本的缺失会影响组织的绩效、合作治理，乃至国家的民主④。虽然研究进路不同，但是学者们基本认同，源于人与人联结方式的社会资本对个体和群体的发展至关重要。

此外，有不少学者从社会资本的作用出发，将其区分为正社会资本（Positive social capital）和负社会资本（Negative social capital）来加以研究。人与人的联结增强个体和群体实现目标的能力，称之为正社会资本；反之，则为负社会资本⑤。比如，投资经理在投资利润的分配中帮助家人或朋友获利，而损害投资人的利益。这种行为对投资群体而言是负社会资本⑥。亚历山德罗·波茨进一步分析了负社会资本的四种影响：排斥外来者、过度索求群体成员、限制个人自由、下降规范水准⑦。目前，国内学者在研究"关系"网络时，也有将社会资本分为"个体社会资本"和"集体社会资本"，以此来分析"关系"对个体和集体的影响⑧。

基于此，本书所讨论的"关系"网络中的社会资本是指嵌入"关系"网络中并在此流动的资源。它具体可包括权力、知识、信息、观念、帮助、服务、机

① Lin N. Social capital: A theory of social structure and action. Cambridge university press, 2002.

② Putnam R D. Bowling alone: America's declining social capital. Palgrave Macmillan, New York, 2000: 223-234.

③ Coleman J S. Social capital in the creation of human capital. American journal of sociology, 1988.

④ 参见：Coleman, 1988; Elinor Ostrom, 1999; Putnam, 1995

⑤ Portes A. Social capital: Its origins and applications in modern sociology. Annual review of sociology, 1998, 24(1): 1-24.

⑥ Baker W E, Faulkner R R. Social networks and loss of capital. Social Networks, 2004, 26 (2): 91-111.

⑦ Portes A. Social capital: Its origins and applications in modern sociology. Annual review of sociology, 1998, 24(1): 1-24.

⑧ 赵延东, 罗家德. 如何测量社会资本：一个经验研究综述. 国外社会科学, 2005(2): 18-24.

会、物品、金融资本、情感支持等等。出于种种原因，不同群体的人与人之间的联结方式是不一样的。华人社会以"关系"为导向的联结方式，与西方以"规则"为导向的社会网络有着很大差异。"关系"作为华人获取社会资本的重要途径，在个体中心网和整体社会网中分别具有什么样的特征？其会导致什么样的竞争性优势或劣势？

第二节　个人"关系"是何种社会资本

在华人社会中，"关系"网络通过"人情—面子"的运作在个体间进行资源交换。因此，个体的"关系"网络蕴含着社会资本。那么，从个体层面来看，"关系"网络中到底蕴藏着何种社会资本？与西方社会网络相比有着什么样的特征？这要从"人情—面子"关系的文化根源谈起。

现代华人社会的"人情—面子"关系起源于传统儒家文化[①]。儒家文化强调基于家族血缘的伦理关系[②]，在人与人的联结中形成以己为中心、逐渐向外推移亲疏远近的差序格局[③]。这种亲疏远近不同的亲情伦理实现家族成员间的互助和集体行动。因此，在传统意义上，"人情—面子"关系是由家族、血缘、亲情扩展开来的伦理。西方社会人与人之间的关系与此有很大不同。首先，西方社会除了亲情之外，还有基于宗教信仰的"爱"。基于感情的付出均出于自愿，没有义务或伦理，也不需要回报。其次，规定西方社会义务和伦理的，不是亲情或家族血缘关系，而是契约关系。由此可见，中西方社会资本的起点就不同。中国人的信任、义务和预期来自家族、血缘关系，随着这种血缘之远近而变化；西方社会的社会资本来自契约关系，并随着个体在履行契约时的"声誉"（Reputation）[④]而发生变化。

但是，华人社会以家族、血缘为纽带的联结方式难以适应流动性强、交易合作广泛的现代社会。那么，如何在契约精神尚不够强大的情况下建构

---

① 金耀基.关系和网络的建构——一个社会学的诠释.二十一世纪（中国香港），1992.

② 梁漱溟.中国文化要义.台北：正中书局，1988.

③ 费孝通.费孝通文集：乡土中国.北京：群言出版社，1949.

④ "声誉"是个体在社会网络中得到的赞许性或批评性的评价……它可以被看作个体社会获得能力的一个指示器（Nan Lin，1999）。从社会层面看，"声誉"机制也提供人际交往的信任、预期和规范，从而提高社会交往的效率.参见：Werner Raub and Jeroen Weesie，1990。

人与人之间的信任、义务和预期呢？华人社会以模拟家庭（pseudo-families)的方式来建构适应现代社会的"人情—面子"关系①，即所谓的"拉关系"和"走关系"②。人们通过这种方式模拟传统的家族、血缘关系，并以此来建构人与人之间的信任、义务和预期。在华人的社会交往中，人们常说"送你个人情"，"欠他个人情"。"人情"在社会交往中俨然已成了熟人之间有形、无形资源的交换关系或恩惠关系③。因此，"拉关系"和"走关系"都是"人情—面子"关系的前期投资，最终是为了产出。

那么，产出的是什么呢？有学者认为，"人情"作为社会资本用来实现工具性目的④⑤。"人情"在人际交往中相当于"信用卡"。"送你个人情"相当于在我的人情信任卡中存入一笔钱，将来可以兑换成经济资源（金钱）、政治资源（权力）、社会资源（地位、名声）。它的每一次都是不公平交换，但在你来我往的不公平交换中最终还是公平交换。有学者认为，"人情"在人际交往中相当于"保险费"⑥。在"关系"交往中的回报不是对等的，只是在别人需要、你有能力的时候，你有义务出手相助。而当你有急难时，受助之人也有援助你的义务。因此，从这个意义上看，建立"关系"相当于买了一份保险。而另一些学者则认为，"人情"作为社会资本也可以用来实现情感性目的。比如，个体从获得有情有义的好名声中感到的荣誉感、幸福感以及关系网络的拓展⑦。从这个意义上说，"人情—面子"关系还是"荣誉证书"。

与西方人的社会资本相比较，华人社会的"关系"资本具有以下特征。

第一，情感性目的与工具性目的难以区分。在西方社会人与人的关系中，感情与交易是可以区分开来的。感情出于自愿，付出不求回报；交易则基于契约的公平原则。而在华人的社会交往中，情感与交易很难区分开来。交易是因为有感情，还是培养感情为了交易，抑或是为了交易而假装有感

① Lin N. Guanxi：A conceptual analysis. Contributions in Sociology，2001，133：153-166.

② Yang M M. Gifts, favors, and banquets：The art of social relationships in China. Cornell University Press，1994.

③ 黄光国，胡先缙. 人情与面子：中国人的权力游戏. 北京：中国人民大学出版社，2010.

④ Chiao C. Guanxi：A preliminary conceptualization. The sinicization of social and behavioral science research in China，1982：345-360.

⑤ Walder A G. Communist neo-traditionalism：Work and authority in Chinese industry]. Univ of California Press，1986.

⑥ Bell D. Guanxi：A nesting of groups. Current anthropology，2000，41(1)：132-138.

⑦ Lin N. Guanxi：A conceptual analysis. Contributions in Sociology，2001，133：153-166.

情?这在华人的社会交往中有时连当事人也是困惑和模糊的。因此,一些国外学者认为,中国的关系就是情感开路、工具性交换跟随而上,分不清华人在"人情—面子"关系中是赠送礼物还是行贿受贿[①]。但也有学者认为,正因为华人能在人际交往中,对情感性目的和工具性目的不断加以平衡,才能将"人脉"(以自我为中心的"关系"网络)拓展到基于血缘的小圈子之外[②]。

第二,交往规则随着感情深浅程度发生变化。从图5.1可以看出,华人在建构社会关系网络时,有一条"以己向外推"的"感情线"。换言之,华人的人际交往是"划圈子"的[③④]。这些圈子以"我"为中心,最起码可以分成三层:家人或拟家人圈、熟人圈和认识之人圈,在认识之人圈外便是陌生人了[⑤]。不同的圈子,关系类型和交往法则是不一样的。家人或拟家人圈是情感性关系,适用按需分配原则;认识之人圈是工具性关系,适用公平交换原则;熟人圈是混合性关系,适用人情交换原则[⑥]。与之相比较,西方社会的人际交往也有亲疏远近。这种亲疏远近体现在情感的深浅、交往的频率、信息的交流、资源的交换,但不会引起交往规则的变化。西方社会交往规则的变化对事不对人。这主要是因为,在西方社会的人际交往中情感与交易的相对分离,使得人际交往规则分成两个层面:情感层面和交易层面。如图5.2所示。比如,Mike和Eric是很要好的朋友,他们可以天天一起泡吧。但如果Eric不是很优秀,Mike不会为他写一封好的求职推荐。而这不会影响他们继续一起天天泡吧。

第三,特殊主义[⑦]的"声誉"机制。西方社会的人际交往非常重视"声

---

① 参见:边燕杰,2010;K Tsetsura,2009;Leung,TKP、Wong,YH,2001

② 李智超,罗家德.中国人的社会行为与关系网络特质——一个社会网的观点.社会科学战线,2012(1):159-164.

③ 边燕杰.关系社会学及其学科地位.西安交通大学学报(社会科学版),2010,30(3):1-6+48.

④ 罗家德,王竞.圈子理论——以社会网的视角分析中国人的组织行为.战略管理,2010,2(1):12-24.

⑤ 杨国枢.中国人对现代化的反应:心理学的观点.天津:天津人民出版社,1995.

⑥ 黄光国,胡先缙.人情与面子:中国人的权力游戏.北京:中国人民大学出版社,2010.

⑦ 普适主义和特殊主义是对待他人的两种相反的方向。普适主义觉得自己有义务根据统一的标准来对付他人,而无视他人是否与自己有特殊关系。然而特殊主义觉得自己有义务给予那些与自己有特殊关系的他人多于统一标准的优越权。参见 Parson & Shils,1951.

誉"。个体在人际交往中一般不会做有损于自己声誉的事。因为这会影响别人对他的评价,进而影响别人是否愿意与他合作、交往。事实上,华人社会的人际交往也重视"声誉"。只是中西方"声誉"的内涵有很大差异。西方社会的"声誉"来自是否遵守规则,是否诚信,是否有能力;而"关系"社会的"声誉"却关乎个体与朋友交往时是否乐于"施恩""图报",是否讲"人情"、重"面子"。在"关系"社会中,个体是否对朋友"有情有义"远比"遵纪守信"更能获得好名声。但是,一个对朋友"有情有义"的人并不是对所有人都"有情有义"。这种特殊主义的"声誉"机制更强化了华人人际交往中交往规则的改变。

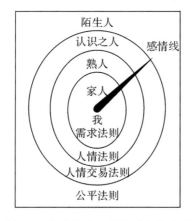
图 5.1　华人社会人际关系交往法则

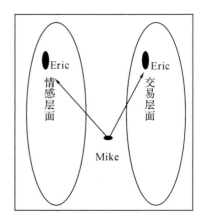
图 5.2　西方社会人际交往层面

第三节　"关系"网络中的社会资本

人们通常认为,"关系"虽然有助于个体获取资源、提升社会地位,但会降低群体的规范、道德水准。事实上,问题并不这么简单。

一、自组织治理机制:"圈子"的正社会资本分析

华人社会的"关系"在群体层面往往呈现为"圈子"现象①。"圈子"其实

---

① 罗家德,王竞.圈子理论——以社会网的视角分析中国人的组织行为.战略管理,2010,2(1):12-24.

是一种自生自发的社会自组织治理机制。这一机制是人们用来弥补正式制度的不足,应对外在环境的压力,以及华人社会熟人信任的文化习惯。"圈子"内联系强度高、持续时间久,社会网密度大,有时还会呈现较高的群体中心性(centrality)①。西方社会的人际交往中也会有高强度、高密度、长时间、高中心化的社会网络。虽然其数据特征相似,但内在机理却有很大差异。后者是情感性目的和工具性目的的分离、交往规则就事而变的普适主义的社会网络;而"圈子"是情感和利益交融、交往规则"圈内""圈外"有别的特殊主义社会网络。

"圈子"的这种特征使其对内有很强的凝聚力,易于形成集体行动;对外有很强的竞争力,易于争取外部资源。概言之,"圈子"的正社会资本主要来源于四种形式(见表5.1)。(1)"圈子"内有很高的信任度。"圈子"成员利益互赖且情感关联。这导致"圈子"内有很高的信任度,使人们在"圈子"内能更多、更快地交换或整合信息、资源。同时,这种自组织治理机制降低了组织成本和交易成本,使人们在"圈子"内能更好地实现合作与协调。(2)"圈子"实现了人际关系的多样化联结。既有"圈子"内封闭性的强联结(strong ties),又有"圈子"外开放性的弱联结(weak ties);"圈子"内成员既有情感联系,又有利益关系。这种多样化联结方式,使得"圈子"成员一方面拥有更多的信息渠道,另一方面能动员"圈子"力量把握信息所带来的机会②。同时相较于单纯的利益联结而言,其更有彼此心理和情感上的支持。(3)"圈子"内有很强的行为规范。"圈子"往往有中心度高的核心人物,成员之间交往密度又大,这样很容易发展出"圈子"的行为规范。这些行为规范大大减少了群体成员的机会主义行为,从而有利于合作与协调。(4)"圈子"是一个利益互惠体。"圈子"成员的利益互赖增强了圈内信息、资源的交换和整合,从而提升了将资源与需求相匹配的能力。因此,"圈子"作为自组织治理机制在资源应用、分配上独具优势。它无须正式组织亦可实现资源分配,而且比正式组织更人性化、更符合群体成员的需求。

---

① 李智超,罗家德.中国人的社会行为与关系网络特质——一个社会网的观点.社会科学战线,2012(1):159-164.

② 有学者认为中国人长于创业,就在于中国人的关系"圈子"可伸可缩,这样才能一方面寻找机会,又有足够强的动员能力掌握机会。参见:罗家德,2012。

表 5.1 "圈子"的正社会资本分析

正社会资本的形式	群体优势	群体层面的结果
高信任度	更多、更快交换或整合信息、资源	降低组织成本、交易成本 更好地合作、协调
多样化联结	群体内强联结、群体外弱联结 利益联结、情感关联	更多信息渠道 动员力量整合资源 心理、情感支持
行为规范	减少机会主义行为 群体内成员行为的可预期性高	更好的合作与协调
利益互惠	更多、更快交换或整合信息、资源 与需求相匹配	更好的资源应用 无须正式组织 更符合需求、更人性化

二、圈内、圈外的负社会资本分析

"圈子"具有上述正社会资本，使得"圈子"比西方国家的社会网络更有凝聚力，"圈子"成员更易于被动员。但是"圈子"对个体和"圈子"所处的大群体而言，也存在着大量的负社会资本[①]。概言之，这些负社会资本主要来自以下三方面：一是"圈子"内人际交往的强联结；二是情感关联的利益只在"圈子"内共享；三是"圈子"维护自身利益时会有意无意地损害大群体的利益。

从"圈子"内部看，负社会资本主要来自"圈子"内人际关系的"强联结"特征。首先，"圈子"成员具有类家庭成员的相互支持、帮助的义务。这使得"圈子"成员在特定条件下为了照顾"圈内"其他成员，而成为"利益牺牲者"。这种共享式的按需分配原则会造成对"圈子"部分成员过度索求，促使他们从情感上偏离"圈子"乃至逃离"圈子"。其次，"圈子"是亲近的小团体组成的。它要求成员行为上的一致性[②]。这使得一部分有创新欲望和自由渴求

---

① 参见：Ying fan，2002；Chao C. Chen、Xiao-Ping Chen，2009，Lowell Dittmer，1995；罗家德、郑孟育，2009。

② Portes A. Social capital：Its origins and applications in modern sociology. Annual review of sociology，1998，24(1)：1-24.

的成员设法逃离"圈子",同时也会挫伤"圈内"成员的创新精神。最后,"圈子"是高密度的小团体。它需要通过不断的人情交往保持成员间的信任、规范、预期和利益共享。而人的精力和时间是有限的,与某些人频繁交往的时候,必然减少与其他人的交往。而一对社会关系所具有的信息和机会总是有限的。这导致"圈子"成员在"圈内"人际关系上的过度投资。同时,"圈子"利益和情感的交融,也加重了成员人际交往时的道德顾忌和心理负担。所以,华人社会的人际交往显得既艰难又辛苦。而在西方"名誉"机制下的社会网络中,一方面情感与利益分离,相对摆脱了人际交往中情感与利益的纠缠;另一方面,"声誉"机制提供由第三方担保的信任转移,即使陌生也有信任基础。因此,人际交往显得简单而轻松。

从"圈子"与"圈子"之间的关系来看,负社会资本来自"圈子"天然的排斥性。在一个组织内,"圈子"一旦出现,"圈子"成员就会从情感上以"自己人"和"别人"来区别对待"圈内人"和"圈外人"。情感关联的利益也只在"圈子"成员间分享。由于"圈子"较个人拥有更多的权力资源,更有可能通过"走后门"的方式损害集体或他人的利益,因此,"圈外人"会怀疑、监视和排斥"圈内人"。这不仅使群体碎片化,同时也造成合作与协调的困难。西方社会的人际交往也有派系(clique)。但派系的形成有关利益而无涉情感。因此,派系可能会有一些客观的进入条件,但没有主观上的情感排斥。派系也可能会有资源、利益的垄断,但不能违反群体规则、侵犯群体或他人的利益。因此,西方社会网络的派系的排斥性要比华人社会的"圈子"小得多。

从"圈子"所在的大群体来看,负社会资本来自"圈子"为维护自身利益而有意无意地损害大群体利益。在华人社会的"声誉"机制下,"圈子"成员为"圈子"谋利比维护大群体利益有着更多、更直接的个人回报。因此,在一个"圈子"化的大群体里,没有人会关心大群体的利益。甚至"圈子"成员在为"圈子"谋利的时候,会利用大群体资源或忽略、破坏大群体的规则和程序。同时,"圈内人""圈外人"的区别对待在大群体形成不公正感。而有效的规则和程序以及公正感恰恰是群体最重要的正社会资本[①]。"圈子"的负社会资本分析见表5.2。

---

① Kramer, Roderick M., and Tom R. Tyler, eds. Trust in organizations: Frontiers of theory and research. Sage Publications, 1995.

表 5.2　"圈子"的负社会资本分析

负社会资本的范围	群体劣势	群体层面的结果
"圈子"内	对成员过度索求、限制成员的自由 高密度联结 利益—情感关系混合	挫伤进取心,挫伤成员的创新精神 对"圈子"情感偏离从而逃离"圈子" 过度投资 心理负担
"圈子"间	监视、怀疑和排斥	群体碎片化 合作与协调困难
"圈子"所在大群体	"圈子"维护自身利益而损害大群体利益	群体道德水准下降 无人关心大群体利益 被破坏的规则和程序 不公正的资源分配 缺乏公正感

第四节　如何提升"关系"网络中的社会资本

由此可见,"关系"无论对个体还是群体都是一把双刃剑。因"关系"文化与现代化发展潮流相抵触,不少研究中国问题的学者主张消除之①。然而,受历史、文化的影响,"人情—面子"关系作为华人社会的人际交往习惯,其变化肯定是艰难而缓慢的。厕身其中的人们需要在理性反思的基础上,从个体和群体层面分别寻找应对之策。

一、个体提升"关系"网络中社会资本的途径

虽然个体的力量在宏大的文化变迁上显得极其渺小,但是"关系"作为一种具体情境下的个人行为,基于文化反思的个体还是能找到腾挪的空间,避开或淡化"人情—面子"关系的束缚和困扰。笔者认为,从个体中心网看,

---

①　参见:Pye,1995；Kipnis,1997；金耀基,1992。

有以下三个可以尝试的策略。

第一，有意识地区分人际关系的强联结和弱联结。控制自己人际交往中亲近的、强联结的数量，拓展宽松的、弱联结关系，使自己的社会网络变得更大、更稀松。如前所述，在社会网络中，上述两类人际联结方式提供不同的社会资本。前者产生信任、义务和规范；后者则提供更多的信息渠道和合作机会。"人情—面子"关系网络是一种典型的强联结。它通过个体之间频繁、密切的接触形成通力合作的集体行动。但随着社会的发展，人们需要更多、更快的信息交流。此时，弱联结显示出更大优势①。因此，对个体而言，一个理想的人际网络是既有少而精的强联结，又有多而广的弱联结。弱联结获取信息和机会，而强联结则合力互助利用信息、把握机会。

第二，有意识地与陌生人交往，从"结构洞"②里寻找社会资本。由于"关系"网络中的"圈子"往往是封闭性的③，"圈子"与"圈子"之间缺少信息沟通与资源交流，存在着大量的"结构洞"，因此，个体要占据"结构洞"的位置优势，首先要有意识地改变华人只与熟人打交道的社交习惯。以开放的心态对待与自己不同的人，不是排斥而是理解，并从中寻找合作交流的机会。其次，由于"圈子"的情感关联，"圈子"之间的交流会有心理上的障碍。因此，个体还要善于应用"关系"的赞助效应（即朋友的朋友也是朋友）来获取他人的认同，并在此基础上寻找"圈子"之间可能的合作机会。最后，在"关系"网络的"结构洞"中寻找社会资本，还需要有承担风险的能力。在华人社会，陌生人之间的交往与熟人交往相比，具有更多的不可预测性和变化性。

第三，有意识地选择技术性强、不确定性大、创新型强的工作，是另一个避开及淡化"关系"网络困扰的策略。这样的工作需要个体有独特的能力和

---

① 近些年来，中西方的许多研究论证了，个体的社会资本很多时候不是靠强联结获得的，而是依赖和陌生人建立联系的弱联结（Granovetter，1973/1974；Burt，2000；Sparrowe，R. T.，Popielarz，P. A.，，1995；陈璐、赵峥、井润田，2009）

② 罗纳德·伯特指出，"结构洞"（Structural Holes）用来表征非冗余联系之间的分离（Burt，1992：18）。换言之，两个有必要联系的人没有联系在一起，此处便存在一个"结构洞"。伯特认为，"结构洞"能够为其占据者获取"信息利益"和"控制利益"提供机会，从而比网络中其他位置上的成员更具有竞争优势（Burt，1992；2002；2005）

③ 这种封闭性有时是源于"圈子"成员间紧密的情感联系，有时则仅仅是华人的社交习惯。一个很有意思的现象是，美国人喜欢和陌生人交往。在聚会上，熟人不会扎堆（即与认识的人在一起）。但华人（特别是中国人）喜欢和熟人交往。在聚会上，熟人扎堆在一起，很少与陌生人交往。

素质，替代性小，而"人情—面子"关系在大多数人均能胜任、替代性强、没有竞争性的工作中更显普遍。因此，个体如果想把自己有限的时间和精力运用于创新、竞争与合作，而不疲于经营"关系"，选择实力型工作无疑是重要的。

二、群体减少"关系"网络负社会资本的途径

群体由于是集体行动，在规避"关系"网络的负社会资本时比个体更加困难。因此，它既需要政府组织、社会组织以及领导人有意识地引导、组织和发动，也需要群体成员对"关系"网络的反思性认识。笔者认为，从群体层面减少"关系"网络的负社会资本，至少可从以下三方面入手。

首先，"圈子"比较密集的组织和群体，领导者应该有意识地强化成员的组织认同，并在制度设计、舆论倡导中强调组织、群体利益和价值。如前所述，"关系"是一种特殊主义的人际交往模式[①]。其人际交往规则依据个体之间的亲疏远近而不同。而现代的组织和群体管理，需要依规则办事的普适主义。它强调依据规则同等对待所有人。当"圈子"连带的特殊主义与组织所需的普适主义相矛盾时，组织往往处于弱势地位。因此，领导者应该有意识地通过强化组织、群体利益和价值等，发出组织和群体的声音，来弱化"圈子"带来的负社会资本。

其次，从政府和社会层面来看，减少"关系"网络所带来的负社会资本，应着手倡导和培育普适性的"声誉"机制。"关系"网络的"声誉"机制是特殊主义的。它所提供的信任、规范和预期与人与人之间的"关系"连带在一起，不可转移。换言之，一个对朋友"有情有义"的人并不是对任何人都"有情有义"的。这不利于人们突破"关系"圈与陌生人交往。因此，政府和社会组织应着手倡导和培育提供整个社会网络信任、预期、规范的"声誉"机制。其内容应该关乎个人的能力、诚实和可靠性。而且，这种新的"声誉"机制下，个体的"声誉"可由第三方组织"推荐"在社会网络中任意转移。这样，个体可以突破"圈子"任意扩展社会关系网络，从而得到更多的信息和合作机会。

最后，从整体社会发展进程来看，完善市场经济、倡导法治理念、推进技术进步，仍然是减少"关系"网络负社会资本的重要途径。"关系"作为华人

---

① 正如社会学家帕森斯在谈到儒家伦理的性质时写道："它给予个人同其他特殊个人之间的个人关系以伦理认可，并且不遗余力地仅仅强调这些关系。"（金耀基，1992）

社会成年人处理日常人际关系的文化养成,既不可能也没必要加以根除。但通过完善市场经济、确立法治社会、推进技术进步等建构非"关系"性的人际交往领域是可行的。事实上,"关系"建构在像中国香港、中国台湾那样现代化的中国人社会里也并没有消失①。经济发展和法治成为主要价值追求的现代化中国,关系实践的范围应该被限制在一定的人际交往领域,其策略运用也应该与群体、社会利益不相冲突。

　　当然,"关系"作为儒家文化的现代传承,其与西方文化有着根本的不同之处。在这两种文化的碰撞中,"关系"文化如何与"规则"文化交融,并发挥其独特的优势,仍然是华人社会(特别是中国社会)所面临的巨大挑战。

---

① 金耀基.关系和网络的建构——一个社会学的诠释.二十一世纪(香港),1992.

第六章　论地方政府治理中"关系"现象的经验研究

　　"关系"是华人社会的重要社会资本类型。华人社会的成年人,有意识或无意识地都会把"关系"构建作为一种文化策略来调动社会资源,借以在社会生活的各个领域达到目标。[①] 改革开放以来,中国地方政府治理的各项政策有了更多的资源分配和利益冲突。因此,"关系"也不可避免、自然而然地渗透进中国地方政府治理的政策过程中。很多研究者注意到了"关系"对中国地方政府治理的重要影响。[②] 但对这一重要的理论和现实问题,到目前为止,国内还少有成形的经验研究成果出现。究其原因,笔者认为,在中国地方政府治理中"关系"现象的经验研究中有两大难题亟须解决。

第一节　地方政府治理中"关系"现象研究的两大难题

　　源于儒家文化传统的"关系",与西方的"规则"文化截然不同。这一华人社会人际交往的本土化特征也不是西方学术研究的主要对象。西方盛行的学术研究范式也不一定适合用来分析中国地方政府治理的"关系"现象。事实上,当我们运用西方传统的行为主义或当下盛行的新制度主义来研究中国地方治理"关系"现象时都感觉不甚恰当。细言之,在行为主义范式下,

---

　　① 金耀基.关系和网络的建构——一个社会学的诠释.二十一世纪(香港).1992.

　　② 丁煌,汪霞."关系运作"对地方政府政策执行力的影响及思考.新视野,2012(6):61-65;周国雄.公共政策执行阻滞的博弈分析——以环境污染治理为例.同济大学学报(社会科学版),2007(4):91-96;董强,李小云.农村公共政策执行过程中的监督软化——以 G 省 X 镇计划生育政策的落实为例.中国行政管理,2009(12):77-81;石发勇.关系网络与当代中国基层社会运动——以一个街区环保运动个案为例.学海,2005(3):76-88;程浩,黄卫平,汪永成.中国社会利益集团研究.战略与管理,2003(4):63-74;冯仕政.沉默的大多数:差序格局与环境抗争.中国人民大学学报,2007(1):122-132.

地方政府治理研究关注"个体行动者的行为",但中国地方治理中的"关系"现象展现的是两个或两个以上行动者之间的富有特殊内涵的联系。这一巨大差异使"关系"现象的研究无法在传统的行为主义范式下展开。同样,在新制度主义范式下,地方政府治理研究关注制度对个体行动者策略选择的影响,以及行动者的集体选择对制度变迁的影响。但是,当我们从"制度—行为—制度"的视角来考察中国地方政府治理中的"关系"现象时发现,在行动者之间的"关系"中并没有确定的制度。不必说成文的正式制度,即便是非正式制度也是不断变化的。① 因此,中国地方政府治理"关系"现象的研究在当下盛行的两大范式中均难以切入。采用什么研究进路成为突破这一领域的第一个难题。

中国地方政府治理"关系"现象的经验研究所面临的第二个难题是如何开展有效的调研。在经验研究中,获得经验材料和数据是研究得以开展的前提条件。一般来说,在经验研究中,获得经验材料和数据有调查问卷、访谈、实验、参与观察等手段。② 但是,厕身华人社会的成年人都知道,人与人之间的"关系"即便算不上是一个讳莫如深的话题的话,至少也是非常敏感的。即使是社会领域的"关系",当调研者直接询问调研对象与他人的"关系"问题时,得到的回答也大多是"大家关系都很要好的,没什么差别"。但这显然不是事实的真相。因此,调研社会领域内的"关系"现象时,研究者也往往采取实验③、参与观察④、间接研究⑤的方法来获取研究数据。但是地方政府治理中公共政策"关系"现象的调研要比社会领域的困难得多。这主要是因为:①地方政府治理的各项政策无法进行可重复的实验研究。②地方政府治理政策过程中的"关系"不仅与政府组织的公共性相背离,而且也与中国共产党所倡导的"依法治国"不符。因此,地方政府治理的"关系"现象尽管广泛存在,但总是简单地被作为阴暗面对待。政府部门也往往将其视为内部问题而不会公之于众。③中国地方政府治理中各项政策的主体往往

---

① 黄光国.面子:中国人的权力游戏.北京:中国人民大学出版社,2004.

② 袁方.社会研究方法教程.北京:北京大学出版社,1997.

③ 张佳音,罗家德.组织内派系形成的网络动态分析.社会,2007(4):152-163+209.

④ 秦海霞.关系网络的建构:私营企业主的行动逻辑——以辽宁省D市为个案.社会,2006(5):110-133+207-208.

⑤ 边燕杰.城市居民社会资本的来源及作用:网络观点与调查发现.中国社会科学,2004(3):136-146+208.

是政府部门。事实上，无论在什么样的政体下，对政府部门的调研都会或多或少地涉及政治敏感性问题。① 地方政府治理中公共政策的"关系"更不可能被直接调研，而且政府部门也排斥研究者的参与观察。这就需要地方治理中各项政策"关系"现象的调研者，采用比社会领域"关系"现象研究者更间接的调研手段。因此，如何采用恰当的调研手段获得相对真实的数据，成为突破这一领域的第二个难题。

在地方政府治理"关系"现象的经验研究中，如果能解决"研究进路"和"调研方法"这两大难题，那么中国地方政府治理中政策过程的研究将会更贴近现实，具有更好的解释力和更强的实践指导意义。当然，在具体的经验研究中，这两大难题并不是截然分开的。一个好的、恰当的研究进路能增强"关系"现象调研的可行性。

第二节　地方政府治理中"关系"现象的政策网络研究进路

地方政府治理"关系"现象研究关注的是人与人之间的联结，以及由此引起的个体、群体的特征和竞争性优劣势。② 它既无法通过关注个体行动者的行为主义范式加以研究，也不适合制度与行为互动的新制度主义视角。地方政府治理各项政策"关系"现象的研究需要一个能将整体结构和个体行动自然融合起来的经验研究进路。而西方近十几年逐渐兴盛的第三代政策网络研究恰好具有这一特点。③

地方政府治理"关系"现象的研究与西方第三代政策网络研究进路的契合性主要体现在以下三个方面：①从研究对象来看，西方第三代政策网络研究的两大基本要素是行动者和行动者之间的关系。即研究者确认地方治理政策过程的行动者、界定政策网络边界，并通过行动者之间的关系展现政策

---

① 徐湘林.中国政策科学的理论困境及其本土化出路.公共管理学报,2004(1):22-27＋94.

② 龚虹波.论"关系"网络中的社会资本——一个中西方社会网络比较分析的视角.浙江社会科学,2013(12):99-105＋98＋158.人大复印资料《社会学》2014年第3期.

③ 龚虹波.论西方第三代政策网络研究的包容性.南京师大学报（社会科学版）,2014(6):29-36.

网络的结构性特征。① 换言之,政策网络研究进路将研究对象从行为主义和新制度主义所关注的"行动者"转变成"行动者之间的关系"。而这一转变与地方治理中"关系"现象的关注点恰好契合。② 从研究内容来看,西方第三代政策网络研究所关注的"行动者之间的关系"也能包容华人社会的"关系"现象。在西方第三代政策网络的经验研究中,一旦政策网络的"行动者"确认,"行动者之间的关系"的内容就成为研究政策网络的途径。那什么是关系内容(relational content)呢? 伯特(1983)指出,关系内容是指行动者之间关系呈现的实质性理由。② 诺克(2012)认为,关系内容是政策网络研究者的一个应用性建构,通常是为了从政策网络行动者的主观视角来捕获关系的意义。③ 因此,虽然关系内容(relational content)不同于"关系"内容(Guanxi's content),但这不影响地方政府治理中"关系"现象的研究者从"关系"网络行动者的主观视角来建构"关系"内容,并让"关系"在经验研究中做实质性呈现。换言之,由于关系内容(relational content)的主观性和建构性,西方第三代政策网络研究可以包容地方政府治理的"关系"现象。③从研究目的来看,地方政府治理中"关系"现象的研究目的并不只在于搞清楚两人或两个人以上的"关系",而在于研究处于"关系"中的个体或群体具有什么样的结构性特征,以及由此产生的竞争上的优劣势。这一研究目的可以在西方第三代政策网络研究的个体网和整体网研究中实现。上述两类政策网络研究途径正是通过对行动者之间的关系研究来呈现结构性特征,并与其他社会科学理论(如社会资本、治理理论和游戏生态学)结合来解释行动者不同的联结方式在竞争上所具有的优劣势。

由此可见,地方政府治理中"关系"现象的研究与西方第三代政策网络研究在研究对象、研究内容和研究目的上都具有较好的契合性。那么在第三代政策网络研究进路的视角下,中国地方政府治理的"关系"现象可展开哪些有意义的经验研究呢? 笔者认为,借鉴学术界在"关系"领域已有的研究成果和地方政府治理中"关系"现象的特殊性,至少有以下五方面的经验

① Knoke D. Issues & Strategies in Social Network Data Collection//5th Annual Political Networks Conference & Workshops University of Colorado. Retrieved May. 2012,2:2014.

② Burt R S. Distinguishing relational contents. Pp. 35-74 inBurt R S, Minor M J. Applied network analysis: A methodological introduction. Sage Publications, Inc,1983.

③ Knoke D. Issues & Strategies in Social Network Data Collection//5th Annual Political Networks Conference & Workshops University of Colorado. Retrieved May. 2012,2:2014.

研究迫切需要推进。

第一,"关系"与不同政策网络类型之间的关系。在地方政府治理的政策过程和结果中,"关系"有没有影响、有什么样的影响、以何种方式影响,这都有赖于具体的情境。因此,研究"关系"对政策网络的影响,首先需要区分不同的政策网络类型。政策网络可以有许多不同的分类方法:如根据"国家—社会"关系的不同,可分成政府部门间政策网络、政府民间合作型政策网络、民间型政策网络;根据公共政策的"利益—目标"二维分类法,政策网络可分成"利益冲突—目标模糊型""利益冲突—目标清晰型""利益不冲突—目标模糊型""利益不冲突—目标清晰型"。因此研究者首先根据不同的研究需要区分政策网络类型,再研究其中的"关系"现象,这有利于理清"关系"对政策网络的影响。第二,"关系"与不同政策网络结构的关系。目前已有学者通过比较"关系"与西方政策网络中的"结构洞""封闭(closure)"等结构的差异指出,"结构洞"和"封闭"对个体和群体层面的影响是一致的,而"关系(Guanxi)"却不一致。[①] 也有学者提出,"关系"促使政策执行结构不断转换的理论假设。[②] 那么,"关系"作为中国地方政府治理的各项政策特有的人与人之间的联结方式是如何影响行动者的策略选择,进而影响政策网络结构的呢? 这迫切需要在经验研究层面找到两者之间因果关联的证据。第三,"关系"对政策网络内行动者信任基础的影响。行动者之间的信任基础对政策网络的运转非常重要。"关系"作为华人社会的日常交往习惯,在政策网络内提供了除正式制度之外的另一种信任基础。那么"关系"在什么样的条件下影响政策网络行动者的信任基础? 换言之,它什么时候起作用,和正式制度所提供的信任基础有什么样的关联? 这是理解地方政府治理"关系"现象的微观基础。第四,"关系"与政策绩效之间的联系。有学者认为,"关系"是一把双刃剑,它起正面作用还是负面作用有赖于"关

---

① Lu R, Reve T. Guanxi, structural hole and closure. Journal of Strategy and Management, 2011.

② 龚虹波.执行结构转换下的权力互动——宁波市审批制度改革的政策过程分析.公共管理学报,2007(4):106-111+127-128.

系"展开的具体情境。① 也有学者认为,组织内的"关系"具有负外部性。②
那么,"关系"与政策绩效之间存在着什么联系?在政策网络内,"关系"通过
什么样的内在机制影响政策绩效?这些问题都不能统而论之。第五,"关
系"对政策网络的影响程度。有学者认为,市场合理性和法治日益成为现代
中国的主要价值。"关系"实践的范围正在变得狭窄,其策略也正在发生微
妙的变化。③ 但也有学者认为,改革开放以来,华人以模拟家庭的方式"拉
关系""走关系""开后门"以获得资源、利益尤甚于改革开放之前。④ 这种分
歧需要通过经验研究来逐渐达成共识。

如上所述,在西方第三代政策网络研究进路下,对地方政府治理中的
"关系"现象有了具体而明确的研究对象、研究边界、研究内容和研究问题。
这使得地方政府治理"关系"现象的经验研究成为可能。但是,研究者依旧
面临一个巨大的难题,即如何从已经明确的调研对象那里获得相对真实的
反映"关系"现象的数据和资料。

第三节　地方政府治理中"关系"现象
"调研他人"的研究方法

地方政府治理中的"关系"现象与政府部门应当遵从理性合法的"规则"
运作机制格格不入。因此,研究者几乎不可能从政府各类文件或文本中获
得"关系"现象的任何信息。这就要求研究者通过实地调研来获得所需的研
究数据和资料。但是,"关系"是华人社会人与人之间比较"微妙"的关系,人
们大都不愿意公开谈论自己的人际"关系",很难展开直接调研。

在寻找地方政府治理中公共政策"关系"现象的调研方法时,有两类研

---

① Warren D E, Dunfee T W, Li N. Social exchange in China: The double-edged sword of guanxi. Journal of Business Ethics, 2004, 55(4): 353-370.

② Chen C C, Chen X P. Negative externalities of close guanxi within organizations. Asia Pacific Journal of Management, 2009, 26(1): 37-53.

③ Guthrie D. The declining significance of guanxi in China's economic transition. The China Quarterly, 1998, 154: 254-282.

④ Yang M M. Gifts, favors, and banquets: The art of social relationships in China. Cornell University Press, 1994.

究成果可兹借鉴。第一类是社会学领域"关系"的调研方法。台湾学者邱展谦等人从"伦理规范""互惠回报""人情面子"三个维度提出了感知"关系"的量表。[①] 这是一个从行为主义视角出发,感知个体"关系"的量表,对地方政府治理"关系"现象的研究者从"关系"网络内行动者主观视角出发建构"关系"内容有很好的借鉴意义。边燕杰等人通过人们的饮食社交和春节拜年网来间接研究"关系"现象。[②] 罗家德等人则通过模拟实验来研究组织内的"关系"现象。[③] 这些研究成果提供了政策网络调研"关系"现象的范例。但问题是,在地方政府治理的"关系"现象研究中,获得有效数据比社会领域要困难得多。上述直接测量、间接研究和模拟实验无法直接应用于政策网络的研究。第二类是西方政策网络研究进路中调研行动者之间关系的方法。目前西方政策网络研究主要采用以下几种手段来获得关系数据:一是,报告自己的关系(Own-tie reports),即被调研者只需向调研者报告政策网络内与自己有关的关系;二是,个体报告整体(Complete egocentric designs),即由一个被调研者报告整个网络的关系状况;三是,联系跟踪(link-trace designs),即在运用前两种调研手段所获取信息的基础上,再进一步跟踪相关行动者进行调研;四是,关系取样(Arcsampling designs),即由研究者选取一对或几对行动者之间的关系进行调研。有关这些关系的信息不必来自行动者本人,可以是第三方、调研者的参与观察,甚至是档案材料等。[④] 西方第三代政策网络研究的调研方法为公共政策"关系"现象研究者提供了很好的调研思路。当然,后者依旧要面对调研者不愿意公开谈论自己人际"关系"的问题。笔者认为,基于上述调研方法,结合公共政策"关系"现象的特殊性,可采用"调研他人"的方法。

所谓"调研他人"的方法,就是在地方政府治理"关系"现象的调研中,不直接询问"关系"当事人,而采用询问第三方的方式来获取"关系"数据。之

---

① 邱展谦,洪晨桓,祝道松.知觉关系量表之发展.管理评论,2007,26(1):47-70.

② 边燕杰,刘翠霞,林聚任.中国城市中的关系资本与饮食社交:理论模型与经验分析.开放时代,2004(2):93-107;边燕杰.城市居民社会资本的来源与作用:网络观点与调查发现.中国社会科学,2004(3):136-146+208.

③ Luo J D. Guanxi revisited:An exploratory study of familiar ties in a Chinese workplace. Management and Organization Review,2011,7(2):329-351.

④ Butts C T. Social network analysis:A methodological introduction. Asian Journal of Social Psychology,2008,11(1):13-41.

所以采用这一调研进路，主要基于以下事实和原因。第一，在华人社会中，人们大都不愿意谈论自己的人际"关系"，但并不避讳谈论别人的"关系"网络。而且成年人在日常生活中也会有意识或无意识地观察、猜测和交流别人的人际"关系"。因此，在地方政府治理"关系"现象的调研中，以一种被调研者可接受的方式去谈论或汇报别人的人际"关系"要比调研他自己的人际"关系"可行得多。第二，政策网络边界的清晰性为确定调研对象提供了便利。在对公共政策"关系"现象的调研中，政策网络的边界是公共政策的参与者。对于某一具体的公共政策而言，政策网络的参与者是非常清晰的，而且其主要参与者——政府部门的工作人员也大多彼此熟识且有着频繁的业务联系。因此，当研究者一旦确定调研的地方政府治理的某项政策，"关系"的当事人，以及可调研的第三方都能比较方便地确定下来。这是社会领域内"关系"调研所不具有的优势，也是地方政府治理"关系"研究可采用"调研他人"方法的重要原因。

基于此，结合国内外可借鉴的调研方法，笔者认为，地方政府治理的公共政策"关系"现象从"调研他人"的角度出发，可采用以下三种方式。一是所有个体报告除自己外的所有"关系"。鉴于被调研对象不愿意谈及自己的人际"关系"，在调研中可让其报告除自己之外的政策网络内所有"关系"。在整体网的研究中可让每位行动者报告除自己之外的政策网络内所有"关系"，然后再以取平均值的方式获得"关系"数据。这一方式在小型政策网络研究中应该会有较好的信度和效度。二是部分个体报告除自己外的所有"关系"。鉴于调研政策网络内的所有行动者有一定难度，调研者可根据前期摸底情况，在政策网络内选择几个重要的、有条件调研的知情者来收集政策网络内的"关系"数据。这种方式更符合"关系"的文化特性，也更具有可行性。[①] 三是选取部分"关系"在所有个体或部分个体中进行调研。有时研究者根据研究目的并不需要整个网络的"关系"状况，而是想了解某对或某几对"关系"对政策网络的影响。这时可先选取"关系"，再向政策网络内的所有行动者（除"关系"当事人外）或经选择后的部分行动者收集数据。

在地方政府治理"关系"现象的调研中采用"调研他人"的方法可以使被调研者在谈及"关系"时相对超脱，从而减少调研阻力。但"关系"毕竟是一

---

① 因为在"关系"网络的调研者中，被调研者会比较信任彼此有"关系"的调研者，更倾向于汇报真实的"关系"信息。

种文化现象。对其做定量和定性研究时,研究者必须基于对具体"关系"的理解。这种基于文化的理解是研究者提出有效的调研问题、确定合适的调研对象的前提。比如,在地方政府治理某项政策"关系"现象的调研中,有时需要当事人对"关系"进行直白描述(如调研政府工作人员 A 和 B 之间的关系时,直接问 A 和 B 的关系怎样?),有时则需要选择一个反映当事人"关系"而又不那么隐私的外显现象作为调研问题(如 A 和 B 在职位晋升上有竞争吗? 是同学、老乡吗? 经常聚在一起吗?)。但究竟什么时候采用直白描述式提问,什么时候采用外显现象式提问,以及向谁提问有可能获得真实信息等,完全依赖于研究者的"关系"文化感觉。因此,在地方政府治理"关系"现象的调研中,尽可能多地参与观察是问卷调查、实地访谈非常必要的补充。

第四节　地方政府治理中"关系"现象的研究案例

　　为了检验通过"调研他人"的方法研究政策网络内"关系"现象的可行性,研究者在浙江省宁波市 X 市中小型餐饮业联合审批的调研中对政策网络内"关系"现象做了探索性研究。研究目的有二:①检验联合审批政策网络是否存在;②通过"调研他人"的方法能否在政策网络内得到有效的"关系"数据。

　　联合审批是宁波市 2011 年推出的一项行政审批制度改革政策。其目的在于改变以往各审批部门各自为政的局面,按照"一门受理、抄告相关、内部运作、限时办结"的思路来提高审批效率和质量。[①] 对 X 市中小型餐饮业联合审批政策网络的调研工作由宁波大学 MPA 学员承担。[②] 本次调研采用了"调研他人"的方法。具体而言,调研者通过调查问卷让中小型餐饮业联合审批政策网络的所有个体报告除自己之外的所有"关系"。调查问卷的发放对象是 X 市中小型餐饮业联合审批政策网络内的行动者。即 2011 年以来有过联合审批经历的中小餐饮业业主;环保局、卫生局、消防大队、食监局、工商局和审改办等从事联合审批的工作人员。调研者下发调查问卷 42

---

① 甬审管办〔2011〕18 号:《关于开展文化娱乐业等联合审批试点工作的通知》2011 年。

② 这些学员大多是余姚市的政府工作人员,有的还直接从事着行政审批工作。因此,对联合审批政策网络内的"关系"现象有较好的理解。

份,回收 39 份。其中 15 份来自审批对象(即中小餐饮业的业主),24 份来自 X 市的工商局、环保局、卫生局、消防大队、食监局和审改办。在调研问卷中,调研者主要通过 3 个矩阵问题来收集所需"关系"数据。① ①在餐饮业联合审批中,与你有联系沟通的部门(注:不论采取何种沟通形式。自己所在部门不选),选项:从来不联系、偶尔会联系、经常联系。②下列部门中和你处于类似岗位人员的彼此熟悉程度(自己所在部门不选)选项:不认识、认识仅工作关系、认识且私交不错。③你感觉下列部门在餐饮行业联合审批中配合你工作的意愿(自己所在部门不选),选项:不太愿意、一般、很愿意。其中第一个问题收集联合审批政策网络内行动者的沟通状况,以检验政策网络是否存在;第二、三个问题收集联合审批政策网络内行动者的"关系"数据。

所得数据采用编码的方式处理。编码方式如下:在上述 3 个矩阵问题的选项中,第一个选项编码赋值为"0";第二个选项编码赋值为"1";第三个选项编码赋值为"2"。统计每一对网络关系的总赋值和调研对象人数,计算出平均值,从而得出 X 市中小型餐饮业联合审批政策网络矩阵和 X 市中小型餐饮业联合审批政策网络内的"关系"矩阵。"关系"矩阵中,1.0 以下的值均视为"0"。因为编码"1"表示"认识仅工作关系",所以只有大于1.0以上的值,才表示存在本书所调研的"关系"现象。根据所得矩阵数据绘制的政策网络如图 6.1、图 6.2 所示。分析图 6.1 和图 6.2,可以得出以下研究结论和研究展望。

1.从图 6.1 可知,X 市中小型餐饮业联合审批已形成政策网络。审批相对人、环保局、卫生局、消防大队、食监局、工商局和审改办,七个网络行动者之间均存在着强度不等的审批业务联系。有意思的是,审批相对人也与各审批部门之间有着较密切的联系。这与联合审批的制度设计是有出入的。联合审批制度规定"一门受理、内部运作",但在现实的运作过程中,审批相对人并不只与负责受理的食监局联系,而与各审批部门甚至协调部门审改办都有着联系。

2.从图 6.2 可知,X 市中小型餐饮业联合审批存在"关系"网络。审批相对人和审批部门工作人员、审批部门的工作人员之间、审改办和审批部门的工作人员之间均存在比工作关系更进一步的私交。由此可见,通过"调研

---

① 宁波大学 2012 级 MPA 学员:"余姚市中小餐饮行业联合审批工作"的调查问卷 2013 年。

他人"可以得到政策网络内的"关系"数据。但需要指出的是,本书所研究的X市中小型餐饮业联合审批政策网络是行动者彼此熟识的小型政策网络。因此,适用所有个体报告除自己之外的所有"关系"。对于中大型的政策网络内"关系"现象的调研,应当选用部分个体报告除自己外的所有"关系"和选取部分"关系"在所有个体或部分个体中进行的调研方法。

3.根据图 6.1、图 6.2 所示的网络图,本研究还可进一步深入研究的问题有:①X市中小型餐饮业联合审批政策网络在运作过程中偏离制度设计,是否与"关系"的影响有关? ②"关系"网络与联合审批政策网络是否存在相关性,即政策网络中行动者"关系"强度是否与其在联合审批过程中的沟通、协调、合作强度有关? ③"关系"网络与信任网络之间是否存在相关性? ④通过叠加联合审批政策网络和"关系"网络,可以分析"关系"对联合审批政策网络结构的影响,如网络密度、网络中心度、网络封闭性和开放性、网络的核心与边缘等。⑤通过与X市其他行业联合审批政策网络的比较,可以分析"关系"对不同政策类型的影响。⑥通过与宁波大市层面联合审批政策网络的比较,可以分析"关系"对不同层级政策网络的影响等。

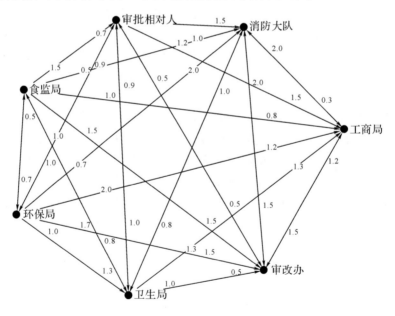

图 6.1　X市中小型餐饮业联合审批政策网络

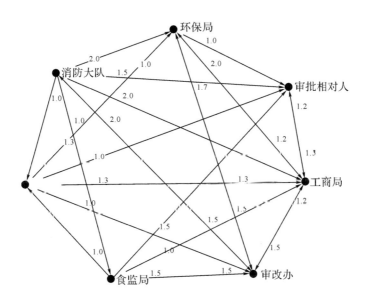

图 6.2 X市中小型餐饮业联合审批政策网络内的"关系"图

第七章 "垃圾桶"模型述评

——兼谈其对公共政策研究的方法论启示

如果仅仅以"比喻"的方式来理解"垃圾桶"模型,实在是过于简单化了。因为科恩(Michael D. Cohen)、马奇(James G. March)和奥尔森(Johan P. Olsen)1972 年提出的"组织选择的垃圾桶模式"[①]并不是含糊的比喻,而是清晰的理论模型。而且在国外近 30 年来组织决策理论的发展史上,科恩等人的"垃圾桶"模型不仅塑造了人们理解组织的观念,甚至从总体上影响了政治科学和制度理论[②]。与国外学术界对这一模型的关注相对照,国内学术界似乎还不够重视它。这主要表现在,系统译介及研究"垃圾桶"模型的学术成果还比较少,而且既有的研究也只把它简单地理解为一种反理性主义的声音[③]。笔者认为,从社会科学研究中的行动-结构(agency-structure)对峙的理论视角看,"垃圾桶"模型在公共政策理论发展史上,是一个比较特殊的理论个案。通过评析这一理论个案在消弭行动与结构的紧张中所具有的理论贡献、缺陷及其在发展过程中受到的批评和修正,对公共政策的理论研究有着丰富的方法论意蕴。

第一节 "垃圾桶"模型理论渊源的纷争

"垃圾桶"模型实在是一个很特殊的理论个案。这种特殊性首先表现在,人们甚至很难就其理论渊源达成共识。在这一模型面世之前,主流的决

---

① 参见 Cohen M D, March J G, Olsen J P. A garbage can model of organizational choice. Administrative science quarterly,1972:1-25.

② Bendor J, Moe T M, Shotts K W. Recycling the garbage can: An assessment of the research program. American Political Science Review,2001:169-190.

③ 参见张才新,夏伟明.垃圾桶决策模式:反理性主义的声音.探求,2004(1):35-38.

策理论(理性决策模型和渐进主义决策模型)都在理性主义范式之内。而"垃圾桶"模型分析的是问题偏好模糊、技术手段不明确、人员流动的组织化的无序状态(organized anarchy)之下的决策问题,似乎可以简单地理解为非理性主义的进路。但事实上,这一模型的理论渊源就像其分析前提组织化的无序状态一样,有着内在的复杂性。

20世纪五六十年代,行为主义在西方学术界盛行时,理性决策模型在公共政策的决策理论中一直占据主导地位。当然这不排除学者们对这一模型的质疑和批评。比如对个人偏好外生和个体完全理性的诟病等。面对种种批评,理性决策学派本身也做了很多理论上的修正与完善。其中最具有代表性的是西蒙的有限理性模型和林德布罗姆的渐进决策模型。西蒙认为,在社会结构因素的影响下,个体的"理性"是一个非常复杂的概念。他用"有限理性模型"来描述组织决策的实际状况。林德布罗姆则认为,现实中的决策是依据"连续有限比较"的方法进行的。根据这种决策方法,决策者的决策是从现行政策出发,对政策进行渐进的调整。在对理性决策模型的修正过程中,他们共同的努力方向是,通过将结构性要素内化入个体的理性决策模型,以继续发挥本学派理论的清晰性和强解释力。有趣的是,"垃圾桶"模型的努力起点和方向也与他们类似。首先,"垃圾桶"模型的主要人物、后来该模型的发扬者马奇(James G. March)本身就是有限理性学派阵营中的人物。早在1958年,马奇和西蒙就有颇为成功的合作[1],1990年以后马奇在有限理性学派内也有一系列出色的工作以及与西蒙的继续合作[2]。而且该模型的原创者都认为,"我们只是在逐渐放宽理性选择理论过于严格的假设而已"[3]。但"垃圾桶"模型的批评者,如本多、莫和肖特(Bendor、Moe and Shott)却指责模型的原创者偏离了有限理性的前提框架。结果是对决策制定漫无边际的自由讨论[4]。"垃圾桶"模型的理论渊源

① Bendor J, Moe T M, Shotts K W. Recycling the garbage can: An assessment of the research program. American Political Science Review, 2001: 169-190.

② Olsen J P. Garbage cans, new institutionalism, and the study of politics. American Political Science Review, 2001: 191-198.

③ March J G. Garbage can models of decision making in organizations. Ambiguity and command: Organizational perspectives on military decision making, 1986.

④ Bendor J, Moe T M, Shotts K W. Recycling the garbage can: An assessment of the research program. American Political Science Review, 2001: P184.

到底是否在有限理性学派传统之内？有限理性传统 vs. 非理性传统毫无结果的争论,使奥尔森(Johan P. Olsen)最终不得不将其归为毫无结果的集团争斗①。但在笔者看来,这种毫无结果的纷争起因还在于"垃圾桶"模型宏大的理论抱负。也许该模型的理论抱负实在太大了,以至于不能用任何简单的"标签"来标识它。

第二节 "垃圾桶"模型的理论抱负与贡献

康德曾提出过一对著名的哲学范畴,即人的自由意志和社会客观规律。这对哲学范畴在社会科学研究中表现为行动(agency)与结构(structure)之间的紧张。行动往往与人类的创造力和社会行动相联系;结构则与模式化的关系、人类行动的限制以及宏观的社会现象相联系②。从本体论上看,前者认为,人类行动有本体论的优先性,结构是由个人目标最大化的个体创造的;后者则认为,社会结构有本体论的优先性,人类的行动是由结构塑造的。事实上,自韦伯以后,社会理论的大家们,如福柯、吉登斯、布迪厄、哈贝马斯等都在努力融合这两条进路,以缓解行动与结构之间的紧张③。在(后)实证主义研究进路中,以帕森斯的结构功能主义为代表的"结构为基础"进路一直占据着主要位置。但经过行为主义革命,有限理性学派则在"行动为中心"的进路上异军突起。尽管不同进路的学者大多努力在自己的进路里融合对立方的理论优势,但是从研究取向上看,这两条研究进路还是存在较大差异的。一般来说,以"结构为基础"的进路大多倾向于归纳的、整体主义的研究方法;以"行动为中心"的进路则倾向于演绎的、个体主义的方法论。在两条进路的争论中,前者指责后者忽视了结构的作用,理论与经验现象脱节;后者则对前者的概念不清晰、理论解释力不强大为不满④。从社会科学研究中行动和结构的对峙来看,科恩等人1972年提出的"垃圾桶"模型似乎

---

① Bendor J, Moe T M, Shotts K W. Recycling the garbage can: An assessment of the research program. American Political Science Review, 2001: 169-190

② Sibeon R. Rethinking social theory. Sage, 2004:35.

③ 参见 Sibeon R. Rethinking social theory. Sage, 2004.

④ Clark W R. Agents and structures: two views of preferences, two views of institutions. International Studies Quarterly, 1998, 42(2): 245-270.

是想克服行动和结构进路各自的缺点,而占尽两者的优势。

在"垃圾桶"模型的理论建构中,原创者继承了有限理性学派个体主义的、演绎的研究方法。它将一个独立的决策作为分析单位,这使得该理论有"行动"学派特有的清晰。1972 年的"垃圾桶"模型的主要内容如图 7.1 所示。该模型假设,在组织化的无序状态之下,问题、解决方案、参与者和选择机会四大源流独立地流入组织结构。这个组织结构又受到净能量承载量、进入结构、决策结构和能量分布四个变量的影响。四大源流经过四大变量的筛选、汇聚,最后产生决策结果。同时,由于这个过程可能由许多个阶段、问题、解决方案、参与人和选择机会组成,因此,时间段、问题数、解决方案数、参与人数、选择机会数是此模型的具体参数。需要指出的是,在这个模型中,所选用的概念既可以做定性划分(在图 7.1 的组织结构变量中用小括号表示),如进入结构可划分为完全开放式、等级制式和专业化式;同时也可以由可观察的指标来显示(在图 7.1 的组织结构变量中用大括号表示),如进入结构用技术与价值异质化程度和组织闲置资源数量来标识。这种理论的清晰性使作者能尝试用计算机程序来模拟这一模型的运作结果。在1972 年的原文中,作者根据计算机"Fortran program for garbage can model"(第 5 版)运算结果得出决策中试错性决策居少、整个决策过程对组织净能量承载量反应敏感等八个对组织决策研究有重大影响的结论①。

在保留"行动"学派的理论清晰性的同时,作者采取了结构与行动相结合的理论进路。但是与有限理性学派相比较,"垃圾桶"模型的原创者已经不满足于将结构性因素纳入个体理性模型的研究方法了。科恩、马奇和奥尔森等人在"垃圾桶"模型中直接引入了大量的结构性变量。首先是问题偏好模糊、技术手段不明确、人员流动的结构性前提;其次是组织净能量承载量、组织进入结构、决策结构、组织内的能量分布状况等结构性变量;最后是对这些结构性因素相关性的考察。这些结构性变量的引入,几乎彻底解决了"行动"学派个体偏好外生的问题,从而克服了把个体行动总和等同于整体结果的弊病。与此同时,"垃圾桶"模型也没有忽略个体因素。参与者的问题、解决方案和参与者的能量、策略等都在结构性因素下做出了回答。读者会惊讶地发现,在"垃圾桶"模型中,结构性因素与行动因素融合在一起了。从这个模型中,以往不可调和的行动与结构之间的紧张,很自然地消

---

① 详见科恩等人 1972 年的原文。

弭了。

在科恩等人看来,"垃圾桶"模型最大的贡献在于:"模糊性"假设前提的引入,使它克服了有限理性学派单纯的"行动倾向"。有限理性学派用个人目的、偏好来解释决策,结构性因素在该学派的理论中是通过改变人行为的选择集来影响人的行动。但是,在科恩等人看来,并不是所有的结构性因素都能通过改变人行为的选择集来影响人的行动。比如,在人员流动、偏好选择存在问题、技术不清晰的状态下,结构性因素并不能整合进个人行动的理性选择集。不可控的结构性因素将与有目的的个人行动共同影响组织决策的结果。从这个意义上看,"垃圾桶"模型克服了有限理性学派只能解释结构良好、目的明确的组织决策行为的缺陷。通过大量引入结构性变量,"垃圾桶"模型能够处理模糊状态下(多种可能性并存、不可预测的环境)复杂问题的决策现象。这种模糊状态下的动态决策模型与真实世界的决策现象更为相似。1972 年以后的"垃圾桶"模型,在决策环境的模糊性问题上又有了很大发展。在原来有三类模糊性问题(流动的人员、偏好选择存在问题、技术不清晰)的基础上,又增加了经验模糊、权力和成功模糊、自身利益界定的模糊、最后期限的模糊、智识和意义的模糊①。"垃圾桶"模型的原创者似乎更愿意为其理论引入更多的结构性因素,从而增强该模型解释现象时的逼真性。

除此之外,"垃圾桶"模型另一个理论贡献是概念的可观察性。虽然"垃圾桶"模型讨论的是模糊状态下的决策问题,但是原创者在模型建构中,对每一个概念都赋予清晰的观察含义(observable implication)。与迪尔凯姆、帕森斯的结构功能主义学派相比,"垃圾桶"模型的"结构"不再是整体主义的社会事实,而是个体主义可观察的具体决策单位的变量。这可能是"垃圾桶"模型受到普遍关注的原因所在。"行动"学派在这里看到了可观察的结构性变量,这对该学派的理论拓展无疑是有帮助的;"结构"学派则在此模型中看到了克服本学派概念不清晰的弊病的希望。而不执着于某一学派的学者则更有动力在公共政策研究中选用此模型所包含的丰富变量。

值得一提的是,"垃圾桶"模型形成于行为主义渐趋衰落,新制度主义尚在萌芽的 20 世纪 70 年代初。该理论模型中,对结构性因素的关注及可观察性概念的重申,可看做后来新制度主义理论范式中行动与制度互动特征

---

① 参见 James G. March, and Johan P. Olsen 在 1976 年的一系列工作。

的一个预兆。这种预兆与"垃圾桶"模型的作者马奇和奥尔森作为新制度主义的创始人,于 1989 年发表标志新制度主义开端的重要文献《重新发现制度》一文可能是一个暗合。这种预兆和暗合或许并不是笔者的妄自揣测,因为从社会科学理论发展史上看,"垃圾桶"模型融合行动与结构要素的尝试,在当时确实具有开创性的贡献。

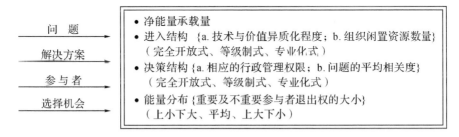

图 7.1 "垃圾桶"模型示意图①

第三节 "垃圾桶"模型的理论缺陷与出路

精明的读者也许会问,"垃圾桶"模型能如此轻巧地解决社会科学的核心问题吗? 果不其然。事实上,"垃圾桶"模型为追求行动与结构的融合付出了巨大的理论代价。

首先,最致命的是理论因果解释力的下降。在 1972 年的原文中,"垃圾桶"模型的运作结果是由计算机程序模拟产生的。因为对于人脑来说,这么多自变量及自变量之间的相互作用方式,再加上那么多参数,要计算出结果是根本不可能的。但是,人工智能似乎也不能很好地得出这个模型的运作结果。本多、莫和肖特对 1972 年的"垃圾桶"模型的计算机程序进行分析,发现计算机版和书面语言版的"垃圾桶"模型几乎完全是两个世界。在计算机版中,参与者的能量代替了解决方案流;参与人变成了毫不关心其他事物的"能量电子人";电子模型的世界不再是多变的、模糊的和随机的,而是格

---

① 此图根据 1972 年科恩等人的原文意思绘编。

式化的①。1972 年之后,科恩、马奇和奥尔森都没有再从事电子模型的改进工作,而其他人的工作也没有成功。到 2001 年,奥尔森在回复本多、莫和肖特的批评论文中宣称,电子模型并不重要,它只是一个派生的东西②。

但是,如果电子模型不再是理论的重要组成部分,那么"垃圾桶"模型的因果解释力就到此为止了③。它只能说四大源流和四大结构对决策结果会有影响。至于什么样的影响结果则语焉不详。怪不得本多、莫和肖特在《重新利用垃圾桶模型》一文中,要一再申述"描述不是理论了"。但奥尔森则回应说,理论并不都是严格的模型。在笔者看来,奥尔森的回应在这一点上并不具有说服力。因为本多、莫和肖特主要并不是指责其没有严格的理论模型,而是要求其提升理论的因果解释力。一般来说,提升理论因果解释力的两个方法:一是,停止在一个分析单位上收集更多的具体信息,而另找更多相同的分析单位以抽取相同的因素;二是,减少解释变量的数量。④ 然而,"垃圾桶"模型的原创者似乎志不在此。因为在 1972 年以后的工作中,他们更愿意通过增加结构性变量来增强该模型解释现象时的逼真性。而且在他们看来,理论因果解释力的提升几乎是不可能的。因为有些结构变量与行动变量是不可通约的;况且在复杂的结构因素下,各种源流的随机结合也不可能抽取到"本质"特征进行因果解释。

其次,理论与现象相符的可能性受到质疑。在"垃圾桶"模型的作者看来,仅仅从行动维度抽取解释变量显然不能包括经验现象中大量存在的结构性变量。而"垃圾桶"模型与传统的有限理性决策模型相比较,尽管其确实依靠了太多的假设,但是模型所得出的结果在描述经验现象上却是非常有效的⑤。而批评者却质疑这种理论与现象相符的有效性。本多、莫和肖

① Bendor J, Moe T M, Shotts K W. Recycling the garbage can: An assessment of the research program. American Political Science Review, 2001: 169-190.

② Olsen J P. Garbage cans, new institutionalism, and the study of politics. American Political Science Review, 2001: 191-198.

③ 最起码理论的总体因果性解释上是这样的,也许理论包含的某些局部会有突破,就像马奇等人在 1972 年以后做的工作。

④ King G, Keohane R O, Verba S. Designing social inquiry: Scientific inference in qualitative research. Princeton university press, 1994.

⑤ Cohen M D, March J G, Olsen J P. A garbage can model of organizational choice. Administrative science quarterly, 1972: 1-25.

特指出了"垃圾桶"模型与经验现象的四点不符之处①(见图 7.2)。①在经验现象中,问题、解决方案和参与者三大源流并不相互独立,问题与解决方案是由参与者携带的。②在真实世界中,解决方案并不是孤立存在的,而是解决问题的行动或过程。因此,它与问题也是不可分的。③在三大源流中,参与者(特别是重要的参与者)是可以改变组织结构的。对组织的领导者来说,可以根据要解决的问题和目标来选择组织进入结构、决策结构和能量分布的方式。④在组织结构变量中,忽略了权威人士、委托代理及控制对组织结构的影响,而这才是组织问题的核心所在。

按照有限理性学派的本多、莫和肖特的以上四点批评,"垃圾桶"模型如果要真正做到与经验现象相符,那么想抽取出任何解释变量都是不可能的。也许批评者是想把科恩、马奇和奥尔森逼出后实证主义方法论的边缘。其潜台词是,只有透过对现象的描述和阐释(阐释主义的方法)才能完全地再现经验现象。这显然是"垃圾桶"模型的作者还不能接受的。或许狡猾的本多、莫和肖特是正话反说。既然"垃圾桶"模型的理论进路也不能真实地反映经验现象,那么有什么理由指责有限理性决策模型与经验现象脱节呢?最起码有限理性学派传统还保留了寻找解释决策现象的"万有引力"的理想。

尽管"垃圾桶"模型对行动学派或结构学派的组织决策理论,乃至整个政治科学和制度理论都有着重要影响,但是该理论在提升其自身理论因果解释力上确实没有多大进展。本多、莫和肖特认为,"垃圾桶"模型提升理论解释力的出路在于,在有限理性学派的理论视角下加以重构②。然而,"垃圾桶"模型原创者认为,这是一个帮倒忙的主意③。因为在他们看来,理论贡献并不都需要因果解释力,提出新问题、新观察和新思考都有助于科学的进步。换言之,"垃圾桶"模型在融合行动与结构变量上的尝试即是该模型的重要贡献。而且,原创者 1972 年以后的工作似乎也在不断深化"垃圾桶"模型在这一进路的理论贡献。如马奇对"组织化的无序"概念的扩展等等。

---

① Bendor J, Moe T M, Shotts K W. Recycling the garbage can: An assessment of the research program. American Political Science Review, 2001: 169-190.

② 同上,P188.

③ Olsen J P. Garbage cans, new institutionalism, and the study of politics[J]. American Political Science Review, 2001: 191-198.

具体参数（个）：时间段、问题数、解决方案数、参与人数、选择机会数

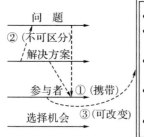

- 净能量承载量
- 进入结构{a.技术与价值异质化程度；b.组织闲置资源数量}
  （完全开放式、等级制式、专业化式）
- 决策结构{a.相应的行政管理权限；b.问题的平均相关度}
  （完全开放式、等级制式、专业化式）
- 能量分布{重要及不重要参与者退出权的大小}
  （上小下大、平均、上大下小）
- ④权威人士、委托代理及控制对组织结构的影响

图 7.2 "垃圾桶"模型批评示意图①

第四节 "垃圾桶"模型对公共政策研究的启示

"垃圾桶"模型是否是一个成功的理论，不同立场的学者可能会有不同的评价。但有一点可以肯定，"垃圾桶"模型对 20 世纪 70 年代以后的公共政策的决策研究发挥了典范意义上的作用。无论是行动学派还是结构学派的研究者，都可以在这里汲取自己需要的养分。但笔者认为，该模型的意义可能还不仅于此。因为，"垃圾桶"模型作为公共政策理论发展史上一个比较特殊的理论个案，其本身的理论抱负和实践、理论困境和进展对公共政策的理论研究都有着丰富的方法论意蕴。

1. 不同学派视界融合的必要性和可能性

虽然公共政策似乎是浅显易懂的，但是当学者着手去研究它时会发现，公共政策绝不仅仅是看得见的正式文本，它在很大程度上是不可见的。同时，它也是多主体、多层次的，甚至呈复杂的网络状。正如埃莉诺·奥斯特罗姆所指出的，公共政策在任何一个层次的分析中，都有着各种各样不同的规则、外部环境的特征和由相关个体形成的共同体结合，这些共同构成了一个有机的而非简单叠加的整体②。面对这样一个复杂的现象，不同学派的学者会对其做出自己的理论解释，而且不同学派的学者也大多有涵养聆听

---

① 此图根据 2001 年本多、莫和肖特的原文绘编。

② 保罗·A.萨巴蒂尔编.政策过程理论.彭宗超,等译.北京:生活·读书·新知三联书店,2004:48.

彼此的不同见解和批评,并从中汲取有利于自己学派发展的养分。但是,有经验的学者大多愿意固守自己学派的底线,如有限理性学派至少不会放弃"理性人"的基本假设。然而,"垃圾桶"模型给出了我们不同学派的视界融合的典范。该模型的理论抱负和实践向我们揭示了在理解复杂的公共政策现象时,行动与结构的这一基本冲突是研究者无法回避的问题。而解决这一问题的方式是多样化的。不同学派的视界融合作为一种解决方式是必要的,而且也是可能的。同时,模型本身的理论困境也向我们展示了消弭行动与结构之间的紧张并不是件容易的事。不同学派的视界融合可能需要付出一定的代价。但是,这种代价并不是必然的,在新制度主义的理论范式下,"垃圾桶"模型如何在整合行动与结构要素上有更大的进展,仍将是众多学者的智识追求。笔者从"垃圾桶"模型理论个案得出的启示性结论是,在理解复杂的公共政策现象时,没有最好的理论,只有最实用的理论。

2. 理论解释力的多向度理解

在社会科学研究中,研究者如果不是站在阐释、批判观的立场,大多会秉持后实证主义对理论解释力的理解。即理论解释力的提升在于尽可能多地解释经验现象。换言之,理论类似于杠杆,其另一头能挑起的经验现象的个数越多越好。为了实现这一目标,通常需要通过减少解释变量的方式,从众多变量中找出更本质的变量。但是,这一目标在面对有机的、而非简单叠加的公共政策现象时,其实现的可能性仍然是有争议的。"垃圾桶"模型在后实证主义的理论进路里,对如何提升理论解释力做出了另一种回答:理论的解释力不仅在于解释现象的个数,同样重要的是理论反映经验现象的真实性。虽然"垃圾桶"模型的原创者可能还没有走到阐释主义者强调个体独特性的地步,但是在他们看来,传统有限理性学派对理论解释力单向度的追求,忽略了理论解释现象时应有的真实性。值得指出的是,理论解释的真实性和普遍性是否能兼得姑且不论,在笔者看来,这最起码是两个不同向度的理论追求。或许"垃圾桶"模型更在意提醒研究者注意被忽略了的理论解释力的另一个向度。

3. 概念的可观察性对公共政策研究的重要意义

在社会科学的经验研究中,概念的可观察性对于理论的发现和检验都是极其重要的。概念的可观察性对于公共政策理论的成败具有特别重要的意义。因为,公共政策研究的经验观察无论在国内还是国外都是有限制的。社会上地位牢固的权力集团有特殊的理由厌恶刺探他们社会地位和活动的性质与根源的行为①。在这种条件下,概念的可观察性不仅是理解公共政策复杂现象的工具,同时也是规避人为阻碍,进行有技巧观察的前提。"垃圾桶"模型突破了有限理性学派"理性人"的基本假设,但将该学派特有的概念的可观察性一以贯之。这对该模型后来受到行动学派和结构学派普遍关注是很有关联的。进而言之,概念可观察性的坚持,对20世纪80年代新制度主义范式的制度与行为的结合,有着尝试性的贡献。

---

① 戴维·伊斯顿.政治体系:政治学状况研究.北京:商务印书馆,1993:49.

第八章 论西方第三代政策网络研究的包容性

近三四十年以来,西方政策网络研究逐渐兴起。近十几年来,西方政策网络研究又出现了一个很重要的发展势头,即把社会网络分析(social network analysis)的方法和技术引入政策网络研究。有学者称之为第三代政策网络研究[①]。这一发展势头之所以重要,是因为它使政策网络研究不仅摆脱了"仅在比喻意义使用网络这个词,不具有因果解释力"的诟病[②],而且显现出研究复杂社会所需的难能可贵的理论品质,即包容性。这种包容性既体现在研究方法、理论研究上,也体现在解释不同国家地方政府治理的经验现象上。正是这种包容性使它有潜质成为复杂社会下地方政府治理研究的一个重要"范式"。

第一节 政策网络在研究方法上的包容性

社会科学在研究方法上的争论从来没有中断过。暂且不提"实证"与"阐释"之间难以消解的分歧。即便在"实证"进路内,"结构与行动""定性与定量""描述、解释与规范"的分歧和融合都是难题。而第三代政策网络研究在"实证"进路内消弭分歧、实现融合上表现出很好的包容性。

---

① 有学者指出,近30多年来,西方政策网络研究可分成三代。第一代以分类和把政策网络当成治理工具为特征;第二代从公共管理的视角,把政策网络看成一种管理工具。第三代把社会网络分析引入政策网络研究,初步形成政策网络理论。Dassen A. Networks: Structure and action: Steering in and steering by policy networks. University of Twente,2010:35-40.

② Dowding K. Model or metaphor? A critical review of the policy network approach. Political studies,1995,43(1):136-158.

一、结构与行动的结合

在社会科学研究中,"结构"与"行动"是经典的二元难题[①]。以埃米尔·涂尔干为代表的结构论者认为,社会事实只能用抽象的、普遍的本质即社会结构来加以说明。只有认识、把握了社会结构,才能对个体的行动做出解释。而以马克斯·韦伯为代表的"行动"分析取向则强调个体行动的意向性和反思性及其对结构性制约的突破和改变。因此,现代社会科学的大师们如安东尼·吉登斯、皮埃尔·布迪厄等都在致力于消解"结构"与"行动"的对立,并寻找两者的结合点。第三代政策网络研究之所以受到众多学者的持续关注,正是因为它能较好地结合"结构"与"行动",站到了社会科学研究范式发展的前沿。

在第三代政策网络研究中,"结构"与"行动"的结合是通过考察政策网络内个体之间的关系来实现的。如图 8.1、图 8.2 分别是美国加州夫勒斯诺市和克恩县的土地利用规划精英的政策网络图。图中的圆点表示精英,连线表示精英的关系。分析这两张图我们可以发现两点。(1)关于"行动":在政策网络中,精英之间的联系是不一样的。有的精英联系密集,有的却很孤立。(2)关于"结构"。图 8.1 的结构比较破碎。这不利于政策网络内不同群体之间信息和利益的整合。图 8.2 的结构则相对整合。这有利于土地规划政策的决策和执行。在此基础上,第三代政策网络研究不仅可以分析不同网络结构的成因[②],政策网络结构与政策绩效之间的关系,以及改进政策网络管理的措施等即时性的问题,而且运用 TERGM(Temporal Exponential Random Graph Model,时间指数随机图模型)模型还可以模拟、预测政策网络结构的历时性演变[③]。至此,第三代政策网络研究在结合"结构"与"行动"上显现出前所未有的发展潜力和美好前景。

---

① 叶启政.进出"结构—行动"的困境:与当代西方社会学理论论述对话.台北:三民书局,2004:309.

② Robins G,Pattison P,Kalish Y,et al. An introduction to exponential random graph(p *)models for social networks. Social networks,2007,29(2):173-191.

③ Hanneke S,Fu W,Xing E P. Discrete temporal models of social networks. Electronic Journal of Statistics,2010,4:585-605.

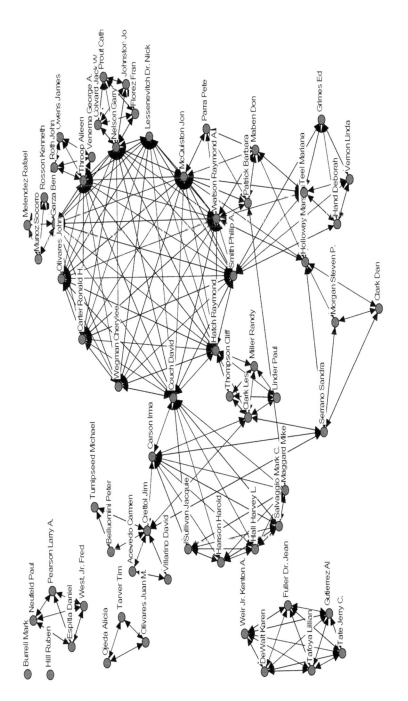

图 8.2 美国加州克恩县土地利用规划精英网络

政策网络视角下的地方政府治理研究:理论、方法和案例

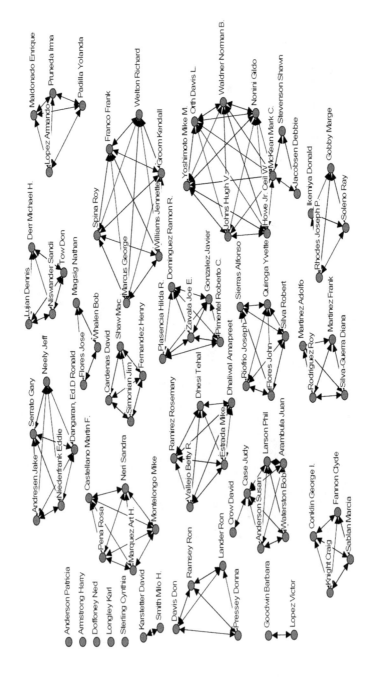

图 8.1 美国加州夫勒斯诺市土地利用规划精英网络

资料来源: McCoy M, Lubell M. Policy networks: collaborative land use planning in California. unpublished paper. Marshall J, Hopkins W, Richardson R, 1997: 607-613.

92

二、定性与定量的结合

社会科学的"实证"研究有定量和定性两种方法。定量研究运用统计的方法，从许多具体事件中去寻找总体描述或验证因果假设。定性研究则专注于一个或少数几个案例，用深入访谈和深度的历史资料分析，通过比较散漫的方法对一个事件或单位做出全面的、理解性的解释①。从总体上看，定量和定性方法各有缺陷：定量研究只能得到表面的、肤浅的信息，抓不住事物的本质特征；定性研究依据典型的或少量个案得出的结论不一定具有普遍性。因此自韦伯的"理解社会学"以来，学者们努力在社会研究中将两者综合起来。

在这一努力中，最大的困难就是如何将整体的大多数特征都操作化并统一在理论模型中加以分析②。而第三代政策网络研究在提供统一的理论模型上显示出很大的优势。首先，政策网络研究与社会网络分析结合后，可以用组合变量（compositional variables）、关系变量（relational variables）、属性变量（Attributes variables）来描述政策网络并推论因果关系③。其次，第三代政策网络研究中，网络边界可以根据研究目的和研究对象来确定。因此，这一理论模型可以用来表征整体网络结构特征④，也可以用来描述、分析团体之间的关系⑤。这使得统计样本的确定可以根据理论研究的需要来定。最后，在定性研究上，第三代政策网络研究对其他学科的社会理论具有很好的包容性，从而具有丰富的理论来源和强劲的理论发展潜力；在定量研究上，则能直接采用社会网络分析方法和技术的最新进展。定性与定量的结合，使第三代政策网络研究具有强大的后援力量。

① King G，Keohane R O，Verba S. Designing social inquiry：Scientific inference in qualitative research. Princeton university press，1994.

② 袁方. 社会研究方法教程. 北京：北京大学出版社，2004：147.

③ Dassen A. Networks：Structure and action：Steering in andsteeringbypolicynetworks. UniversityofTwente，2010：35-40.

④ BorrásS，OlsenHP. Combining qualitative and quantitative methods for the analysis of network governance：promises，problems，pay-offs and potentials. Methods in Democratic Network Governance. Palgrave Macmillan，London，2007：207-223.

⑤ Isett K R，Provan K G. The evolution of dyadic interorganizational relationships in a network of publicly funded nonprofit agencies. Journal of Public Administration Research and Theory，2005，15(1)：149-165.

三、描述、解释、规范的结合

　　一般来说，社会科学研究很难将描述、解释、规范整合进一个理论模型，但第三代政策网络却可以被运用于上述三类研究。更难得的是，它还实现了理论研究和应用研究的结合。首先，第三代政策网络研究有较强的描述功能。其方式大致有两种：一是运用相关概念、分类和理论描述政策网络内多个行动者之间相互作用的过程和结果[①][②]。二是运用社会网络分析的方法和技术描述政策网络结构（如网络密度、网络中心化、网络集聚子群、结构洞）和政策网络内行动者之间的相互关系（如中间人、最短距离、行动者的节点度、行动者中心度）[③][④]。这些描述能展现政策网络的结构、运作过程和结果；运用 UCINET、PAJEK 等网络分析软件还能清晰地展现政策网络图（见图 8.1、图 8.2）。强大的描述功能为政策网络的因果解释奠定了扎实的研究基础。其次，第三代政策网络研究由于其良好的理论包容性，在研究中展现出很强的因果解释力。目前，政策网络研究一是主要关注不同政策网络之间的比较，并解释政策网络的某些特征（如网络的中心化、破碎度、结构洞）对行动者关系的影响；二是主要用来解释政策网络结构的形成原因与变迁动因、政策网络结构与绩效之间的关系等。最后，政策网络在规范研究上也颇显优势。比如，比较现实的政策网络与规范的（想要达到的）政策网络存在的差距，并提出改变网络内行动者关系的政策性建议[⑤]。再比如，从行动者的相互关系入手分析政策网络的结构转型和结构改造[⑥]。这些规范性

---

① Atkinson M M，Coleman W D. Strong states and weak states：sectoral policy networks in advanced capitalist economies. British journal of political science，1989：47-67.

② Marsh，D. ，& Rhodes，R. A. W. Policy Communities and Issue networks. Beyond. In Marsh D，Rhodes R A W. Policy networks in British government. Clarendon Press，1992：249-268.

③ McCoy M，Lubell M. Policy networks：collaborative land use planning in California. unpublished paper. Marshall J，Hopkins W，Richardson R，1997：607-613.

④ 龚虹波. 整体政府视角下的联合审批政策网络分析——以宁波市旅馆业联合审批改革为例. 中国行政管理，2018(9)：63-68.

⑤ Erik-Hans K W J M K，Koppenjan Joop F M. Managing Complex Networks：Strategies for The Public Sector. 1997.

⑥ Edelenbos J，Klijn E H. Trust in complex decision-making networks：A theoretical and empirical exploration. Administration & Society，2007，39(1)：25-50.

的研究往往把政策网络看成治理工具,从如何进行网络治理的角度来研究政策网络。这使得政策网络的理论研究和应用研究很自然地融合了起来。

四、社会学、经济学、政治学等多学科的整合

面对复杂的公共政策现象,整合多个学科的理论和方法进行研究显然是非常必要的。但问题的关键在于如何整合。以往的跨学科研究,往往是将经济学、管理学、社会学等学科的理论和方法直接用来分析公共政策现象,但很少把它们有机地整合起来。换言之,就像是公共政策研究中运用其他学科的零星工具,而无法将这些零星工具组合成一个功能更强的系统性工具。第三代政策网络研究在有机组合各学科理论和方法上显示出很强的优势。

第三代政策网络研究这种很强的理论组合优势得益于社会网络分析工具。社会网络分析使政策网络不再是一个比喻,而是一个实实在在的由诸多变量组合而成的研究模型。但是社会网络分析只是一个分析模型,运用这一模型来研究什么问题、政策网络边界如何界定、各类变量如何选择都需要理论的支撑。此时,政治学的(如治理理论)、经济学的(如理性选择理论)、社会学的(如社会资本理论)乃至其他交叉学科的(如游戏生态学)理论都可以根据研究需要与之结合在一起,形成一个有机的系统性分析工具。这种"政策网络理论＋社会网络分析＋其他社会科学理论"的有机组合大大加强了政策网络理论的因果解释、规范分析和实际预测的能力。

综上所述,第三代政策网络研究很好地缓解了传统社会科学的诸多矛盾,在整合多种研究方法上显示出很强的优势。但其之所以受到众多西方学者的关注和追随,更重要的还在于它在理论研究上对其他学科理论的包容性。

第二节　政策网络在理论研究上的包容性

理论研究是对社会现象提供因果解释的工作。社会网络分析本身并不提供因果解释。但这一分析模型能与诸多社会理论结合起来。这使得第三代政策网络研究能与其他社会理论结合为复杂地方政府治理现象提供因果解释,同时推动政策网络理论的发展。目前,在第三代政策网络研究中经常

结合的理论有:新制度主义理性选择理论、社会资本理论、治理理论和博弈生态学理论。

一、与新制度主义理性选择理论的结合

在公共政策研究中,以埃里诺·奥斯特罗姆等人提出的制度分析和发展框架(IAD)在新制度主义理性选择理论上的贡献是引人注目的。IAD 分析框架提出了:(1)行动舞台、行动者、行动情境、集体行动、物品属性、共同体属性、多中心治理等诸多概念;(2)关于个体理性选择的理论和模型;(3)宪法选择、集体选择、操作层面等多层次分析模型;(4)基于个体选择的集体行动所产生的制度绩效和制度变迁[①]。IAD 主要的价值在于它提供了一个系统探究某一问题(公共池塘的治理问题)的方法和一整套可供观察的变量。虽然 IAD 分析框架大多采用案例研究的方法,且主要运用于自然资源等公共物品的治理,但它的多中心治理理论却与政策网络理论不谋而合。因此,把 IAD 分析框架的概念、分析方法、分析层次等运用到政策网络研究是许多西方学者的努力。

这种努力使第三代政策网络研究比 IAD 分析框架具有更强的解释力和预测力:(1)拓展了 IAD 分析框架的研究范围。IAD 主要运用于公共物品的自组织治理,但政策网络研究与 IAD 结合后,可用来研究政府组织的治理[②]、非政府组织的治理[③]、政府与非政府组织的合作治理[④]。(2)可运用定量研究的方法来检验理论假设。IAD 分析框架由于变量众多,不太适合于定量研究。因此,大多采用案例研究的方法进行理论推论。但第三代政策网络研究克服了这一弊端。它与 IAD 分析框架结合后可以检验行动者

① McGinnis M D. An introduction to IAD and the language of the Ostrom workshop: a simple guide to a complex framework. Policy Studies Journal,2011,39(1):169-183.

② Marsh D,Rhodes R A W. Policy networks in British government. Clarendon Press,1992.

③ Isett K R,Provan K G. The evolution of dyadic interorganizational relationships in a network of publicly funded nonprofit agencies. Journal of Public Administration Research and Theory,2005,15(1):149-165.

④ Scholz J T,Wang C L. Cooptation or transformation? Local policy networks and federal regulatory enforcement. American Journal of Political Science,2006,50(1):81-97.

的理性选择理论[①]、政策网络的自组织过程[②],并定量地模拟制度的形成过程[③]。(3)通过分析政策网络结构与行动者之间的关系,能更直接、更清晰地解释、预测制度绩效和制度变迁。IAD分析框架主要通过个案来解释制度成败与制度变迁的原因。而第三代政策网络研究则可以解释政策网络结构与政策绩效之间的关系[④],运用社会网络的多时段分析和计算机模拟还可以预测政策网络结构变化趋势[⑤]。

二、与社会资本理论的结合

第三代政策网络研究与社会资本理论结合回答的问题是:为什么有些政策网络比其他政策网络具有更好的政策绩效。它回答了为什么行动者在某些政策网络中比在其他政策网络中更能获得或动用资源以及什么样的政策网络有助于群体成员实现利益协调并提供更多的合作平台(如信息渠道、义务和预期、社会规范)。

事实上,政策网络研究与社会资本理论的结合似乎是应有之义。因为在社会学中,社会网络分析和社会资本理论几乎是融合在一起的。社会资本的代表性学者林南就把社会资本界定为嵌入社会网络中的资源,行动者能通过网络中的各种联系来获得或动用这些资源[⑥]。近几十年来,中西方社会学者在这一研究方向上做了诸多努力,并产生了一系列重要的成果。

---

① Scholz J T, Berardo R, Kile B. Do networks solve collective action problems? Credibility, search, and collaboration. The Journal of Politics, 2008, 70(2): 393-406.

② Berardo R, Scholz J T. Self-organizing policy networks: Risk, partner selection, and cooperation in estuaries. American Journal of Political Science, 2010, 54(3): 632-649.

③ Schneider M, Scholz J, Lubell M, et al. Building consensual institutions: networks and the National Estuary Program. American journal of political science, 2003, 47(1): 143-158.

④ Howlett M. Do networks matter? Linking policy network structure to policy outcomes: Evidence from four Canadian policy sectors 1990—2000. Canadian Journal of Political Science/Revue canadienne de science politique, 2002: 235-267.

⑤ Desmarais B A, Cranmer S J. Forecasting the locational dynamics of transnational terrorism: A network analytic approach. Security Informatics, 2013, 2(1): 8.

⑥ Lin N. Social capital: A theory of social structure and action. Cambridge university press, 2002.

1985 年马克·格兰诺维特首先论证了人类行为是"嵌入"在社会结构中的[①]。此后，詹姆斯·科尔曼探讨了封闭（Closure）的社会结构在产生义务、期望和社会规范中所具有的作用。罗纳德·伯特则分析了开放的社会结构（如 Brokerage 和 structure hole）所拥有的社会资本。还有一些学者则致力于测量社会网络中的社会资本，以拓展社会资本的定量研究。到目前为止，这个研究方向上的中西方文献真正是汗牛充栋。

　　社会学领域的巨大进展为政策网络研究与社会资本理论的结合提供了良好的研究基础。但是，当社会资本理论运用到政策网络研究时，首先要解决的问题是，政策网络中的社会资本研究能否假定"良好的合作与协调（正社会资本）自然导致好的政策结果"？安·沃克提醒政策网络研究者小心，因为政策网络不同于社会网络。在政策网络中有等级化的权力，良好的合作和协调可能来源于权力腐败，开放的结构也可能导致政策的不稳定，从而导致坏的政策绩效[②]。因此，政策网络内的社会资本研究必须关注利益、资源分配和政策目标。从总体上看，目前这一进路的学者主要致力于以下三方面的工作：一、探讨政策网络中的社会资本与政策绩效之间的关联机理[③]；二、界定和测量政策网络内的社会资本和政策绩效[④]；三、运用社会资本理论来定性、定量地解释或验证政策绩效和政策网络结构的变化[⑤⑥]。

----

① Granovetter M. Economic action and social structure：The problem of embeddedness. American journal of sociology，1985，91(3)：481-510.

⑪ Coleman J S. Social capital in the creation of human capital. American journal of sociology，1988，94：S95-S120.

⑫ Borgatti S P，Jones C，Everett M G. Network measures of social capital. Connections，1998，21(2)：27-36.

② Walker A. Understanding social capital within community/government policy networks. Social Policy Journal of New Zealand，2004：1-18.

③ Hatmaker D M，Rethemeyer R K. Mobile trust，enacted relationships：social capital in a state-level policy network. International Public Management Journal，2008，11(4)：426-462.

④ Mathur N，Skelcher C. Evaluating democratic performance：Methodologies for assessing the relationship between network governance and citizens. Public administration review，2007，67(2)：228-237.

⑤ McCoy M，Lubell M. Policy networks：collaborative land use planning in California. unpublished paper. Marshall J，Hopkins W，Richardson R，1997：607-613.

⑥ Henry A D，Lubell M，McCoy M. Belief systems and social capital as drivers of policy network structure：The case of California regional planning. Journal of public administration research and theory，2011，21(3)：419-444.

三、与治理理论的结合

政策网络与治理理论的结合由来已久。早在第三代政策网络研究之前,研究者就把政策网络看成区别于官僚制和市场化的一种治理模式,提出网络治理(network governance)。网络治理为利益团体参与政策过程、影响政策结果提供机会,同时也是政府管理社会、调控资源的重要工具。目前,这一进路的研究主要致力于以下几方面的工作:(1)探讨政策网络对治理的作用,并分析如何实现有效的网络治理[①];(2)探讨政策网络结构的类型、特征与有效网络治理之间的关系[②];(3)探讨网络治理中民主参与的过程和结果,即分析网络治理的参与者、参与者的利益表达以及对治理绩效的影响[③];(4)探讨网络治理的政策工具。

在此基础上,第三代政策网络研究也在尝试将社会网络分析的方法和技术运用于网络治理。但由于治理理论本身不像社会资本理论那样有较好的定量研究基础,所以这一方向至今尚无明显进展。

四、与博弈生态学的结合

何为博弈生态学? 众所周知,博弈论主要分析两个或两个以上的博弈者在一个场域中的目标、角色、战略。但在现实生活中,博弈者会把一个场域的博弈带到另一个场域中,比如银行家会为了自己的特定目的去利用政治家和新闻记者,反之亦然。这种场域的相互作用和相互影响会形成无法

---

① Jones C, Hesterly W S, Borgatti S P. A general theory of network governance: Exchange conditions and social mechanisms. Academy of management review, 1997, 22(4): 911-945.

② Provan K G, Kenis P. Modes of network governance: Structure, management, and effectiveness. Journal of public administration research and theory, 2008, 18(2): 229-252.

③ Sørensen E. Democratic theory and network governance. Administrative Theory & Praxis, 2002, 24(4): 693-720.

⑪ Elliott O V, Salamon L M. The tools of government: A guide to the new governance. Oxford University Press, 2002.

⑫ Parker R. Networked governance or just networks? Local governance of the knowledge economy in Limerick (Ireland) and Karlskrona (Sweden). Political Studies, 2007, 55(1): 113-132.

⑬ Christopoulos D C. The governance of networks: Heuristic or formal analysis? A reply to Rachel Parker. Political Studies, 2008, 56(2): 475-481.

预料的类生态功能。这就是博弈生态学(Ecology of Games)[①]。或许博弈
生态学实在是太超前于博弈论了。因此,这一进路的研究通常也只是定性
的案例研究。但第三代政策网络研究与博弈生态学结合后,就可以运用社
会网络分析方法定量研究政策网络内的博弈生态了。它既可以检验政策网
络内行动者博弈行为的相关理论[②],也可提出变量之间的相关性[③]。当然,
从某种意义上说,新制度主义理性选择、博弈论、博弈生态学最基本的假设
都是基于理性选择的。第三代政策网络研究与博弈生态学相结合后,更适
合分析复杂社会现象的理性选择行为,从而得出更具解释力的研究结论。

　　至此,本文综述了第三代政策网络研究中几个比较重要的理论结合进
路。事实上,它还可与组织理论结合[④]、与博弈论结合[⑤]等。同时,它在组合
多个理论时也显示出很好的发展前景。第三代政策网络研究在理论上强大
的包容性使其具有以下三个优势:一是它更适合于复杂社会的研究需求;二
是它为不同学术背景的学者在政策网络研究中找到了共同的兴趣点;三是
它为产生并丰富政策网络理论提供了良好的平台。

第三节　政策网络对中国地方政府治理经验的包容性

　　第三代政策网络研究因其良好的包容性显示出强劲的发展势头,于是
我们要问:第三代政策网络研究能否包容中国地方政府治理的经验呢? 如
果能够的话,运用它来研究中国地方政府治理现象时面临着什么样的优势
和劣势? 可能在哪些方面基于中国地方政府治理经验做出应有的理论
贡献?

---

① Long N E. The local community as an ecology of games[J]. American Journal of Sociology, 1958, 64(3): 251-261.

② Cornwell B, Curry T J, Schwirian K P. Revisiting Norton Long's ecology of games: a network approach. City & Community, 2003, 2(2): 121-142.

③ Lubell M, Henry A D, McCoy M. Collaborative institutions in an ecology of games. American Journal of Political Science, 2010, 54(2): 287-300.

④ 参见 Milward H B, Provan K G. Measuring network structure. Public administration, 1998, 76(2): 387-407.

⑤ 参见 Walker A. Understanding social capital within community/government policy networks. Social Policy Journal of New Zealand, 2004: 1-18.

　　首先,第三代政策网络研究能否包容中国地方政府治理经验呢? 持否定观点的学者认为,由于政治、行政体制和社会文化等诸多差异,中西方国家地方政府治理的政策结构和过程大相径庭。中国并不像西方国家那样在政府、经济、社会等领域形成了多个利益主体之间的合作和协调。因此,用政策网络理论来分析中国地方政府治理现象是不恰当的。但是,需要指出的是,合作与协调并不是形成政策网络的必要条件。它是政策网络运转良好的条件。形成政策网络的两个必要条件是:一、多个利益主体;二、利益主体之间的互动。对于第一个条件而言,当下中国在经济、社会领域的利益分化已无须赘述,即便在行政领域也出现明显的利益分化。在政府组织内部,从"条"上看,各级政府事实上是不同的利益主体;从"块"上看,各部门参与多属性的公共政策时,亦是不同的利益主体①。但对于第二个条件"利益主体之间的互动",有学者认为,中国地方政府治理经验是"高位推动"②、"运动式治理"③、"政治势能"④。事实上,随着社会、经济的发展,如今的"高位推动"和"运动式治理"并不像解放初那样纯粹是严厉的自上而下层级控制,更多的是一种促进各层次、各部门合作与配合的政策手段。因此,如果从政策网络管理的视角来理解"高位推动"和"运动式治理",可以解读成网络治理以促进政策网络内的合作与协调。这样的解读更符合也更有利于中国地方政府治理实践。由此可见,从政策网络形成的两个条件来看,政策网络是能够包容中国地方政府治理经验的。

　　其次,尽管第三代政策网络研究具有很好的包容性,但中国地方政府治理的经验不同于西方国家,运用政策网络进路来研究中国地方政府治理问题时所面临的优劣势也是不同的:(1)中国处于转型期的社会结构,是中国政策网络研究最具挑战性的优势。中国改革开放 30 年以来的发展,是通过经济体制转轨和社会结构转型来实现的⑤。中国社会结构转型既有从传统

---

　　①　贺东航,孔繁斌.公共政策执行的中国经验.中国社会科学,2011(5):61-79+220-221.

　　②　同上。

　　③　李斌.政治动员与社会革命背景下的现代国家构建——基于中国经验的研究.浙江社会科学,2010(4):33-39+126.

　　④　贺东航,孔繁斌.中国公共政策执行中的政治势能——基于近 20 年农村林改政策的分析.中国社会科学,2019(4):4-25+204.

　　⑤　郑杭生.改革开放三十年:社会发展理论和社会转型理论.中国社会科学,2009(2):10-19+204.

向现代的转型,也有现行体制在面对复杂社会问题时所做的应对性转型。但是人们不确定中国社会结构转型的结果是什么,甚至不明确当下的社会结构究竟怎样,以及在转型过程中遇到了什么样的问题。而这些问题均能借助政策网络具体的经验研究来展现和回答。由此可见,中国社会所处的特殊时期,于政策网络研究而言,既是挑战又是优势。相对于西方国家已经定型的政策网络结构而言,转型中的政策网络结构有着更丰富的理论内涵。(2)中国地方政府治理现象的复杂性,既是中国政策网络研究的劣势,同时也是优势。中国地方政府治理现象比西方国家的复杂。这种复杂性主要来源于以下三方面。首先,中国政策网络中行动者之间的互动可能是间接的、多场域的、非即时的,不像西方国家那样是直接的、制度化的。其次,转型中的政策网络结构的变数大。由于制度的不稳定以及正式与非正式制度的冲突,在中国地方政府治理实践中,政策网络的结构是会不断转变的。最后,"关系"①更增加了中国政策网络分析的复杂度。这主要是因为:第一,"关系"与政策网络研究的个体理性假设之间存在着微妙差异。"关系"中的个体既是理性的,又是非理性的。第二,"关系"很难进行定量化研究。第三代政策网络研究的巨大进步之一就是定性与定量研究的结合。但"关系"是华人社会人与人之间的微妙关系,很难收集数据加以定量研究②。上述中国政策网络结构特征和公共政策现象的复杂性,增加了研究者在分析中国政策网络时的难度。但是研究者如果能解决困难,哪怕是只前进一小步,也是对政策网络研究巨大的原创性贡献。

最后,基于上述分析,笔者认为,在努力发挥中国政策网络研究优势的基础上,我们至少可以在以下几方面做出理论贡献。一、转型社会的政策网络结构特征、类型及相关理论。与西方国家基本定型的政策网络结构不同,中国的政策网络结构是多样且多变的。在中国地方政府治理经验中,有时正式制度影响政策网络结构,有时是非正式制度,有时则是正式制度和非正

---

① "关系"是理解中国社会结构关键性的社会文化概念。金耀基.关系和网络的建构——一个社会学的诠释.二十一世纪（香港）,2009.

② 当然,学者们也在定量研究"关系"上做了不少努力。如邱展谦,洪晨桓,祝道松等.知觉关系量表之发展.管理评论,2007,26(1):47-70;边燕杰、刘翠霞,林聚任.中国城市中的关系资本与饮食社交:理论模型与经验分析.开放时代,2004(2):93-107;Luo J D. Guanxi revisited: An exploratory study of familiar ties in a Chinese workplace. Management and Organization Review, 2011, 7(2): 329-351.

式制度共同起作用；有时是自上而下权力控制下的合作，有时又是自下而上放权搞活后的互动；有时是政府、经济二模（mode）交叠的政策网络结构，有时是政府、社会的二模交叠，有时则是政府、经济、社会的多模交叠。这些多样且多变的政策网络现象，需要从理论层面加以概括与提炼。二、影响转型社会的政策网络内行动者互动行为的因素，如信任、行动舞台、合作者选择等等。在西方国家的政策网络中，成熟的正式制度和传统习俗整合在一起共同提供行动者的互动平台。但转型国家的正式制度往往是不成熟且多变的，正式制度与非正式制度又彼此脱节。在这样的制度环境下，政策网络内的行动者的互动基础是什么？这不仅仅是中国的问题，也是所有转型国家所面临的共同问题。三、"关系"对中国政策网络内人际互动的影响，以及对政策网络结构转型的影响。"关系"广泛存在于华人社会的人际互动之中。"关系"如何影响华人社会的政策网络内行动者的互动？它与西方国家政策网络内的人际互动有什么区别，又如何影响政策绩效？它对政策网络结构的转型起着什么作用？这些问题都亟须在理论和经验层面做出回答。四、转型社会的政策网络治理策略。有了上述问题的研究铺垫，我们就可以从网络治理的层面对转型社会的政策网络管理提出更有现实意义的应对性策略。

对中国地方政府治理的研究是通过案例分析开展的。为什么选择案例分析，细想起来主要有以下几个原因。首先，由于中国地方政府治理受到政治、行政体制、地方经济社会行政状况、地方行政文化、领导者个体因素、地方公民素养等因素的影响，解释中国地方政府治理现象的理论依靠多种而不是单一的证据材料。案例所能提供的信息和证据材料比其他方法(如实验、定量模型分析)要丰富得多。其次，近十几年来，中国地方政府治理中确实呈现出许多精彩的案例。这些案例充分展现了改革开放以来不断变迁的环境带给中国地方政府治理的问题、挑战和人们为之所做的诸多努力。对这些案例的解释是对理论创新的巨大挑战，也是很好的机遇。最后，当然本研究以案例分析的方式展开不可排除地有个人研究的路径依赖问题。作者从 21 世纪初开始调研第一个案例——宁波市 1999—2003 年的行政审批制度改革[①]以来，一直关注着宁波市行政审批制度的案例，由此也逐渐关注到地方政府治理的其他案例和中国与西方国家地方政府治理的不同案例。

因此，本研究的案例分析概括起来，主要包括以下三个方面的内容：一是，宁波市 1999—2015 年的行政审批制度改革的案例。在这个时期，宁波市的行政审批制度改革经历了试点审改阶段的"削减审批事项"，后来的"规范政府行为""成立行政服务中心""设立审批处"，以及再后来的"联合审批"和"行政审批标准化"；等等。在对这些改革案例的跟踪调研中，作者明显感受到了不同时期改革政策的推行方式和改革效果的不同。由此引发了作者对政策结构的思考，以及对政策结构—政策过程—政策结果的考察。二是，地方性高校治理的案例分析。在地方政府治理的研究中，地方性高校的治理充分体现了中央、省、市等各级政府、地方性高校及其各类行动者、社会领域各类行动者的互动。本研究就地方性高校治理中两个新兴且备受关注的问题("学科大类"培养模式和"学科—专业—产业链")作为案例，从政策网

---

　① 龚虹波：政府组织内的制度变迁：对宁波市行政审批制度改革案例的解释(1999—2003)，浙江大学硕士学位论文，2003。

络视角出发,分析地方性高校治理的结构、过程和结果。三是,水资源环境治理的案例分析。首先,本研究比较了四个水资源管理政策网络。坦帕湾和圣·安德路斯湾均位于美国的佛罗里达州,均采用"水资源合作伙伴"的治理模式,不同之处在于前者有政府支持的 NPE 项目,而后者没有。通过比较分析,发现这两个水环境治理政策网络存在巨大差异。其次,本研究以鄞州区水资源管理作为中国"最严格水资源管理"的典型案例与坦帕湾"水资源合作伙伴"政策网络进行了比较。最后,本研究定性、定量分析了坦帕湾河口计划政策网络运作机制及其对流域水环境治理绩效的影响。

综上所述,本研究的案例研究采用的理论进路无论是行政审批制度改革研究结构转换还是政策网络理论,均采用结构和行为互动的视角。在这一理论下,案例研究分布在政府组织内的改革(行政审批制度改革)、事业单位的改革(地方性高校治理)和社会领域内的治理(水资源管理)。可以说,案例涉及了我国地方政府治理的各个领域。这些案例研究的目的只有一个,即发现潜藏在我国地方政府治理现象之后的各种规律。

第九章 "自上而下""自下而上"的政策路径和政策手段

党的十八大报告指出,要深化行政审批制度改革,继续简政放权,推动政府职能转变。事实上,改革开放以来,我国各级政府进行过六轮大规模的行政审批制度改革,投入了大量的精力和财力。然而,到目前为止,行政审批制度改革在转变政府审批方式、规范政府审批行为上依旧举步维艰。如何能做到"真正简政放权、转变政府职能"呢? 宁波市 1999 年以来的审改历史展现了我国目前普遍采用的"自上而下"审改模式的困境,同时也显示出"自下而上"促动审改的若干端倪。

第一节 解读宁波市的审改历程(1999 年至今)

1999 年 7 月,省委省政府决定将宁波市作为浙江省唯一的试点城市先行审改。就改革核心内容来看,其历程可分成四个阶段。

一、从"技术处理"到成功"削减审批事项"

1999 年 7 月,宁波市领导根据省委、省政府的要求,借鉴深圳等地的经验,确定试点审改的目标:取消 40% 以上的审批事项[①]。面对这一刚性指标,市各审改部门采取了或明或暗的应对性策略。面对这种态势,市长、市委书记高度重视并形成改革的合力。张蔚文市长主持审改的日常工作;黄兴国书记则亲自到各审改部门了解情况并检查、督促审改[②]。同时,党务部门特别是市委组织部和宣传部对审改工作的全程介入,形成强大的舆论攻

---

① 宁波市审批制度改革领导小组办公室:《宁波市审批制度改革实录》,2001 年,第 5—11 页。
② 宁波市审批制度改革领导小组办公室:《宁波市审批制度改革实录》,2001 年,第 18—28 页。

势,并要求各级干部"换思想",必须以审改大局为重、放弃狭隘的部门利益和个人利益,否则就要"换人"(撤职或换岗)①。在"运动式治理"的高压下,宁波市削减审批事项取得了显著成效。截至 2000 年 1 月,审批事项由原来的 1289 项减少到 668 项,减幅为 48.2%②。

二、从难以为继的"规范政府行为"到成立"经济发展服务中心"

从统计数字上看,宁波市削减审批事项的目标超额完成了。但原先的部分审批事项转变成了政府日常工作③。那么,这些不再被称为审批事项的事项将如何运作?这关系到审改是否真正做到了简政放权、转变政府职能。从 2002 年底至 2005 年,宁波市进入"规范政府行为"的深化审改阶段。2005 年底,市审改办向市审改领导小组各位领导递交了《关于我市三轮审改各项任务进展情况简要汇报》。汇报指出,规范政府行为的 9 项审改政策,其中有 4 项完成较好,3 项尚需推进,还有 2 项因无法推进而尚需论证。笔者认为,这是评价宁波市规范政府行为审改政策执行成绩的最高线。事实上,即使属于完成较好的"全面清理行政审批事项",由于当时对清理的标准尚不清晰,审改部门又缺乏参与的积极性,也没有达到应有的效果。

三、从三不到位的"中心"到"部门内审批职能归并"

面对"规范政府行为"难以推进的困境,加之当时"行政服务中心"在全国各地纷纷涌现,宁波市便顺理成章地成立了"市经济发展服务中心"(简称"中心")。"中心"承载了市领导推进"规范政府行为",使行政审批"高效、透明、便捷"的愿望。但是,"中心"召开成立一周年的座谈会时,"中心"管委会主任指出,"中心"存在职能不到位、人员不到位、授权不到位的"三不到位"现象④。从"中心"面临的问题中,市领导逐渐认识到"规范政府行为"光有"中心"是不够的,必须促动各审批部门的职能转变。从 2004 年到 2007 年,

---

① 龚虹波:"调查访问材料",2002 年 11 月 25 日。

② 宁波市审批制度改革领导小组办公室:《宁波市审批制度改革情况介绍》,2002 年 8 月 8日。

③ 据统计,深化审改阶段结束后,转入政府日常工作和保留备案事项数分别是 303 项和 101项。根据甬政办发〔2002〕第 264 号文件所附具体事项目录统计。

④ 龚虹波:"调查访问材料",2005 年 1 月 27 日。

宁波市推出了"部门内审批职能归并"改革①。要求各审批部门从内部的职能调整入手,实现审批与监管相分离,部门内的所有审批职能归并到一起,代表本部门集中办理法定的行政审批事项②。

四、从成立"行政审批处"到"行政审批服务标准化建设"

2008 年,宁波市在"部门内审批职能归并"的基础上,将各部门的审批职能独立出来,设立"行政审批处"③。各局的审批处处长带领业务骨干进驻"中心",承担全局的审批工作。至此,宁波市审批与监管相分离的正式组织结构改造基本结束。2010 年 5 月,市政府下发了《推进行政审批服务标准化建设的实施意见》④,通过建立单个事项审批标准、多部门联合审批标准来破除管理本位思想、全能型管理理念,以规范审批行为、压缩审批自由裁量权。2013 年 7 月,宁波市根据中央、省的决策部署,结合本市实际下发了《宁波市人民政府关于深化行政审批制度改革的实施意见》(甬政发〔2013〕88 号),又开始了新一轮的深化审改。本轮审改的总体目标依旧有行政理念更新、政府职能转变、行政管理方式和手段的创新、行政效能提升⑤。

从宁波市试点审改时下发第一个《审改实施意见》到 2013 年下发的《深化审改实施意见》历时近 15 个年头。不可否认,在这 15 年里,宁波市在审改工作中投入了巨大的精力和财力,也取得了一定的成绩。但对比这两个相隔 15 年的审改文件,我们也可以发现,审改的核心问题"转变政府职能、规范政府行为"依旧没有得到改变。

---

① 宁波市审改办:《关于进一步深化行政审批制度改革推进行政机关内设机构审批职能整合的意见》,2007 年 9 月。

② 《关于进一步深化行政审批制度改革,推进行政机关内设机构审批职能整合的意见》(甬党〔2007〕18 号)。

③ 《关于进一步深化行政审批制度改革,推进行政机关内设机构审批职能整合的意见》(甬党〔2007〕18 号)。

④ 《关于深化行政审批制度改革推进行政审批服务标准化建设的实施意见》(甬政发〔2010〕45 号)。

⑤ 《宁波市人民政府关于深化行政审批制度改革的实施意见》(甬政发〔2013〕88 号)。

第二节 "自上而下"审改的局限性

纵观宁波市 15 年的审改历程，我们发现，它基本是在我国各级政府普遍采用的"自上而下"的审改模式中进行的。所谓"自上而下"的审改，是指审改的大部分决策权由最高领导层掌握，由他们制定审改政策、负责配置资源，协调监督落实。审改任务在政府组织内部层层发包、层层控制。在这一行政模式下推进审改的主要政策手段是："指标"管理、"运动式治理"、"正式制度改造"。这些手段虽有成效，但都有一定的局限性。

一、"指标"管理的局限性

在宁波市的审改中，最成功的似乎是以量化指标来管理的"削减审批事项"。宁波市不到 1 年时间完成了 48.2% 的削减指标，却用了 10 多年时间来规范政府行为，且尚在努力之中。"指标"管理之所以容易取得成功，主要是因为其绩效容易考核，领导者便于管理、检查，赏罚有据。但"指标"管理在应用上有前提条件和局限性的。第一，确定科学的指标需要科学的统计方法和系统支撑。目前，我国政府没有专门的行政审批相关数据的统计。每一轮审改前，总是各审批部门先自清自查，然后上交审查。而且因为相关法律、法规的变动，社会、经济的发展，审批事项又在不断变化之中，因此，每一轮审改收集的数据都会有变动甚至是较大的出入。这为审批部门的"技术处理"提供了策略空间。第二，"指标"管理需要民主的行政协商机制支撑。尽管"指标"管理便于硬性考核，但"指标"不应是简单的控制工具而是国家主导下的集体协商平台[①]。在高指标、政治动员、改革试验的施政模式下，官员会形成追求"数值政绩""数据造假"的官场潜规则[②]。这不仅削弱"指标"管理的效度和信度，而且为以后的社会改革和发展埋下了巨大隐患。第三，许多审改政策无法进行量化"指标"管理。"指标"管理只适用于可以

---

① 吴清军.集体协商与"国家主导"下的劳动关系治理——指标管理的策略与实践.社会学研究,2012,27(3):66-89+243.

② 李若建.指标管理的失败："大跃进"与困难时期的官员造假行为.开放时代,2009(3):84-96.

量化的改革事项,比如"削减审批事项"。但有许多审改政策是无法进行量化的。比如"强化规则管理制"。如何强化? 强化什么规则? 规则如何制订? 如何执行? 这些关系着政府行为方式转变的核心问题都无法量化考核。同时,由于行政生态环境的复杂性,审改所产生的经济绩效、社会绩效也无法直接考量。

二、"运动式治理"的局限性

"运动式治理"是新中国成立乃至改革开放后较常采用的政策执行模式。在"运动式治理"的审改模式下,审改决策团体的目标一致、权力高度整合,将审改提升到意识形态高度并对审改政策执行成效进行严厉的奖惩。

纵观宁波市的审改史,每一次审改的推进都有"运动式治理"的作用。但我们也看到,审改中有许多问题是"运动式治理"无法解决的。根据"目标—利益"二维政策分类模型(见表9.1)分析宁波市审改政策的执行现象可以发现:首先,"运动式治理"模型往往运用于目标明确、利益冲突的第③类审改政策的执行中[①]。如"消减审批事项""成立经济发展服务中心"等。其次,运用"运动式治理"模式来推动第③类审改政策的执行时,也有其适用范围。表9.2是引入"手段—利益"变量对表9.1的第③类审改政策所做的分类模型。其中第③—2类的政策目标清晰,实现政策目标的手段也清晰。这一类政策运用"运动式治理"模式的效果就比较好,如成立"中心"、成立审批处等;第③—1类的政策目标清晰,但如何实现政策目标决策团体并不清晰。这一类政策运用"政治运员"模式就难见成效。如"宁波市经济发展中心"成立后的运作、"规范政府行为"等。这主要是因为,在手段模糊的审改政策的执行中,审改决策团体虽然可以通过人员、物资的配备来影响各审改部门,但具体如何改革的决策权,事实上是由审改决策团体和执行团休分享的。其次,决策团体的注意力不可能一直集中在某一项改革上。因此,依赖"运动式治理"模式推进的改革会出现反复。当该模式启动时,审改政策似乎贯彻下去了,但一旦高度整合的权力撤退,改革又回到原地甚至是倒退。而"正式制度改造"恰恰是为了弥补"运动式治理"模式的这一局限性。

---

① 第①类政策,目标清晰、利益冲突性低,这类政策通常用"自上而下"的行政体系控制;第②类政策,利益冲突性低,但目标模糊;这类政策通常可以用"自下而上"的街道层官僚根据具体问题情境解决;第④类政策,目标尚未确定,且改革政策利益冲突性高,此时政策执行往往是象征性的。

表 9.1　政策分类的"目标—利益"二维模型①

目标	利益	
	低冲突性	高冲突性
低模糊性	①	②
高模糊性	③	④

表 9.2　第③类政策引入手段变量后的分类

目标	手段	
	模糊	清晰
低模糊性	③—1	③—2

三、"正式制度改造"的局限性

在宁波市 15 年的审改中,正式制度改造的具体政策包括成立"中心""部门内审批职能归并""成立审批处"和"行政审批标准化建设"。这些改革使宁波市在建立"批管分离"的审批体制和规范审批规章上颇有成效。同时,在改革理念的更新和改革氛围的营造上也起到了一定作用。但是,我们同时也发现,要让正式制度改造对政府行为产生有效的影响却是不容易的。因为它必须实现与非正式制度的磨合。比如成立"中心"后出现的"三不到位"问题,向我们展示了正式的组织结构只是审批权力分配的一个层面,基于习惯和利益形成的非正式权力分配机制则是另一个层面。这两个层面错位时,就形成了"中心"的形式化。再如,在宁波市行政审批制度标准化建设中,我们可以为每个审批事项建立标准,把每个事项的准入资格、条件格式化,审批要求、前置条件、审批程序等都罗列清楚。但是这些审批标准在具体的执行过程中,还是受行政习惯、行政文化的影响和牵制。因此,"正式制度改造"永远替代不了人的积极性的发挥。

①　Matland R E. Synthesizing the implementation literature: The ambiguity-conflict model of policy implementation. Journal of public administration research and theory, 1995, 5(2): 145-174.

第三节 "自下而上"审改的政策手段

从宁波市的审改经验看,"自上而下"的改革在一定范围内是有效的,但其无论在适用范围还是政策效果上都有很大的局限性。许多审改政策本身就决定了它不能简单地依靠"自上而下"的命令与控制,而必须以"自下而上"的政策路径来加以贯彻和推进。笔者认为,审批部门的利益也并非铁板一块。我们可从调动两方面的"积极性"入手,来寻找实现"自下而上"审改路径的政策手段。

一、调动审改部门的积极性,实现改革路径的"上下联动"

如前所述,"自上而下"的改革在面对目标清晰但手段模糊的审改时显得力不从心。而这类改革在审改中是普遍存在的。因此,审改需要充分调动审改部门的积极性,因为审改部门最知道具体的审批环节和实际的操作过程。那么如何调动这些部门的积极性呢?

(一)通过带着"规则"下放行政审批权来调动审改部门的积极性

我国从计划经济向市场经济转型的过程中,较多的行政审批权保留在上级政府。这种行政审批权配置方式对我国社会、经济的发展,特别是优化产业布局而言有很大的作用。但是,随着我国市场经济体制基本确立、地方政府发展经济和社会的积极性进一步调动,行政审批权过多地保留在上级政府已很难产生理想的效果。因此,需要把行政审批权下放到市级和县(市)、区级乃至乡镇政府。在此需要指出的是,"下放"不应该是简单的"放"后不管,而是转变管理的方式,即由原来的微观审批转变到"规则管理"。

众所周知,行政审批权的核心是自由裁量权问题。一般来说,法律、法规规定的行政审批条件和标准往往是原则性的,比较模糊、笼统,缺乏可操作性。因此,具体实施行政审批的部门在细化审批条件和标准的过程中就有了较大的自由裁量空间。基于此,上下级审批部门可以从自由裁量权入手来分配行政审批权。具体而言,上级审批部门可以就各审批事项的审批条件和标准做出清晰的、可操作的规定。而将执行这些审批条件和标准的权力"下放"给市级和县(市)、区级乃至乡镇政府。

带着"规则"下放行政审批权，不必担心出现"一放就乱"的局面，还调动了下级审批部门参与审改的积极性；对上级审批部门来说，能够从制订行政审批条件和标准的角度，做好辖区产业结构调整、政府职能转变、社会组织培育的制度顶层设计，同时也有清晰的标准和更多的精力监督辖区行政审批权的行使状况。

（二）通过充分授权调动各级"审改办"的积极性

目前，宁波市各级政府都设有审改领导小组办公室。各级审改办和审批部门交往多，有业务经验且无审批利益，有着推动审改的强烈意愿和动力。因此，领导应该对这些部门充分授权，让它们在审改工作中拥有更高的威信。如果能调动各级审改办的积极性，则能很好地弥补"自上而下"的审改模式下，领导者信息缺乏、精力不够、关注难持久的不足，从而取得良好的审改业绩。如象山县对县审改办充分授权，许多经验如成立"中心""职能归并""联合审批""电子监察系统"等都是由象山推出，并在全市乃至全省推广的。

二、调动民间力量的积极性，实现改革力量的"里应外合"

从宁波市的审改经验看，改革的发起者和推动者是政府组织内的领导者。审改的直接获益者——企业主和公民还没有参与到改革中来，成为审改的推动者。导致这一现象的主要原因有二：一是，我国目前的行政体制还没有让公民和团体参与审改的制度化途径；二是，中国的民间团体还没有成熟到让政府放心让渡审批权的程度。基于此，笔者认为，可采用以下三种政策手段来调动民间力量的积极性。

（一）通过制度建设充分吸纳老百姓参与审改

为了审改政策的有效执行，领导要在审改决策阶段，主动走群众路线，吸纳民意。具体如设立审改听证会、审改"官、民"座谈会、审改"海选"决策制。在出台重要的审改政策之前，请相关人员、相关行业的代表来听证、论证其合理性和可行性，并参与决策方案的选择。审改实行一段时间后，还可实行审改匿名回访制，倾听老百姓对审改的反馈意见。比如，宁波市2011年出台了"联合审批"政策，设计得很好的改革思路并没有得到老百姓认可，老百姓还是宁愿自己一家家跑。最后，政府不得不修改政策，让老百姓自己选择参加或不参加联合审批。如果能在审改的决策阶段听到老百姓的声音,那么在政策执行中就不会遇到那么多的困难。

(二)采用分步走的方式引导、培育、监管行业协会参与审改

目前,政府对审批权转移给行业协会等社会组织的担忧主要有两点:一是怕社会组织管理能力不够,影响审批质量和效率;二是怕让渡审批权后社会组织腐败,导致混乱和无序。针对上述担忧,笔者认为,可以采取分步走的改革方式:第一步,先让行业协会与政府部门两条道审批,政府监管;第二步,行业协会审批,政府监管;第三步,待条件成熟后,行业协会独立审批。比如,工商局的"知名商标的认定"。在采取分步走的改革时,首先由工商局和各行业协会根据相关规定来认定知名商标,企业既可以去工商局审批,也可以到行业协会审批。工商局和行业协会的审批材料相互备案;试行几年后,如果行业协会的审批得到政府和社会认可,则工商局退出,履行监管职能。再试行几年,条件成熟后,则工商局完全退出。

(三)采用政府购买的方式来实现审批权向社会组织的转移

有些行政审批职能,如行业准入审核、等级评定、资格类辅助审批、统计分析、决策论证等可通过政府购买的方式向社会组织转移。政府可通过公开招标的方式向社会组织或企业购买相关服务,并按政府采购相关规定和标准执行。广东省佛山市顺德区自 2012 年起试水政府职能向社会转移,根据社会组织和企业的承接能力,还区分行政审批职能的完全转移和部分转移。从总体上看,这种政府购买的方式既有利于政府转变职能,调动社会组织和企业参与审改的积极性,同时也有利于对行政审批权实施有效的监管和评估。

第十章　从"运动式治理"到"结构改造"

行政审批,是政府调控社会资源的微观规制手段。我国的行政审批制度形成于计划经济时代。随着经济转型的不断深入,该制度日益显露出阻碍社会、经济发展的种种弊端。改革开放以来,我国政府曾两度花大力气清理审批事项,以调整政府与市场、社会的关系。但"脸难看,事难办,图章能把腿跑断"这句反映行政审批难的顺口溜依旧在老百姓中流传。1997年10月,自深圳市试点审改以来,我国各级政府又掀起了第三轮审改热潮。宁波市从"运动式治理"到"结构改造"的审批制度改革就是在这一期间展开的。

第一节　削减审批事项:"运动式治理"的成效

1999年7月,浙江省委、省政府决定将宁波作为唯一的试点城市先行审改。其时,柴松岳省长在省委十届二次全会上指出,宁波作为全省的审改试点城市要立即开展工作,争取半年出成果,然后在全省推广,并要求省政府各部门给予大力支持①。省里的决定以及省长的讲话作为政策资源拉开了宁波市审改的帷幕。

宁波市政府领导根据省委、省政府的要求,借鉴深圳等地的经验,确定试点审改削减审批事项40%的量化指标。对市政府领导来说,这一审改目标如果能在常规的政府运作中实现,无疑是最省心省力的事。但事与愿违,宁波市各审改部门都或明或暗地回避这一审改政策的执行。

从明处说,各审改部门在执行该审改政策时确有实际的操作性困难,如上级法律、法规有明确规定的审批事项,难以取消;有些审批事项的取消,涉及不少部门的重新协调,在执行上有很大难度;等等。于是,审改办与各审

---

① 宁波市审批制度改革领导小组办公室.宁波市审批制度改革实录.2001,P5-11.

改部门在削减审批事项上就产生了很大分歧。例如,在深化审改阶段,对原有 733 项审批事项的改革意见,审改办认为削减审批、核准事项 229 项;审改部门却坚持只能削减审批、核准事项 187 项①。从暗处看,各审改部门在自查自清、上报改革方案时搞上有政策、下有对策,对审批、核准项目做了不少"技术处理"。如把几个审批项目合并为一个;把应该取消但又不想取消的项目,主要是一些有经济收益的项目,挂靠到绝对不会取消的项目上②。

各审改部门的这些策略行为如果不能改变,那么宁波市的试点审改将以失败告终。于是,市政府领导面对这种改革态势,开始了审改的"运动式治理"模式。

这一模式具体表现在高度整合领导的权力,并通过意识形态和政治控制来驱动审改政策的执行。第一,宁波市市长与市委书记对审改工作的高度重视。1999 年 8 月 20 日,宁波市召开试点审改动员大员,市长张蔚文和市委书记黄兴国都做了富有实质性内容的讲话。此后,张市长主持审改日常工作,定期召开市审批制度改革领导小组会议。黄书记则亲临现场,深入各审改部门检查工作,并在 9、10 两个月内做了四次重要讲话③。市政府主要领导对审改的高度重视,大大加强了市政府领导权力整合的可能性。第二,市委组织部和市委宣传部的介入。这两个部门作为市委对审改工作的支持部门,对成功削减审批事项起了重要作用。具体而言,市委组织部采用干部审改工作月报制度,同时深入基层调研掌握各级干部在审改中的动态和工作表现,并与干部的考核使用结合起来,要求各级干部"换思想"(以审改大局为重,放弃狭隘的部门利益算计),对不"换思想"抵制审改者则要"换人"(撤职或换岗)④。市委宣传部则运用舆论宣传攻势促进审改。在审改发动期间,宁波市各大新闻媒体根据市委宣传部的部署做了大量宣传报道。据笔者统计,从 8 月 23 日到 9 月 6 日近半个月内,《宁波日报》总计发表了 17 篇包括《一场硬仗》《坚决排除发展障碍》等的评论员文章和《八十六枚大印竟盖不出一个房产项目》等一系列记者采访报道。第三,把削减审批事项提升到我党所倡导的意识形态高度。在审改发动期间,市政府领导自觉地

---

① 邱士金.关于深化审批制度改革实施方案有关问题的说明.2002 年 9 月 3 日.

② 本报评论员.不能搞"技术处理"[N].宁波日报,1999-09-25(1).

③ 宁波市审批制度改革领导小组办公室.宁波市审批制度改革实录.2001,P8-28.

④ 龚虹波.调查访问材料[R].2002 年 11 月 25 日.

把审改者的表现与"三个代表"思想结合起来,与解放思想、与时俱进加强地方经济建设结合起来,并作为对干部、党员党性原则的一种考验。在试点审改及深化审改动员大会的领导讲话中,可在多处看到这种意识形态的宣传和教育①。

由此可见,在"运动式治理"模式下,审改执行者的策略选择将不再仅仅是维护部门利益,同时也可能是在审改中维护或提升自己的政治资源。因此,宁波市削减审批事项的审改取得了显而易见的成果。

1999年7月,宁波市在试点审改之前共有1289项审批事项。到2000年宁波市行政审批事项减少到668项,减幅为48.2%②。在2000年下半年开始到2002年12月的审改深化阶段,宁波市再次削减审批事项,对原保留的668项审批事项和新增的65项审批事项进行清理,改革后减少为281项,减幅为61.7%③。2003年初,市审改办对两轮审改中削减的审批事项的统计结果如表10.1所示。在宁波市行政审批制度发生这一变化的同时,一些原先的审批事项,都纷纷转入了政府日常工作和保留备案事项。据统计,深化审改阶段结束后,转入政府日常工作和保留备案事项数分别是303项和101项④。表10.2反映的是宁波市55个审改部门中随机抽取的10个样本,在审改前后的审批事项转变情况。由此,我们可以看出,各审改部门真正削减的审批事项(完全放开的事项)并不像宣传报道的减幅达到48.2%和61.7%。事实上,在表10.2反映的样本中,审批事项削减最多的市发展计划委员会也仅减少了19项,占原有行政审批事项总量的25.3%;最少的市质量技术监督局则一项未减。但是,各审改部门将大量的审批事项转为政府日常工作和保留备案。这些事项以后如何运作?仍旧以审批方式运作,还是以其他方式?这些真正涉及政府职能转变的问题将留待规范政府行为的审改去解决。

---

① 宁波市审批制度改革领导小组办公室.宁波市审批制度改革实录.2001,P5-11.

② 宁波市审批制度改革领导小组办公室:《宁波市审批制度改革情况介绍》,2002年8月8日。

③ 根据2002年11月6日宁波日报上公示的《宁波市清理后行政审批事项目录》统计。

④ 根据甬政办发[2002]第264号文件所附具体事项目录统计。

表 10.1　宁波市审改办 2003 年初削减审批事项统计表（单位：项）

	1999—2001 年行政审批事项			剥离的非行政审批事项	剥离后原实有行政审批事项	依据深化审改方案保留的行政审批事项	削减率
	总计	1999 年保留的事项	1999—2001 年新增的事项				
审批	242	227	15	40	202	120	40.2%
核准	461	441	20	120	341	217	36.4%
合计	703	668	35	161	542	337	37.8%
备案	149	119	30	30	119	180	151.2%

资料来源：笔者根据宁波市审改办内部资料《市级各部门保留、取消、剥离的事务性工作事项目标统计》统计。

表 10.2　宁波市审改前后的审批事项转变情况表① 　（单位：项）

部门	审改事项				
	审改前	审改后			
	审批事项	审批事项	保留备案	政府日常工作	削减事项
市发展计划委员会	75	10	5	41	19
市经济委员会	19	6	4	5	4
市建设委员会	61	12	13	20	16
市交通局	26	12	1	8	5
市对外贸易经济合作局	30	19	1	4	6
市贸易局	13	5	3	3	2
市教育局	29	5	6	11	7
市公安局	44	23	5	12	4
市财政局	42	11		24	3
市质量技术监督局	21	5	12	4	0

第二节　规范政府行为："运动式治理"的失效

2002 年底，宁波市进入规范政府行为的深化审改阶段。此阶段的审改

---

　　①　限于篇幅，笔者在宁波市 55 个审改部门中随机抽取了 10 个部门作为样本。此表根据《宁波市清理后行政审批事项目录》和甬政办发〔2002〕第 264 号所附具体事项目录统计。

目标主要体现在市委、市政府下发的《关于深化行政审批制度改革的实施意见》和《关于进一步深化行政审批制度改革的实施意见》①中。后一份《实施意见》将规范政府行为的政策目标分解成9项主要任务,同时将这些任务在各部门做明确的责任分工,并限定完成期限。因此,考察宁波市规范政府行为的审改结果,主要看这些审改任务到目前为止的完成状况。

2002年至2005年,市审改办对上述9项主要任务进行了跟踪调查。在这些任务执行将近三年时,市审改办向市政府领导递交了《关于我市三轮审改各项任务进展情况简要汇报》的调查报告。现根据调查报告和审改办其他相关文件对审改结果进行分析,结果如表10.3所示。

表10.3　规范政府行为的审改情况分析表

审改任务	完成情况评价②	已完成的实质性工作③	存在的问题④
全面清理行政许可(审批)事项	完成较好	1.审批项目清理 2.制定每一事项的审批运作规范 3.调整进中心的事项和运作程序	1.设立、调整审批项目尚无长效机制 2.非行政审批事项界定、规范不明确 3.取消事项的监管措施尚不明确

<hr>

① 参见甬党〔2002〕12号:中共宁波市委、宁波市政府批转市政务公开暨审批制度改革领导小组《关于深化行政审批制度改革的实施意见》的通知;甬党〔2004〕11号:中共宁波市委、宁波市人民政府批转市政务公开暨行政审批制度改革领导小组《关于进一步深化行政审批制度改革的实施意见》的通知。

其中,《关于进一步深化行政审批制度改革的实施意见》是对《关于深化行政审批制度改革的实施意见》的政策目标和任务的细化和纠正。据市审改办毛捍军先生介绍,2002年,由于当时如何规范政府行为尚无经验,《实施意见》有大的方向和思路,但没有具操作性的任务和分工。2004年下发的《实施意见》则在这方面做了很大改进。事实上,翻阅这两份文件,读者也能感觉到毛先生所介绍的情况。

② "完成情况的评价"采用市审改办向市政府领导递交的《关于我市三轮审改各项任务进展情况简要汇报》的判断。

③ "已完成的实质性工作"是笔者根据《关于我市三轮审改各项任务进展情况简要汇报》的内容所做的概括。

④ "存在的问题"来自中心管委会2004年11月18日的汇报提纲、2005年10月9日中心管委会机关办公会议纪要(5)、2005年11月28日中心管委会关于宁波市招投标统一平台建设情况汇报等材料。

续表

审改任务	完成情况评价	已完成的实质性工作	存在的问题
改革投资项目审批运作制度	尚需推进	无	1.审改政策急需与中央配套 2.在具体改革中难以协调
扩大范围实施行政许可告知承诺制	尚需论证	无	无法推行
加强行政(便民)服务中心建设	完成较好	1.进一步扩大中心的办理事项 2.规范运作程序 3.加强中心的日常监督管理和服务工作	中心进驻部门严重存在"三不"现象,而且一时难以改变
全面深化政务公开	完成较好	文件制订和贯彻落实	中央直属部门、垄断性行业的信息收集和公开的操作问题
培育和规范行业组织和中介机构	尚需论证	无	无法推行
完善集中统一的招投标服务平台	尚需推进	1.起草、下发文件 2.与有关部门进行会商 3.机构设立和人员配备	1.市政府文件难以落实 2.缺乏与法律法规配套的监管工作细则 3.缺乏行政监管的责任追究制度 4.缺乏相应的场所设施
建设网上行政服务平台	尚需推进	1.完成可行性研究 2.市计委批准立项	经费和技术支持
健全行政许可(审批)责任及其追究制度	完成较好	1.建立各项配套制度 2.审改专项效能监察并进行通报	突击式检查,日常监察制度有待完善

表 10.3 显示，规范政府行为的 9 项审改政策执行，其中有 4 项完成较好，3 项尚需推进，还有 2 项因无法推进而尚需论证。笔者认为，这是评价宁波市规范政府行为审改结果的最高线[①]。比如，在笔者看来，尚需推进的 3 项审改结果事实上并不理想。如改革投资项目审批运作制度一项，从其所做的实际工作和存在的问题看，事实上根本无法推进。2 项无法推进、尚需论证的审改政策确实没有任何进展。4 项完成较好的审改政策，也是相对于不理想的审改事项而言的。如全面清理行政许可(审批)事项虽然投入很大精力，仅"制定每一事项的审批运作规范"就花费了中心大量的工作时间，但这项工作并没有达到应有的效果。加强行政(便民)服务中心建设一项也不甚理想。进驻中心的部门大都存在着"职能不到位""人员不到位""授权不到位"("三不到位")现象。比如受理件从窗口进来后，窗口工作人员马上要跑回原部门找处长、局长签字[②]。健全行政许可(审批)责任及其追究制度一项，规章虽然建立但运作还没有制度化。因此，真正有实质性进展的审改只有"全面深化政务公开"一项。退一步看，即便是市审改办认为"完成较好"的 4 项审改政策也都不是规范政府行为的核心政策，而是辅助性和前期性的。核心的审改政策，如"改革投资项目审批运作制度""完善集中统一的招投标服务平台""实施行政许可(审批)告知承诺制"则完成得都不理想或根本无法推进。中心管委会 2004 年底在向市领导的汇报材料中指出，在当前的情况下，刚性的制度落实还有折扣，落实探索性、创新性的举措差距更大。特别是部门的中间环节有"梗阻"现象，真正把改革措施落实到操作层面还有问题。具体领域的审批运作机制还没有根本改观。如投资项目办理效率问题，国务院投资体制改革决定颁发后，如何针对投资项目审批各环节的现状进行合理衔接、统筹改革，还没有提上议事日程；在实际操作中，唯一进行中的海岸工程环境评估问题，海洋渔业局和环保局在如何组织会审问题上经多次协调后，意见仍然无法统一[③]。由此看来，宁波市规范政府行为的审改结果确实不甚理想。

---

① 笔者认为，表 10.3 中反映的成绩可能会与实际不完全符合，但指出的问题肯定存在。这主要是因为，表 10.3 所依据的统计资料是市审改办的相关汇报材料。市审改办在向领导汇报时，可能文过饰非，但绝对没有隐瞒成绩的必要。当然，考虑到领导对审改的重视和汇报的真实性，市审改办也会用恰当的语气反映存在的问题。

② 龚虹波.调查访问材料[R].2005 年 1 月 27 日.

③ 市经济发展服务中心管委会.关于当前审批制度改革工作的汇报提纲.2004 年 11 月 18 日.

宁波市规范政府行为所面临的困境主要是由"运动式治理"模式失效，而常规的政府运作又无法推进审改引起的。那么，为什么"运动式治理"模式能在削减审批事项中取得成效，而在规范政府行为时失效呢？

这主要是因为规范政府行为的审改更难有考量的标准。换言之，在"运动式治理"模式下，市政府领导无法知道各审改部门在执行规范政府行为的审改政策时是否真正效力，或仅仅是故弄玄虚，做表面文章而已。

这种可否考量的差异可从宁波市在削减审批事项和规范政府行为时下发的两个工作指导性文件《宁波市审批制度改革实施意见》和《宁波市深化审批制度改革实施意见》（以下合称"实施意见"）的条文比较中显现出来。

为了说明这一差异，笔者设计了一份比较简明的表格。设计表格的大致思路是，将"实施意见"布置的审改任务按定量型、定性型和兼有型加以分类。定量型审改任务，是指有明确的工作要求、规则、程序，可进行量化考核的任务；定性型审改任务，是指原则性的、有较大弹性的，执行时有较大的自由裁量权的任务；兼有型则介于两者之间。"实施意见"的条文比较分析如表 10.4 所示。由表 10.4 统计得出，"实施意见"总计布置工作任务 103 条，其中定量型任务 47 条，占 45.6%；定性型任务 37 条，占 35.9%；兼有型任务 19 条，占 18.5%。在削减审批事项阶段总计布置工作任务 42 条，其中定量型任务占 69%；定性型任务占 12%；兼有型任务占 19%。在规范政府行为阶段下达工作任务总计 61 条，其中定量型任务占 30%；定性型任务占 52%；兼有型任务占 18%。由此可见，规范政府行为的审改比削减审批事项更难以考量。所以，宁波市政府领导知道，规范政府行为的审改，对宁波市经济、社会的发展是有长远意义的，然而"运动式治理"模式在规范政府行为的过程和结果都难以考量的情况下失去了其曾有的效力。

由表 10.4 统计得出，"实施意见"总计布置工作任务 103 条，其中定量型任务 47 条，占 45.6%；定性型任务 37 条，占 35.9%；兼有型任务 19 条，占 18.5%。在削减审批事项阶段总计布置工作任务 42 条，其中定量型任务占 69%；定性型任务占 12%；兼有型任务占 19%。在规范政府行为阶段下达工作任务总计 61 条，其中定量型任务占 30%；定性型任务占 52%；兼有型任务占 18%。由此可见，规范政府行为的审改比削减审批事项更难以考量。所以，宁波市政府领导知道，规范政府行为的审改，对宁波市经济、社会的发展是有长远意义的，然而"运动式治理"模式在规范政府行为的过程和结果都难以考量的情况下失去了其曾有的效力。

表 10.4   "实施意见"条文规范的比较分析表

类型	条文规范		
	工作任务		
	定量型	定性型	兼有型
削减审批事项	第(一)、1、(1,2,4)条 第(一)、2、(2,3)条 第(一)、3、(1,2,3,5)条 第(二)、1、(1,2,3,4,5,6,7,8,9,10,11,12,13,14)条 第(二)、2、(2,3,4)条 第(二)、3、(1,2)条 第(二)、4、(2)条 (共 29 条)	第(一)、3、(4)条 第(二)、3、(3,4)条 第(三)、2,3条 (共 5 条)	第(一)、1、(3)条 第(一)、2、(1,4)条 第(二)、2、(1)条 第(二)、4、(1,3)条 第(三)、1,4条 (共 8 条)
规范政府行为	第(一)、1、(4,5)条 第(一)、2、(1,2,3,5,6)条 第(一)、3、(2,3)条 第(一)、4、(1)条 第(二)、6,7,8条 第(三)、3、(1,2,4)条 第(三)、4、(1)条 第(三)、4、(6)条 (共 18 条)	第(一)、1、(2)条 第(一)、3、(1)条 第(一)、4、(2)条 第(一)、5、(1,2,3,4)条 第(一)、6、(1,2,3,4,5)条 第(一)、7、(1,2,3,4,5)条 第(二)、1,4,5,9,10条 第(三)、1条 第(三)、2、(1,2,3)条 第(三)、4、(3,4,7,8)条 第(四)、2,3条 (共 32 条)	第(一)、1、(1,3)条 第(一)、2、(4)条 第(一)、3、(4)条 第(二)、2,3条 第(三)、3、(3)条 第(三)、4、(2)条 第(三)、4、(5)条 第(四)、1,4条 (共 11 条)

第三节   审批职能归并:"结构改造"的尝试

在规范政府行为的审改中,"运动式治理"模式失效了,而常规的政府运作又无法推进审改,但宁波市削减审批事项后遗留下来的问题,即如何规范转入政府日常工作和保留备案的审批事项需要一个解决方式。于是,市政府领导在借鉴其他省市审改经验的基础上,开始通过"审批职能归并"改造宁波市的审批权力结构。

　　宁波市"审批职能归并"的结构改造是通过"设立市经济发展服务中心"和"部门内的审批职能归并"两项改革政策来实现的。

　　成立市经济发展服务中心的设想开始于 2001 年初,当时试点审改已接近尾声,市政府领导凭以往的改革经验即预感到不可能长期维持"运动式治理"模式,就开始着手寻找、谋划新的审改模式。在象山便民服务中心和杭州市投资项目集中办理中心的经验基础上,市政府领导有了成立宁波市经济发展服务中心的初步想法。2001 年 2 月,市委书记黄兴国在市审改办递交的《赴杭州市投资项目集中办理中心学习考察情况报告》上批示:……应当把所有可公开办的事全部集中在一起办理,各部门派得力干部到大厅,能当场办的必须当场办,不能当场办的要限时办。市委、市政府领导轮流每半个月到大厅去坐上半天。纪委、监察局、组织部要考察了解,加强监督力度。我看象山搞得很好,可以学象山的做法①。当时分管审改工作的副市长邵占维则批示:人代会结束即安排两天时间专题研究此事,其中 28 日去象山学习,3 月 1 日回市里研究,提出一个具体的可操作的实施办法②。于是,市各审改部门及审改办领导于 2001 年 2 月 28 日在邵市长的带领下,参观、学习了象山便民服务中心。3 月初,审改办就提出了《关于设立宁波市经济发展综合服务中心建议方案及说明》。到 7 月 18 日,宁波市经济发展服务中心的一个重要部分——中心办证大厅首先成立。此办证大厅是在各审改部门的一些办事窗口的基础上成立的。在审改过程中,各审改部门陆续成立了一批办事窗口(如市投资项目办理中心、工商综合办证注册中心)。市政府领导将这些窗口集中起来,成立了宁波市经济发展服务中心(下称中心)。中心设立管理委员会,是市政府的派出机构。中心管委会下设的办公室与审改办合署办公,由市审批制度改革领导小组直接领导。原审批部门派工作人员入驻中心各服务窗口,入驻人员受中心管委会和原工作部门双重领导。中心管委会负责协调、监督入驻中心的各审批部门的行政行为③。据此,从功能上看,中心在新的审批权力结构中扮演了一个重要又含糊的角色。一方面,它与审改办合署办公,在审改中它将依据审改领导小组的授

---

　　① 市委书记黄兴国、副市长邵占维在市审改办《赴杭州市投资项目集中办理中心学习考察情况报告》上的批示,2001 年 2 月 22 日。

　　② 同上。

　　③ 宁波市经济发展服务中心管委会办公室.宁波市经济发展服务中心建设和运作情况.2001.11.

权,行使部分决策权,并直接与各审改部门展开权力互动。另一方面,它将履行审批制度执行中的部分协调权、监督权,具有了执行部门的某些属性。当然,从审改目标来看,通过中心的形式以新的政府行为方式来替代各审改部门旧的政府行为方式,这不能不说是一个思路。在笔者看来,中心并不能被简单地批评是形象工程,而更符合中心工作人员的说法,即中心是审改不得不选择的产物[①]。

"部门内的审批职能归并"是宁波市审批权力结构的又一次改造。市经济发展服务中心成立后,存在着严重的"三不到位"现象。为解决这一问题,2007年10月,市政府领导着手在市各审改部门推行"部门内的审批职能归并"的改革政策,要求各审批部门从内部的职能调整入手,有审批职能的行政部门根据职能多少等具体情况,在现有编制数、内设机构数、中层领导数不增加的前提下,通过撤、并或增挂牌子等方式设置行政审批处,代表本部门集中办理法定的行政审批事项。各行政部门根据新设的行政审批处的职能情况,进驻行政发展服务中心,实现一个窗口对外服务[②]。到目前为止,此项改革政策从统计数据上看颇有成效。如象山县在职能归并以后,34个部门中,21个部门(单位)通过"撤一建一"或"并一建一"的形式单设行政许可科、13个部门(单位)挂牌设立行政许可科;22个部门的行政许可科科长进驻中心。承担行政审批职能的内设机构数从原来的88个减少到34个;行政审批项目进中心比例提升到98.5%;进中心的承诺件总承诺时间从法定的7063个工作日,缩短到目前的2769个工作日,平均承诺时间压缩到4.5个工作日,缩短61%;同时即办件比例达到84%以上[③]。镇海区审批职能归并工作结束后,进驻区行政服务中心的部门、进驻项目、现场即办率和办事承诺时间分别由归并前的17个、155项、50%和13天提高(或缩短)到27个、255项、65%和7天[④]。当然,此项改革政策刚刚推行不久,有些部门尚在落实,有些部门还在观望。改革所引发的问题也还没有显现出来。但是,从此项改革政策的性质上看,我们还是可以发现其渐进改革的特征。

[①] 龚虹波.调查访问材料[R].2005年1月27日.

[②] 宁波市审改办.关于进一步深化行政审批制度改革推进行政机关内设机构审批职能整合的意见,2007.9.

[③] 同上.

[④] 宁波市审改办.阳光政务,2007年第9期,http://www.nbxzfw.gov.cn/news/ViewData.asp? NewsId=877,2007-11-19。

"部门内的审批职能归并"是各审批部门内部的权力结构改造,而不涉及各审批部门间的权力分配。它是在各审批部门内部实现审批与监管相分离,是行政审批的决策、执行、监督三类权力在部门内部分离的尝试性实践。

第四节 展 望

由上述分析可知,宁波市政府领导自1999年7月以来推行削减审批事项、规范政府行为的审改,其政策工具是从"运动式治理"向"结构改造"变迁的。1999年7月,宁波市作为浙江省审改试点单位,在"先行审改做表率"的政治压力下削减审批事项。在常规的政府运作无法推动审改的情况下,市政府领导启动"运动式治理"模式,成功地实现了削减审批事项的审改目标。2002年底,市政府领导对如何规范政府行为尚无可操作性的方案。"运动式治理"模式难以为继,市政府领导决定成立市经济发展服务中心以改造审批权力结构。中心面临"三不到位"困境时,宁波市又通过"部门内的审批事项归并"再次改造审批权力结构。回顾这一段审改历史,虽然现在看来从"运动式治理"到"结构改造"变迁具有某种必然性,但是在这一发展过程中也有许多偶然性因素。比如,假如具可操作性的规范政府行为的审改政策能提早两年出台;假设在"运动式治理"模式难以为继时,行政发展服务中心这一形式没有在浙江省出现并推广,那么宁波市审批制度改革是否会出现另外的变革路径呢?但是历史不能假设。

经过三十年的改革,宁波市审批制度改革发展到了"结构改造"阶段。对于这一新模式下的审改结果,无论是可预计或无法预计的,在其运作一段时间后都会以各种形式、通过各种途径被人们所感知。笔者不敢断言:宁波市今后的审改必然在"结构改造"上走得更远。因为历史总有超乎想象的偶然性。但从宁波市审改的历史与现状看,将来发生这种变迁也是有证据和理由的。首先,推行规范政府行为、转变政府职能的审改已被主流意识形态所接受。其次,中心成立、部门内的审批职能归并后,审改办与各审改部门的权力互动日常化。这有利于深入审批权力的"结构改造"。最后,中心目前的职权界定尚不清晰,审批职能归并也有进一步推进的空间。在目前的政治与行政体制下,"结构改造"也有其相应的制度基础。当然,理由归理由,笔者还是希望宁波市审改能有超乎研究者想象力的新篇章。

第十一章 执行结构转换下的权力互动

第一节 问题的提出

2002 年 11 月 6 日,宁波市政府在《宁波日报》上正式公示了深化审批制度改革(以下简称审改)后的保留审批、核准事项,这标志着宁波市自 1999 年以来的审改取得了阶段性成果,即削减审批事项的审改取得了成功。但遗憾的是,那些不再列入审批、转入政府日常工作的事项既没有公示,也没有做出相关说明,原因在于市政府尚不能就这些事项的划分依据、管理程序及协调环节等问题达成共识。近五年来,宁波市围绕着这些问题进行了多轮规范政府行为的审改,但政府职能和政府行为的转变依然举步维艰。同样的问题也在其他省市存在。为什么在行政审批制度的改革过程中,削减审批事项能取得成功而规范政府行为却这么困难? 对这一问题的回答不能简单地停留在政府部门利益格局难以打破或政府组织内的制度变迁的困境①。笔者认为,通过分析这两项审批制度改革的政策过程才能彰显其中的成败得失,并探讨深层次的原因所在。由此,引出本书要解决的问题,在行政审批制度的改革过程中,削减审批事项和规范政府行为的审改是怎样展开的,有哪些变量影响审改政策执行的成功与失败,这些变量之间又有着什么样的逻辑关系。

---

① 龚虹波.政府组织内的制度变迁——对宁波市行政审批制度改革案例的解释.华中师范大学学报(人文社会科学版),2005(1):111-117.

第二节　执行结构转换下的权力互动的理论假设

在描述、解释宁波市审批制度改革的政策过程之前,先在既有的理论资源基础上,从"执行结构—执行过程—执行结果"(见本书第三章)的理论视角出发,建立解释宁波市审批制度改革现象的理论假设①。

假设1:审改政策的执行结构是可以不断转换的。

中国的政策执行结构不仅有"党政双轨""条块结合"之下形成的"有限分权"的正式结构,还有与这一结构相伴随的"关系主导"的非正式结构。目前,国内外学术界关于中国公共政策的正式结构与非正式结构之间的关系,主要有两种观点。一种观点认为,"关系主导"的非正式结构阻碍"有限分权"的正式结构的正常运转,使政策在执行过程中偏离既定的政策目标②。另一种观点认为,"关系主导"的非正式结构如果与"有限分权"的正式结构整合得好,可在一定程度上弥补后者在权力配置中存在的不足③④。上述观点表达了两种相当重要的关系,但依据逻辑推理,"有限分权"的正式结构和"关系主导"的非正式结构有四种不同的作用模式:即"有限分权"模式、"有限分权与关系主导促进"模式、"有限分权与关系主导抵突"模式和"关系主导"模式。上述四种政策执行结构模式可以不断转换,从而影响公共政策的执行过程和结果。

假设2:在审改政策的执行过程中,改革决策团体和执行团体之间是权力互动的。

在中国"有限分权"的正式结构和"关系主导"的非正式结构中,改革决策团体和改革执行团体各自拥有不同类型的权力资源。在审改政策的执行过程中,这两个行动团体运用各自的权力资源相互讨价还价、策略互动。

---

① 龚虹波.结构转换、权力互动与政策执行——政府改革政策的执行理论与案例分析[D].北京:中国人民大学,2006:58-62.

② 丁煌.政策执行阻滞机制及其防治对策——一项基于行为和制度的分析.北京:人民出版社,2002:234-241.

③ 胡伟.政府过程.杭州:浙江人民出版社,1998:314.

④ David M L. Policy Implementation in Post-Mao China. Berkeley:California Press,1987:254.

假设 3：执行结构转换和权力互动过程是影响审改政策执行成败的因素。

执行结构转换是影响审改政策执行成败的重要变量。如果没有执行结构的转换，那么审改政策的执行肯定会失败。但是，有执行结构的转换也未必一定能成功。执行结构转换通过权力互动的中介变量影响审改政策执行的成功与失败。在权力互动过程中，政策执行参与团体（改革决策团体、改革执行团体、自发行动团体）是否能出现、政策执行者的策略选择以及基于其的集体行动是否能形成，政策执行参与团体所拥有的权力资源之间的对比关系，以及政策执行参与团体之间能否就推进审改政策展开协商型的权力互动，都是影响审改执行成败的重要变量。

第三节　宁波市审批制度改革的政策过程分析

1999 年 7 月，浙江省委、省政府决定将宁波市作为全省唯一的先行审改的试点城市。同时，柴松岳省长在省委十届二次全会上指出，宁波市作为全省的审改试点城市要立即开展工作，争取半年出成果，然后在全省推广，并要求省政府各部门给予大力支持①。省委、省政府的决定及柴松岳省长的讲话拉开了宁波市审改政策执行的帷幕。宁波市委、市政府领导将作为市审改决策团体去执行省里的审改决策。

一、"有限分权"模式下的权力互动困境

对市审改决策团体而言，审改如果能够在"有限分权"的模式下顺利推行无疑是最省心省力的事。但事与愿违，在"有限分权"的模式下，市审改决策团体无法使审改执行团体的策略选择与他们的期望相符。

1999 年 7 月，市审改决策团体根据省委、省政府的要求，借鉴深圳市的经验，确定试点审改的目标：取消 40% 以上的审批事项，同时，规范保留审批事项，建立审批约束机制，加大事后监管力度，基本形成与社会主义市场

---

① 参见宁波市审批制度改革领导小组办公室 2001 年编印的《宁波市审批制度改革实录》第 3 页-11 页。

经济相适应的审批制度,促进经济社会的健康快速发展①。为实现试点审改的目标,审改决策团体在"有限分权"政策执行结构模式下做了大量的工作。如1999年7—8月,宁波市政府领导班子就审改工作召开了书记办公会议、市委常委会、市长办公会议交流思想、统一认识;在此基础上,成立宁波市审改领导小组、审改领导小组办公室,并明确各个岗位的职责和工作规则;8月,拟订并下发《宁波市审批制度改革实施意见》②。从理论上说,市审改执行团体应该严格执行审改决策团体下达的《实施意见》,但实际上,各审改部门却大多有回避审改的或明或暗的策略行为。

从明处说,各审改部门在执行审改政策时确实有三个棘手的问题:(1)上级法律、法规有明确规定的审批事项,上级部门还没有改,难以取消;(2)在当前法制不健全的经济环境下,有些事项如果政府不提前介入把关,会引起市场、社会的混乱;(3)有些审批事项的取消,涉及不少部门的重新协调,在执行上有很大难度③。这三个问题是审改决策团体一时无力解决的难题。于是,审批与改革办公室(以下简称审改办)与各审改部门在削减审批事项上产生了很大分歧。例如,在深化审改阶段,对原有733项审批事项的改革意见,审改办认为:削减审批、核准事项229项;拟保留审批、核准事项264项。审改部门却坚持:削减审批、核准事项187项;拟保留审批、核准事项367项。在103个事项上产生了削减与保留的意见分歧④。

从暗处看,各审改部门在自查自清、上报改革方案时搞"上有政策、下有对策",对审批、核准项目做了不少"技术处理"。这主要表现在:(1)升格,把原来属于"核准"的升格为"审批",然后再从"审批"降格为"核准";(2)降格,把"审批"降为"核准",审批项目是减少了40%,但总量没有减少;(3)归并,把几个审批项目合并为一个,实际审批的内容、程序、环节一点也没有减少;(4)挂靠,把应该取消但又不想取消的项目,挂靠到绝对不会取消的项目上;(5)虚报,把国家早已明令取消的项目作为减少项目上报;(6)化整为零,把一个审批项目中的几个环节,化为几个审批项目,在"化"过以后的基础上再减40%。

---

① 参见宁波市审批制度改革领导小组办公室2001年编印的《宁波市审批制度改革实录》第3—11页。

② 参见宁波市审改办2003年编印的《宁波市审批制度改革工作大事记》。

③ 邱士金.关于深化审批制度改革实施方案有关问题的说明[R],2002.

④ 同上。

宁波市审改执行团体应对审改决策团体的策略行为使削减审批事项陷入了困境。当然,市审改决策团体在面对这一权力互动困境时也不是束手无策的。

二、削减审批事项:"有限分权与关系主导互动"模式的启动

市审改决策团体走出审改困境的关键在于改变审改执行者的预期收益。事实上,这种改变也并不是不可能的。因为各审改部门尽管有着各自的部门利益,但对于审改执行者来说,作为审改决策者的下级,寻求上级的政治支持也是其目标之一。因此,市审改决策团体启动了"有限分权与关系主导互动"的执行结构。

那么,市审改决策团体是如何启动"有限分权与关系主导互动"模式的呢?

方式一:高度整合审改决策团体的权力。这主要体现在以下三个方面。(1)市长、市委书记达成审改共识。1999 年 8 月 20 日,宁波市召开审改动员大会,市长和市委书记都做了富有实质性内容的讲话。此后,张蔚文市长主持审改日常工作,定期召开市审改领导小组会议。黄兴国书记则亲临审改现场,深入各审改部门检查工作[①]。(2)市委组织部、宣传部介入审改。市委组织部采用干部审改工作月报制度,同时深入基层调研了解各级干部在审改中的工作表现,并与干部的考核结合起来。市委宣传部则运用舆论宣传攻势,促动审改政策的执行。在审改发动期间,宁波市各大新闻媒体根据市委宣传部的部署,进行了大量的审改宣传[②]。(3)把审改政策的执行提升到我党倡导的意识形态高度。在审改政策的执行中,审改决策团体非常自觉地把审改执行者的表现与是否符合江泽民同志的"三个代表"思想结合起来,与解放思想、与时俱进,加强地方经济建设结合起来[③]。把审改执行

[①] 参见宁波市审批制度改革领导小组办公室 2001 年编印的《宁波市审批制度改革实录》第18 页-28 页。

[②] 据笔者统计,从 8 月 23 日到 9 月 6 日的近半个月时间内,《宁波日报》总计发表了 17 篇包括《一场硬仗》《立即行动起来》《坚决排除发展障碍》等的评论员文章和《八十六枚大印盖不出一个房产项目》等一系列记者采访报道。

[③] 削减审批事项在 1999 年 7 月—2002 年下半年之间,当时,我党所倡导的意识形态主要是江泽民同志的"三个代表"思想。笔者认为,当时我党如果倡导共产党员先进性的话,宁波市的审改也同样会与先进性教育结合起来。

者在审改中的表现提高到党的意识形态高度,作为对干部、党员党性原则的一种考验。

方式二:通过审改决策者的关系权威促进审改政策的执行。具体而言,在"有限分权与关系主导互动"模式下,削减审批事项与上下级间的关系维护、发展直接相关,从而形成"一级对一级负责"的局面。面对宁波市审改政策执行团体在"有限分权"模式下的"技术处理"和集体拖沓行为,审改决策者指出,把各级干部在审改中的工作表现与干部任免结合起来,要求各级干部"换思想",对不"换思想"抵制审改者则要"换人"。虽然,在审改过程中,决策团体并没有真正启用过这一大权,但这一惩罚机制足以让审改政策执行者小心翼翼、三思而行。尽管审改决策者并没有用"不换思想换人"的撒手锏,但也用试点审改、表扬先进和批评后进的方式来展示关系权威的存在。如在宁波市试点审改刚启动时,为了克服各审改部门的观望心态,决策团体指定市公安局为试点单位,先行审改做表率。张蔚文市长和黄兴国书记在各种形式大会上多次表扬市公安局的审改工作及局长郑杰民的工作业绩。这种大会表扬一方面激励了其他审改部门,另一方面也显示了郑杰民局长与市领导的良好关系。相反,对于审改工作的后进者,审改决策者则以大会点名或不点名批评的方式给予警告。审改决策者个体关系权威的运用,大大促进了审改政策的执行。

方式三:增强对审改执行者的监督力度。审改决策团体启动"有限分权与关系主导互动"模式后,监督变得极为重要。因为审改决策者动用关系权威,将削减审批事项与上下级关系直接挂钩,任何推诿都不再可能,任何解释都必须以解决问题为目的。因此,宁波市审改决策团体在削减审批事项阶段采取了多个途径来加强监督。试点审改开始后不久,市委组织部组织选调了一批身体好、原则性强的老干部组成巡视组,到各部门去了解情况、发现问题,总结经验。事实上,在该模式下,巡视组的监督工作相当得力。黄兴国书记在检查审改工作的讲话中曾对此给予了高度评价[①]。同时,政府体制内的各项监督功能也被充分调动起来。市审改办全面负责各审改部门的改革工作的考核;市纪委、市监察局全程介入,并设立了专项举报电话

---

① 黄兴国书记在讲话中指出,巡视组的老同志审核部门审改方案十分细致,甚至与有关部门同志争得面红耳赤。这些都体现了对人民事业高度负责的态度。参见黄兴国书记1999年10月18日上午检查审改工作时的发言记录。

和投诉热线①。宁波电视台、宁波日报、宁波晚报等各大新闻媒体也纷纷设立审改专题节目，参与对审改的监督。至 2000 年 1 月 1 日，宁波市委办公厅下发了《宁波市行政审批责任及其追究制度（试行）》，将审改的监督工作作为宁波市的一项制度。

由此可见，宁波市审改启动"有限分权与关系主导互动"模式后，审改执行者不再仅仅是维护部门利益，同时也希望在审改中提升自己的关系资源。因此，审改执行者会根据《实施意见》的要求，结合本部门的实际情况削减审批事项。而且，在有些审改政策的执行中，其进度会比《实施意见》要求的更快，措施更加周全，质量更加可靠，等等。于是，宁波市削减审批事项的审改取得了显见的成果。

宁波市在试点审改之前共有 1289 项审批事项。1999 年 7 月，宁波市开始试点审改，到 2000 年下半年试点审改结束，原有的 1289 项审批事项减少到 668 项，减幅为 48.2%。从 2000 年下半年开始到 2002 年 12 月的审改深化阶段，宁波市再次削减审批事项，对原保留的 668 项审批事项和新增的 65 项审批事项进行清理，改革后减少为 281 项，减幅为 61.7%②。在宁波市审批事项削减的同时，原先的一些审批事项纷纷转入了政府日常工作和保留备案事项。深化审改结束后，转入政府日常工作和保留备案事项数分别是 303 项和 101 项③。表 11.1 反映的是宁波市 10 个审改部门（随机样本）在审改前后的审批事项转变情况。

由此可见，各审改部门真正削减的事项（完全放开）总量虽然并不多（削减最多的是市发展计划委员会，减少 19 项，占原有行政审批制度的25.3%；削减最少的是市质量技术监督局，一项未减），但各审改部门的审批事项无一例外地发生了很大变化。

宁波市各审批部门在削减审批事项时，把操作中尚不适合完全放开的审批项目，暂时转入政府日常工作或保留备案，先使其不具有审批性质，待条件成熟后再逐渐取消。但是这些不再被称为审批事项的事项将如何运作？其在管理上多大程度地区别于原先的审批行为，将涉及另一项审改政

---

① 宁波市纪委、市监察局关于严明纪律保证我市审批制度改革顺利进行的通知（市纪发〔1999〕26 号）。

② 根据 2002 年 11 月 6 日宁波日报上公示的《宁波市清理后行政审批事项目录》统计。

③ 根据甬政办发〔2002〕第 264 号文件所附具体事项目录统计。

策的执行：规范政府行为。

表 11.1 宁波市审改前后的审批事项转变情况表① （单位：项）

部门	审改事项				
	审改前	审改后			
	审批事项	审批事项	保留备案	政府日常工作	削减事项
市发展计划委员会	75	10	5	41	19
市经济委员会	19	6	4	5	4
市建设委员会	61	12	13	20	16
市交通局	26	12	1	8	5
市对外贸易经济合作局	30	19	1	4	6
市贸易局	13	5	3	3	2
市教育局	29	5	6	11	7
市公安局	44	23	5	12	4
市财政局	42	11	4	24	3
市质量技术监督局	21	5	12	4	0

三、规范政府行为："有限分权与关系主导互动"向"有限分权"模式的转换

在宁波市削减审批事项的改革中，"有限分权与关系主导互动"模式的启动使审改决策团体与审改执行团体之间有了以实现审改目标为导向的政策执行。然而，"有限分权与关系主导互动"模式的维持并不是无条件的。它将随着审改环境的变化而转换。

如前所述，宁波市审改决策团体在试点审改时期有着政治上和经济上的双重预期收益。但随着试点审改的结束，审改决策在政治上的预期收益逐渐淡化。更重要的是，规范政府行为与削减审批事项相比较，"有限分权与关系主导互动"模式已不再那么有效了。原因在于，规范政府行为的审改更难有考量的标准。

这种可否考量的差异可从市审改决策团体在审改试点阶段和深化阶段

---

① 限于篇幅，笔者在宁波市 55 个审改部门中随机抽取了 10 个部门作为样本。此表根据《宁波市清理后行政审批事项目录》和甬政办发〔2002〕第 264 号所附具体事项目录统计。

下发的两个工作指导性文件《宁波市审批制度改革实施意见》和《宁波市深化审批制度改革实施意见》的条文比较中显现出来。

在审改试点阶段下发的《宁波市审批制度改革实施意见》总计布置工作任务 42 条,其中定量型任务占 69%;定性型任务占 12%;兼有型任务占 19%。在审改深化阶段的《宁波市深化审批制度改革实施意见》下达工作任务总计 61 条,其中定量型任务占 30%;定性型任务占 52%;兼有型任务占 18%①。由此可见,规范政府行为的审改不仅比削减审批事项更难以考量,也更难以执行。因此,规范政府行为在"有限分权与关系主导互动"模式下难以取得削减审批事项那样立竿见影的效果。长时间的启用"有限分权与关系主导互动"模式将耗费大量的行政成本,同时,继续这一模式可能带来巨大的政治成本。因为在宁波市领导的个人选择序列中,显然有比审改更有预期收益的政策,如招商引资,其对宁波市经济发展更有着立竿见影的作用,也更能突显领导者的政绩。因此,在"有限分权与关系主导互动"模式下,审改决策团体与执行团体又陷入了审改困境。

虽然在规范政府行为时"有限分权与关系主导互动"的政策执行结构越来越难以为续,但宁波市削减审批事项遗留下来的问题,即如何规范政府日常工作和保留备案的审批事项需要有一个解决的办法。重塑"有限分权"的政策执行结构模式,似乎是市审改决策团体水到渠成的选择。宁波市经济发展服务中心便是这一选择的具体表现。

2001 年 7 月,作为宁波市审改成果的市经济发展服务中心(以下简称"中心")成立。"中心"下设管理委员会,是市政府的派出机构。"中心"管委会下设的办公室与审改办合署办公,接受市审改领导小组直接领导②。各审批部门派人员入驻"中心"服务窗口,窗口人员接受"中心"管委会和原部门的双重领导。"中心"管委会负责协调、监督入驻"中心"的审批部门的行

---

① 定量型审改任务,是指有明确的工作要求、规则、程序,可进行量化考核的任务;定性型审改任务,是指原则性的、有较大弹性的,执行时有较大的自由裁量权的任务;兼有型则介于两者之间。

② 此时审改办的工作人员不再从各部门抽调,而是与新成立的宁波市经济发展服务中心管委会办公室合署办公,采取了两块牌子一套班子的模式。市府办公厅副主任邱士金仍旧兼任审改办主任。

政行为①。虽然从条文上看"中心"有明确的职责,但在具体的政策执行中,"中心"是一个既重要又含糊的角色。一方面,"中心"与审改办合署办公,这意味着它将依据审改决策团体的授权与审改部门展开权力互动;另一方面,"中心"将在行政审批中行使部分协调权,具有审批部门的属性。因此,尽管市审改决策团体成立"中心"的本意在于围绕政府职能转变创新行政机制,为企业、群众提供优质高效的行政服务②。但是,从实际效果上看,"中心"的成立并没有改变宁波市审改政策正式结构"有限分权"的特征。

四、"有限分权"模式下的又一个权力互动困境

在新的"有限分权"的政策执行结构模式下,宁波市审改政策执行又陷入了困境。这主要表现在以下两方面:文件难以落实和协调难以展开。"中心"规范政府行为的审改主要是以文件往来的形式展开的,在文件的落实过程中再辅以协调。"中心"成立后不久,工作人员开始进行转入政府工作和保留备案事项的登记工作。登记表在审改部门和"中心"之间几经往复,"中心"工作人员花费了许多精力,进行调研、画流程图,反复修改,终于就各类事项的运作程序有了定论。这一定论也得到了各审改部门的同意。"中心"工作人员将各审批事项的运作程序图挂在"中心"的网站上,以便群众了解。但令人遗憾的是,2005 年笔者再访宁波市审改办时,"中心"工作人员说,这些挂在网上的审批流程图要撤下来了。原因在于,各审改部门根本没有按照审批流程图办事。另外,市委、市政府下发了许多文件来规范各审改部门的行政行为③,但其执行情况也不见得比审批流程图好多少。比如,在市政府办公厅下发了《关于规范转为政府日常工作事项和备案事项操作程序的意见》后,各审改部门在运作过程中将"备案事项"分成了"告知性备案"和"登记性备案"。"告知性备案"是文件意义上的备案,"登记性备案"则与审批事项中的"核准类"并无二致。由此看来,规范政府行为的审改文件似乎仅仅停留在理论上。这并不是因为没有落实文件的督查机制,而是当有文

---

① 参见宁波市经济发展服务中心管委会办公室 2001 年 11 月发布的《宁波市经济发展服务中心建设和运作情况》。

② 中共宁波市委、宁波市人民政府关于进一步加强市经济发展服务中心建设的通知(甬党发〔2004〕95 号)。

③ 如宁波市在 2002 年 12 月下发了《宁波市行政审批暂行规定》(市政府令〔2002〕第 105 号)和《关于规范转为政府日常工作事项和备案事项操作程序的意见》(甬政办发〔2002〕第 264 号)。

件不执行几乎成为审改执行团体的集体行动时，督查就没有惩罚作用。

宁波市审改政策的执行陷入困境不仅体现在文件落实的结果上，更主要的还在于审改办落实文件的协调过程中。首先，"中心"工作人员普遍反映，落实审改方案时，部门间的协调非常困难。比如涉及多个部门的审批项目，"中心"认为应该按照《宁波市行政审批暂行规定》中关于重复、交叉行政审批事项的处置办法，实行"并联审批制"，即明确直接受理部门和非直接受理部门，由直接受理部门负责受理，并抄告非直接受理部门在规定期限内同步进行审批，分别做出的行政决定由直接受理部门一并答复申请人。而各审改部门在执行这一审改政策时都采取了回避策略。比较典型的如"民间投资项目的审批"，涉及发改委、环保、规划、城管、水利、消防、人防等审批部门。为此，"中心"提出由规划局牵头，联同各部门会审，缩短审批时限，简化审批程序，但规划局不愿意承担此项任务，因为关系到很多部门的协调，费力且有风险。如果由规划局牵头，势必会缩小各部门原有的审批权力。因此，这一事项的并联审批在规划局与其他各局的相互推诿、扯皮中不了了之。其次，部门内的具体审批事项，"中心"有时根本无法协调。如按照《关于进一步深化行政审批制度改革的实施意见》的通知，对有明确质量、技术标准的行政审批事项，要积极推行告知承诺制办理方式，但各审改部门大都没有执行此项规定，仍按原先的审批程序进行。"中心"发现此情况并督促其执行时，各审改部门也有不得已的理由：告之承诺制靠的是诚信，但是业主又缺乏诚信等。面对这些问题，"中心"也无力协调。

第四节　结　语

首先，通过对宁波市审批制度改革的政策过程分析，我们可以发现，在宁波市审改政策的执行过程中，执行结构是不断转换的。在政策执行之初，执行结构是"有限分权"模式，执行一段时间后转换为"有限分权与关系主导互动"模式；最后又转换成"有限分权"模式。在不同的执行结构模式下，改革决策团体和执行团体运用各自的权力资源讨价还价、策略互动的方式是不同的，从而影响审改政策的执行结果。

其次，从宁波市审改政策的执行结果来看，我们可以推测，"有限分权与关系主导互动"模式更适合于那些目标清晰、手段明确的审改政策的执行。

比如，宁波市削减40％的审批事项，目标清晰，哪些事项削减后完全放开，哪些事项削减后转入政府日常工作也是明确的。而规范政府行为的审改目标相对模糊，至于制订什么样的规则来规范政府行为，如何制订又如何执行，这些用于实现目标的改革手段也都是不明确的。因此，削减审批事项在"有限分权与关系主导互动"模式下取得了成功，而规范政府行为却难以在这一模式下展开。此外，从宁波市审批制度改革的政策过程分析，我们也可以发现，"有限分权与关系主导互动"模式的启用需要投入比较大的行政成本。在这一模式下，审改政策的执行成为政府工作的中心、领导关注的焦点。但这一模式不能长时间启用，因为政府的工作重心不可能一直停留在审批制度改革上。相较而言，"有限分权"模式能够比较程序化、制度化地执行审改政策，因此，该模式所需投入的行政成本相对较小。但这一模式不适用于有利益冲突、改革手段比较模糊的审改政策的执行。因为在"有限分权"的模式下，审改执行者总有逃避改革的回旋余地。

当然，由于审批制度改革基本上是"政府的自我革命"，处于领导地位的改革决策团体在推行审改政策时有着更多的政治上的预期收益。而且，在当前中国的政府结构中，只有改革决策团体拥有启动"有限分权与关系主导互动"的权力资源。因此，决策团体的改革需求是转换执行结构，推进审改政策执行的原动力。

第十二章　宁波市旅馆业联合审批改革的
政策网络分析

　　联合审批是我国近年来推出的一项重要的审改政策,也是实现"最多跑一次"的有效途径。宁波市政府早在 2011 年就推出联合审批改革政策,并作为先进经验在全国介绍和推广。[①] 从表面上看,这一审改政策试图改变以往审批部门各自为政的局面,按照"一门受理、抄告相关、内部运作、限时办结"的改革思路来提高审批效率和质量。[②] 但从深层次分析,其实是政府需要在行政审批中以整体政府来管理越来越复杂的经济、社会问题。联合审批在宁波已有七年多的实践,它是否改变了原来各自为政的审批方式,是否能以整体政府的面貌在审批中发挥作用? 本章以宁波市旅馆业为例,运用社会网络分析方法,从制度设计和运作层面比较分析联合审批改革前后的政策网络差异,分析改革带来的变化和面临的问题。

第一节　联合审批政策网络

　　政治与行政学者很早就提出了政策网络的概念以分析复杂的政策现象。本森认为,政策网络是由于资源相互依赖而联系在一起的一群组织或者若干群组织的联合体。[③] 彼得森与鲍姆勃格则指出,政策网络是在特定

---

　　① 新华网. 宁波行政审批制度改革全国领先 [N]. http://www. zj. xinhuanet. com/2012market/ningbo/jjnb/2012-11/08/c_113635656. htm,2013-04-06.

　　② 甬审管办[2011]18 号. 关于开展文化娱乐业联合审批试点工作的通知,2011.

　　③ Benson, K. J. A Framework for Policy Analysis, in D. L. Rogers and D. A. Whetten. Interorganizational Coordination: Theory, Research, and Implementation, Iowa State University Press,1982. 137-176.

政策部门拥有各自利益,并且有能力影响政策成败的一群政策主体。[①] 为了描述抽象的政策网络,学者用铁三角、旋涡、松散六边形、蜘蛛网等来比喻。因此,有学者质疑政策网络究竟是理论模型或者仅仅是比喻。[②] 近十几年以来,将社会网络分析的理论和技术引入政策网络分析,已成为消解这一质疑的有效路径。[③] 这一路径不仅可以清晰地展现出政策网络图、定量分析网络的要素和参数,而且能从结构与行为互动的视角分析网络运作更深层次的问题。

　　本章从整体政府视角,运用社会网络分析方法研究宁波市旅馆业联合审批改革前后的政策网络。图12.1、图12.2、图12.3分别为改革前宁波旅馆业审批政策网络(下文为"改革前")、改革后宁波市级政府层面旅馆业联合审批政策网络["改革后(宁波)"]、改革后象山县旅馆业联合审批政策网络[改革后(象山)"]。这三个政策网络的边界是依据旅馆业审批参与主体来定的。改革前宁波市旅馆业的审批方式,在宁波市级政府和各县市区政府都一致,即由审批相对人到相关审批职能部门逐个进行审批。实行联合审批后,宁波市级政府层面的制度设计与其他各县市区就有了差异。本书选取比较成熟的象山旅馆业联合审批作为县市区层面的分析对象。改革后(宁波)的行动者是审批相对人、市规划局、市工商局、市环保局、市卫生局、市消防大队、市综合窗口、市审改办(见图12.2各节点);行动者之间的关系既有审批业务关系(用实线表示),又有审批网络管理、协调关系(用虚线表示)(见图12.2各连线)。改革后(象山)的行动者是审批相对人、县规划局、县工商局、县环保局、县卫生局、县消防大队、县审改办(见图12.3各节点)。行动者之间审批业务关系和网络管理、协调关系重合(见图12.3各连线)。

---

　　① Peterson J,Bomberg E. Decision-making in the European Union. Macmillan International Higher Education,1999.

　　② Dowding K. Model or metaphor? A critical review of the policy network approach. Political studies,1995,43(1):136-158.

　　③ A Dassen,Adrie. Networks:Structure and action:Steering in and steering by policy networks. University of Twente,2010.10-21;朱春奎,沈萍. 行动者、资源与行动策略:怒江水电开发的政策网络分析.公共行政评论,2010,3(4):25-46+203.

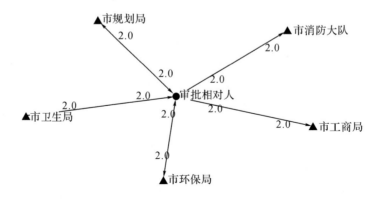

图 12.1　改革前宁波旅馆业审批政策网络

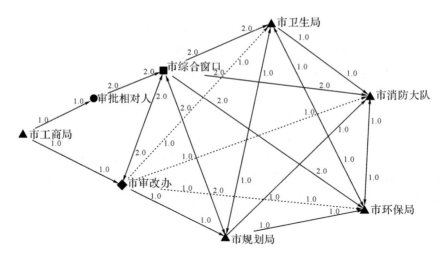

图 12.2　改革后宁波市级政府层面旅馆业联合审批政策网络

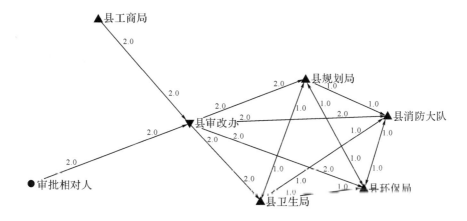

图 12.3　改革后象山县旅馆业联合审批政策网络

第二节　宁波市旅馆业联合审批改革的
政策网络分析要素

一、数据来源

本研究采用的资料主要来源于:改革前旅馆业审批的访谈资料、改革后宁波市旅馆业联合审批文件、改革后象山县旅馆业"一体化"审批文件。改革前旅馆业审批的资料和数据,采用访谈主要参与者的方法收集。访谈对象主要是审批相对人和审批职能部门相关人员,审批相对人访谈对象从审批档案中随机抽取。改革后旅馆业联合审批采用文件、资料编码的方式获取相关数据。文件主要包括:象政办发〔2011〕148 号《关于推行"一体化"行政审批方式的实施意见》,甬审管办〔2011〕27 号《关于开展旅馆业联合审批试点工作的通知》《旅馆业联合审批办理指南》。编码方式如下:首先确定改革前后旅馆业审批的行动者,然后确定行动者之间的关系。编码方式为:行动者之间没有关系,最后编码赋值。行动者之间有审批业务关系,编码为"1";行动者之间既有审批业务关系又有审批政策网络内的管理、协调关系,编码为"2"。

二、数据分析方法

表征政策网络结构性特征的要素和参数很多,本书在整体政府视角下,选择联合审批政策网络内的行动者、行动者之间关系和网络子结构等要素,以及节点度、最短距离、中心度、中心化、核心和边缘等参数,运用 UCINET 6.0 来分析宁波市旅馆业联合审批改革前后的政策网络。

政策网络两大基本要素是行动者及其关系(在图中分别用节点和连线表示)。本研究采用"事件—导向"法即"谁参与了旅馆业审批"来确定行动者。[①] 比较分析不同政策网络内行动者的数量和类型可以把握网络的大小和复杂度。行动者之间关系在本研究中是指审批业务关系和网络管理、协调关系。分析比较不同政策网络中行动者关系的数量、强度、类型,可以反映不同网络行动者交往的密度、强度、复杂度和网络层次。子结构是指政策网络中某些结构特征最大限度地反映出了整个网络的属性。在选取政策网络的子结构时,可以采用节点生成的子结构和连线生成的子结构。[②] 本研究从整体政府视角出发主要分析以连线生成的子结构。

节点度,是指与某节点相连的线的数量。比较同一政策网络内的节点度可以发现不同行动者的活跃程度。节点度越高,该行动者与其他行动者的连结越多,其在网络中就越活跃。平均节点度,是指与网络内所有节点相连的线的平均值。比较不同政策网络之间的平均节点度可以发现网络活跃程度的差异;平均节点度越高,则网络内的交流越广,网络也就越活跃。节点度方差,用来表征网络内各节点活跃的差异程度。[③] 节点度方差越小,网络内各行动者的活跃程度越接近。

最短距离,是指网络内两节点间的最短距离(用 d 来表示),用来表征任意两点之间离得有多远。[④] 如图 12.1 所示的审批政策网络内:审批相对人和市规划局之间的最短距离为 $d_{(审批相对人,市规划局)}=1$;市规划局和市环保局之间的最短距离为 $d_{(市规划,市环保局)}=2$。在政策网络内,行动者之间的最

① Laumann E O, Marsden P V, Prensky D. The boundary specification problem in network analysis. Research methods in social network analysis, 1989, 61: 87.

② Stanley Wasserman, Katherine Faust. Social Network Analysis. Cambridge: Cambridge University Press, 1994: 97-111.

③ 同上。

④ 同上。

短距离越大,则说明两者之间的沟通越不方便,信息越容易失真。

中心度用来表征行动者在网络中的重要程度,即其他行动者对该行动者具有的依赖性。其有三种度量方式:度数中心度(C_D)、接近中心度(C_c)和中间中心度 C_B。[①] 比较分析不同行动者的中心度数值,可以反映行动者在网络内的凝聚力的差异。以上三个指标数值越大,则行动者的凝聚力越强,管理和协调网络的能力也越强。

核心和边缘,是关于网络节点的两类分区。本书通过计算机对矩阵数据重新排序,形成分块相邻矩阵显现中心节点和边缘节点,来分析不同时期旅馆业审批政策网络内的"核心—边缘"成员。[②]

第三节　宁波市旅馆业联合审批改革的政策网络分析结果

一、联合审批改革前后政策网络要素的比较分析

(一)政策网络行动者的比较分析

分析图 12.1、图 12.2、图 12.3 的各节点可以看出,"改革前"有两类行动者:一类是审批相对人(用●表示),另一类是 5 个审批职能部门(用▲表示)。"改革后(宁波)"新增了两个行动者:一是,有审批职能和协调功能的市综合窗口(用■表示);二是,只具有协调、管理功能的市审改办(用◆表示)。"改革后(象山)"新增一个行动者,有审批职能和协调、管理功能的县审改办(用▼表示)。从总体上看,改革后宁波市旅馆业审批政策网络的行动者都较改革前有所增加。最重要的是,增加了政策网络的管理、协调者。这类行动者的增加,为各审批部门改变以往各自为政的审批行为,形成整体政府提供了稳定的核心力量。虽然在制度设计上有所差异,比如,宁波市在综合窗口协调的基础上,市审改办作为最后介入的权威,而象山县则通过集中委托授权的方式由县审改办直接介入,既承担审批职能又负责网络的管

---

① 刘军.整体社会网分析.上海:上海人民出版社,2009:197-192.

② Borgatti S P, Everett M G. Models of core/periphery structures. Social networks, 2000, 21(4):375-395.

理、协调。^① 但作为整体政府形成的核心力量，这类新增的行动者都对网络运作有着很大的影响。

（二）行动者关系的比较分析

在图 12.1、图 12.2、图 12.3 所示的宁波市旅馆业审批政策网络中，双向箭头线表示两个行动者在审批过程中存在相互的信息、资源交流关系。实线表示审批业务沟通关系；虚线则表示网络协调、管理沟通关系。线条上方的数值表示关系的强度。比较图 12.1、图 12.2、图 12.3 可以发现，宁波市旅馆业联合审批政策网络在制度设计层面发生了以下变化。（1）行动者之间的连线较改革前大幅度提升。分别从改革前的 10，提升到 36（宁波市）、24（象山县）。（2）关系类型多样化。改革前只有①、②类线联结方式，改革后宁波市级政府层面有①、②、③、④、⑤、⑥类线联结方式，改革后的象山则有①、②、③类线联结方式（见表 12.1 所示）。（3）连线之间的行动者发生了变化。改革前为单一的"审批相对人←→审批职能部门"，改革后转变为"审批相对人←→综合窗口""综合窗口←→审批职能部门""综合窗口←→审改办""审批职能部门←→审批职能部门""审改办←→审批职能部门""审批相对人←→工商局"。上述变化显示，改革后旅馆业审批政策网络的联结比改革前丰富、复杂了许多，政策网络内的沟通渠道增加了，这满足了形成整体政府所需的大量的协商、谈判和妥协^②。

（三）政策网络子结构的比较分析

从图 12.1、图 12.2、图 12.3 中抽取的政策网络子结构图如表 12.1 所示。"改革前"行动者之间基本的沟通模式只有两种，一是审批相对人和审批职能部门之间面对面沟通（①）；二是审批职能部门通过审批相对人的间接沟通（②）。审批职能部门之间信息沟通不够通畅，而审批相对人作为政策网络内信息沟通的中间人，承担着巨大的压力和工作量。"改革后（宁波）"的基本沟通模式发生了很大变化：第一，在审批业务关系上，除了两人之间面对面沟通（①）、三人之间通过中间人沟通（②）外，还增加了三人之间的可循环、可逆转沟通（③）。第二，除了审批业务关系外，还增加了网络管理、协调关系。包括审改办和审批职能部门的面对面沟通（④），审批职能部

① 象政办发〔2011〕148 号.关于推行"一体化"行政审批方式的实施意见[Z].2011.
② Ling T. Delivering joined-up government in the UK：dimensions，issues and problems. Public administration，2002，80(4)：615-642.

门通过审改办的间接沟通(⑤),审改办作为中间人的三人可循环、可逆转沟通(⑥)。由此可见,"改革后(宁波)"的基本沟通模式多样化了,特别是出现了三人之间的可循环、可逆转沟通子结构(③和⑥)。它确保了联合审批过程中形成整体政府行为时信息传递的即时性和准确性。

二、联合审批改革前后政策网络主要参数的比较分析

(一)节点度的比较分析

如前所述,分析节点度可以显现政策网络内各个行动者的活跃和繁忙程度。比较宁波市旅馆业审批政策网络节点度的统计数据可以看出,改革前后的节点度发生了明显变化:第一,改革前后最高节点度的行动者发生了变化。改革前是审批相对人($d_{审批相对人}=10$),改革后是市综合窗口($d_{市综合窗口}=12$)和县审改办($d_{县审改办}=12$)。第二,改革后平均节点度大幅度提升。其中改革后(宁波)提升了80.0%、改革后(象山)为54.3%。这说明联合审批后行动者活跃度大大提升,彼此之间的信息、资源等交流渠道较改革前大为改观。第三,改革前后的节点度方差差异并不是很大。改革后(宁波)降低了12.8%,改革后(象山)则提升了7.4%。这说明改革前后政策网络行动者的活跃、繁忙的差异程度没有发生很大变化,虽然活跃和繁忙的行动者发生了变化。因此,从总体上看,改革前后旅馆业审批政策网络内行动者的行为发生了很大变化,改革前最活跃、最繁忙的审批相对人变成了改革后的最不活跃者;改革前最不活跃的审批职能部门,除了业务量较少的工商局外,都变得比改革前活跃、繁忙了;而改革后新出现的行动者(综合窗口和审改办)成了政策网络的最活跃者。

(二)最短距离的比较分析

通过比较分析改革前后宁波市旅馆业政策网络内各节点间的最短距离可以发现:第一,改革前各审批职能部门之间的最短距离 $d=2$,改革后则 $d=1$。这意味着联合审批政策网络内政府部门间就审批业务有了直接交流的渠道,再无须通过审批相对人。这一改变有助于实现"消除政府部门之间的壁垒,使各审批职能部门统筹联动、协调配合、齐心协力、共同解决审批过程中出现问题"的联合审批改革目标。[①] 第二,改革后审批相对人与各审

---

① 甬政发〔2010〕84号.宁波市建立基本建设项目联合办理机制的实施意见[Z],2010.

批职能部门的最短距离由改革前的 d＝1 上升到了 d＝2。这说明改革后审批相对人已不能像改革前那样与审批职能部门(除市工商局外)进行面对面的交流沟通了,而必须通过中间人(市综合窗口或县审改革办)与审批职能部门进行信息沟通。这样的制度设计考虑到了各审批部门间整体性政府的形成,但是对于增强整体政府的回应性是非常不利的。整体政府需要在联合审批中形成新型的公—私伙伴关系,需要拓展政府部门和审批相对人的沟通渠道,缩短沟通距离。

表 12.1　宁波市旅馆业政策网络的子结构图

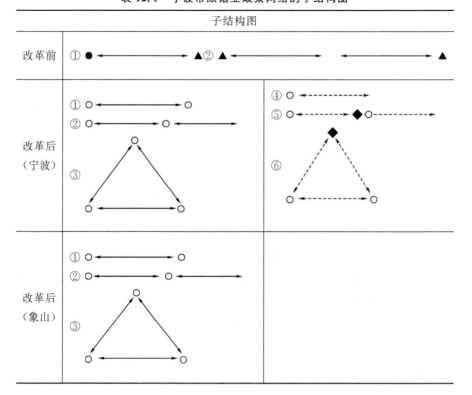

(三)行动者中心性比较分析

图 12.4、图 12.5、图 12.6 分别表示宁波市旅馆业审批政策网络内的行动者在改革前后的度数中心度(C_D)、接近中心度(C_c)和中间中心度(C_B)。比较图 12.4、图 12.5、图 12.6 可以发现:第一,改革前,审批相对人在旅馆业审批政策网络中处于绝对中心的地位,其 C_D、C_c、C_B 的值均为 1;改革后,

审批相对人的 $C_D=0.2$、$C_c=0.58$、$C_B=0.02$。其中 C_D 和 C_c 均小于政府组织内的所有部门。这说明联合审批后，审批相对人在旅馆业审批政策网络内的重要性下降了。第二，改革后，各审批职能部门（除工商局外）的 C_D、C_c 都较改革前有了提升，其中 C_D 从改革前的 0.2 提升到 0.42 强，C_c 从改革前的 0.56 提升到 0.75 强；C_B 还和改革前一样均为 0；且各审批职能部门的上述三个中心度数值均一致。这说明改革后各审批职能部门在网络关系上彼此平等。这一方面为整体政府的推进提供了很好的协调、讨论平台，另一方面也对联合审批政策网络的协调和管理提出了挑战。进一步说，联合审批中推进整体性政府无法依赖于传统的命令—控制模式，而必须在网络内寻找新的协调、管理方式。第三，改革后（宁波）和改革后（象山）采用了不同的模式，比较图 12.5、图 12.6 可以发现，改革后（宁波）的市综合窗口和市审改办的 C_D、C_c、C_B 均比各审批职能部门高，但低于象山县承担同样角色的县审改办。这说明，改革后（宁波）有两个中心度较高的行动者。象山县则只有一个，且其中心度比前者高。因此，在推进整体性政府上，改革后（象山）相对较易于改革后（宁波）。

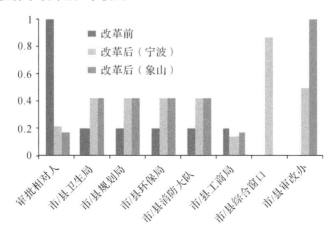

图 12.4　度数中心度比较

（四）核心和边缘

运用 UCINET 6.0 对宁波市改革前后旅馆业审批政策网络做中心/边

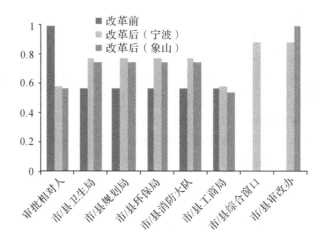

图 12.5　接近中心度比较

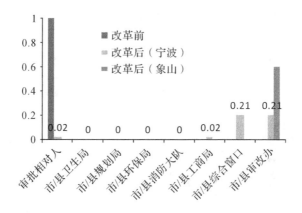

图 12.6　中间中心度比较

缘分析可以发现,改革前后的中心/边缘圈发生了很大变化[①]。改革前核心圈成员为审批相对人,边缘圈成员为市卫生局、市环保局、市消防大队、市规划局、市工商局等审批职能部门;改革后(宁波)核心成员为市综合窗口、市卫生局、市环保局、市消防大队、市规划局、市审改办,边缘圈成员为审批相

对人和市工商局;改革后(象山)核心圈成员为县卫生局、县环保局、县消防大队、县规划局、县审改办,边缘圈成员为审批相对人和县工商局。由此可见,审批相对人由改革前的核心转变成边缘,而各审批部门(工商局除外)由改革前的边缘转变成了核心[1]。这一网络位置和角色的转变意味着,改革前旅馆业政策网络推动者是审批相对人,而改革后联合审批政策网络的运转则主要在于政府部门了。其中引出的问题是,改革后各审批部门推动网络运转的动力来自哪里? 如何在联合审批中形成整体性政府而不是相互推诿、扯皮? 这仍然是联合审批制度设计需要解决的问题。

第四节 宁波市旅馆业联合审批改革的结论与建议

一、主要结论

(一)联合审批改变了政策网络内的信息流通路径、行动者的中心性、网络地位,各审批部门形成了初步的整体性政府特征

在联合审批之前,政府组织内各审批部门是按照传统的科层制模式运作的,接受自上而下的命令和规则。然而由于这些审批部门在行政上是平级的,不存在命令—控制关系,因此,一旦审批出现问题,就需要审批相对人利用自己的社会关系在各审批部门间沟通、协调。联合审批之后,各审批部门之间建立了相互沟通的制度、平台,增加了信息、资源共享的渠道,形成了初步的整体性特征。这些特征包括:(1)在联合审批政策网络内,政府各部门之间由于审批业务关系(图 12.2、图 12.3 实线)或审批政策网络管理、协调关系(图 12.2 虚线)联结在一起。(2)在联合审批政策网络内,政府各部门之间的信息沟通渠道多样化。除传统的单向沟通外,有了更多的双向沟通和三向即时沟通。(3)在联合审批政策网络内,政府各部门以基本相同的幅度提升了各自的节点度、中心性,且均成为网络核心人物。这些特征反映了在宁波市旅馆业联合审批政策网络中,各审批部门按照上级联合审批的改革思路,为了改变以往不尽合理的审批模式聚集在一起,形成了初步的整

---

[1] 工商局在审批中只审核名称,与其他部门业务联系较少,因此,处于网络边缘。

体性政府。

（二）联合审批政策网络的行动者中心度程度均较低,网络内缺少推进整体性政府的强有力的行动者

比较宁波市旅馆业联合审批改革前后的政策网络可以发现,在改革前,审批相对人具有绝对的中心地位,其度数中心度、接近中心度和中间中心度均为1;但改革后,各审批部门的中心度各数值基本一致,没有特别明显的最高值,[其中改革后(宁波)值仅为 $C_D=0.57$、$C_c=0.3$、$C_B=0.18$]。这说明联合审批政策网络内行动者的网络关系平等,网络动员能力也大致相当,没有行动者可完全担当管理、协调网络推进整体性政府的角色[①]。这主要是因为在联合审批中推进整体性政府仅就审批业务关系建立网络化联结是不够的,它还需要组织内部的改变(如文化和价值观、信息管理系统)、跨组织间工作的新方式(如共享的领导关系、共享的预算,融合的结构和团队)。这些深层次的整合,需要拥有多样化政策工具和强有力的行动者。

（三）联合审批改变了政府与社会、经济的联结方式,但作为整体性政府提供服务时没有多类行动团体参与以支撑其回应性

整体性政府在提供服务时不仅仅是"一站式政府",更重要的是不同的决策者对公众的需求共同做出反应。宁波市旅馆业审批改革前后的政策网络所发生的信息流通方式变化、行动者的中心度变化和网络地位变化,都显示在联合审批之后,经济、社会领域的审批相对人介入政府组织运作少了。改革前政府与经济、社会通过个人社会关系联结的方式转变成了规则制度化的联结。但发生这一转变之后,联合审批政策网络中没有相关参数表现审批相对人在审批过程中信息沟通、了解进展、反映要求的渠道,或通过代理机构的委托控制以及其他公共控制的渠道。同时,在联合审批政策网络中也没有企业、社会组织、社区、第三方委托代理机构等多类行动团体参与,因此,整体性政府的回应性就难以保障。

---

① 这一点我们在后期宁波市文化娱乐业联合审批的调研中也得到了印证。我们赴市海曙区文广局文化窗口实地访谈时,工作人员表示联合审批存在困难,首先文化窗口作为一个行业部门,对其他审批部门的工作要求、工作标准并不清楚,对提交的表格并不能真正审核。其二,文化局作为部门,权威不够,在整个审批过程中,很难集合其他部门的人员前往现场。参见:龚虹波.访谈记录,2013-04-17。

二、推进联合审批的政策性建议

（一）以整体性政府的目标管理联合审批网络

从宁波市旅馆业联合审批改革前后的数据分析可以看出，改革后（宁波）的市综合窗口、市审改办和象山县审改办中心度略高于各审改部门，这些部门事实上开始承担网络管理者的角色，但是这些部门在网络中的职责还需厘清和加强。从实现整体性政府的目标出发，这些部门在管理、协调网络时至少有两个层面的职责：一、在联合审批中理顺和整合政府各部门的审批职能。主要是协调好各审批部门之间合作与竞争的关系，破解多个部门共同负责时会出现的推诿扯皮现象，以及在联合审批中出现的来自各个方面的冲突，比如，各审批部门之间审批规则、程序和标准上的冲突，联合审批中某些新规则与上位之间的冲突，各审批部门之间的利益冲突，等等。二、从整体性政府建设的战略来管理联合审批网络。具体包括网络内有利于整体性政府建设的奖励、制裁和协调的微观管理制度；联合审批中支撑整体性政府建设的宏观管理制度；发展网络内沟通、互动的技巧和平台；为网络提供行为规则、促进信任机制发育；等等。当然，为了履行好上述职责，还需加强综合窗口或审改办的权威、资源，增进其综合性的审批业务知识，并在制度层面确保其有推进联合审批的动力。

（二）以整体性政府的相应制度体系支撑联合审批

目前，全国各地推进联合审批大多就审批而联合，没有深层次的整体性政府的制度建设，这势必制约联合审批向纵深推进。从联合审批政策网络内的信息流通路径、行动者的中心性、网络地位等数据可以看出，联合审批已形成初步的整体性政府特征。但这些参数值的变化只反映政府各部门在审批过程中外在行为的网络表现。这些外在的联结关系和网络特征是受到内在制度因素的制约和影响的。因此，推进联合审批需要相应的制度来支撑，比如将以往政府各部门独立的财政预算制度转变成灵活共享式的财政预算制度；突破政府组织内传统的自上而下命令—控制型的领导制度，引入强调政府各部门的合作、协调技巧以及营建公私合作伙伴的领导方式；改变各审批部门没有平台或意愿共享数据的现状，建立网络数据共享制度。联合审批必须有相应的制度支撑才能在实现整体性政府上走得更远、更久。

（三）以整体性政府为导向重建联合审批网络内的公私伙伴关系

这一重建可解决目前联合审批面临的三大问题。第一，联合审批的政府回应性问题。联合审批后，审批由以前的老百姓"跑"变成政府机构的"忙"。但是，对审批相对人来说，"跑"的烦恼还在其次，关键在于审批项目能否早日顺利通过。他们有很大的参与愿望和动力。因此，联合审批网络内需要公共交流平台和制度化的社会参与途径以吸纳审批相对人的要求、意见以及信息沟通。第二，在联合审批中的政府职能定位问题。在联合审批中，各审批部门整体行动，其行动结果也以整体呈现，但在整个审批过程中，依旧有审批职能的定位问题。因此，联合审批需要把与政府服务外包相关的企业、第三方评估机构、非营利组织等整合进网络，在与各审批部门、审批相对人的多方互动中实现整体性政府的审批职能定位。第三，整体性政府在联合审批中重塑政府与社会、经济的关系问题。联合审批不能只停留在同级政府部门内建立整体性政府。持久的整体性政府应该实现上下级政府、同级政府、企业、公众、社区、社会组织等多个行动团体之间的整合，把具有不同利益追求、不同组织文化、不同管理方式的行动团体联合起来，打破组织边界，重塑政府与社会、经济的合作型关系。

第十三章　地方性高校治理的政策网络分析

地方性高校介于"作为精英教育的学术研究型大学"和"作为实用性的职业技术型高职院校"之间,属于中间类型的高校[1]。在目前的高等教育管理体制下,这类高校既要努力追求学术研究型的发展方向,又要密切关注人才培养的市场需求;既要在中央、省、市教育管理体制中谋发展,又要回应地方政府的区域发展需求。因此,如何将"学科发展的需求"和"服务区域发展的需求"有效结合起来,是其发展面临的核心困境。对此,国内众多学者提出了多主体治理的构想,希冀通过治理来汇聚各方利益,并在恰当的制度框架下做出有利于地方性高校发展的选择[2]。那么如何通过治理走出地方性高校的发展困境呢? 本章运用政策网络理论与技术分析了宁波大学"学科大类"培养模式改革的案例,以揭示地方性高校实现多主体治理的微观基础和具体路径。

第一节　地方性高校治理的经验研究工具:
政策网络分析

地方性高校治理不仅仅是一种理念,更是观察、解释和指导实践的理论进路。在这一进路下,"多中心治理理论""协同治理理论"等受到诸多国内学者的关注,并将其运用于我国地方性高校发展的研究中。这些理论很好地展示了"治理"应该是怎么样的,实现"治理"应该有什么样的行动者、行动舞台、制度框架等。这些理论知识虽然有助于研究者观察现实的治理现象,

---

[1]　潘懋元,吴玫.高等学校分类与定位问题.复旦教育论坛,2003(3):5-9.

[2]　参见盛冰(2003)、胡赤弟(2005、2011)、张焱(2006、2009)、龙献忠、陶静(2008)等人的研究。

但是研究者依旧需要恰当的理论工具,来获取、分析地方性高校治理的经验现象。只有这样,才能在地方性高校治理的微观机理上找到实然与应然的差距,以寻找有效治理的具体路径。而 21 世纪逐渐兴盛的政策网络理论和技术是很好的经验研究工具。

近半个世纪以来,中西方政策网络进路的文献数量巨大,且呈逐年增加趋势。但按其研究理路来分大致有三类[①]。第一类着重于对不同的政策网络进行分类,分析行动者之间的互动行为来解释政策网络运作的结果[②];第二类研究则不满足于仅仅解释政策网络在实现政策结果上具有什么样的能力,还着眼于研究政府在政策网络中能发挥什么样的作用,把政策网络视作政府的管理工具[③];第三类则认为,前两类研究都只是在描述和比喻的意义上使用政策网络[④],因此,它将社会学的社会网络分析方法和技术运用于政策网络分析,使得政策网络研究能提炼出一系列可观察的关系变量,同时也产生了一系列具有因果解释力的政策网络理论[⑤]。

上述三类政策网络研究虽然着眼点不同,但在分析我国地方性高校治理时可取长补短地加以运用。首先,我国地方性高校的治理局面正在逐步形成,可运用第三类研究对具体的政策网络加以定量的描述,分析行动者的类型及相互关系、政策网络的结构性特征;然后,在此基础上运用第一类研究解释政策网络运作的结果;最后,运用第二类研究将政策网络看成管理工具,提出改进地方性高校治理的结论和建议。这样的研究至少具有如下优势:一是可以从个体行动者的行为出发,通过分析行动者之间的关系来观察地方性高校近几年逐渐增强的治理趋势,从而避免了难以观察的"制度";二是第三类政策网络研究可将地方性高校治理的政策网络定量地、清晰地呈现出来并加以分析,为政策结果解释和对策研究提供确凿的依据;三是这三类研究相互关联、相互补充,为地方性高校治理提供了系统的经验研究工具。

---

① Dassen A. Networks: Structure and action: Steering in and steering by policy networks. University of Twente, 2010: 35-40.

② 如 Richardson、Jordan, 1979; Atkinson、Coleman, 1989; Van Waarden, 1992; Kenis, 1991; Schneider, 1992; Scharpf, 1978, 1994。

③ 如 Kickert、Koppenjan, 1997; Skelcher, 2006; Sorensen and Torfing, 2007。

④ Dowding K. Model or metaphor? A critical review of the policy network approach. Political studies, 1995, 43(1): 136-158.

⑤ 如 John、Cole, 1998; Brass, Galaskiewicz, Greve, Tsai, 2004; Isett、Provan, 2005; Borras、Olsen, 2007; Sandstrom, 2008。

第二节　地方性高校治理的政策网络分析要素

政策网络是分析我国地方性高校治理比较恰当的理论进路,那么如何在上述三类政策网络研究的基础上,结合我国地方性高校治理的具体情境,选择恰当的分析要素来解释其所面临的治理困境呢? 本研究从以下三方面着手选取政策网络的分析要素。

一、政策网络的定量描述要素

通过实地调研确认"行动者"和"行动者之间的关系",得到定量的政策网络图。在此基础上分析政策网络内的行动者、关系、子结构、节点度、最短距离、中心化、核心和边缘等值[①]。通过分析这些要素,可以确认所研究的政策网络是否真实存在,以及政策网络的各类定量特征,从而为定性研究提供依据。

二、政策网络的定性分析要素

"行动者"和"行动者之间的关系"是政策网络的两大基本要素。因此,本研究选取反映网络总体性特征的"网络特征""行动者特征""行动者之间的关系特征"三类指标的 12 个网络参数来定性分析政策网络。第一个维度,"网络特征"包括 5 个参数:政策目标、政策结果、网络功能、网络制度化和网络经费[②]。第二个维度,"行动者特征"包括 3 个参数:行动者类型和数量、行动者目标、行动者策略[③]。第三个维度,"行动者之间的关系特征"包

---

① 刘军. 整体社会网分析. 上海:上海人民出版社,2009:97.

② Van Waarden F. Dimensions and types of policy networks. European journal of political research,1992,21(1-2):29-52.

③ 同上.

括 4 个参数：关系内容①、权力关系②、行为规则③、信任基础④⑤。本研究通过定性分析政策网络内上述参数来解释政策结果产生的原因。

三、政策网络的规范分析

通过对地方性高校治理政策网络的定量描述和定性分析，指出政策网络上述分析要素可以改进的地方，并针对各类行动者（特别是政策网络管理者）提出改进政策网络诸要素的结论和建议。

第三节　某大学"学科大类"培养模式的政策网络分析

宁波大学是由教育部、浙江省和宁波市共建的重点综合性大学。作为典型的地方性高校，宁波大学在发展过程中既要凭借自身科研能力、教学业绩、学科实力同其他同档次的高校竞争以获得教育部和省政府的各类资源，同时也要满足宁波市日益迫切的专业、人才和科技需求以获得市政府的财政和政策支持。为了将这两类需求落实在学校的教学改革和专业发展中，2006 年宁波大学提出了"学科大类"培养模式的教学改革，最开始的着眼点是强化学生专业选择自主权，增强宁波大学对省内乃至全国优秀生源的吸引力。经过近 10 年的改革，该培养模式的影响已延伸到整个学校的教学氛围、专业发展、学科设置乃至教师的科研方向。

那么"学科大类"培养模式是如何将各类行动者联系起来的呢？其是否已形成一个相互关联、相互作用的政策网络呢？

---

① Knoke D，Yang S. Social network analysis[M]. Sage Publications，2008：23-24.

② 同上。

③ 同上。

④ Berardo R，Scholz J T. Self-organizing policy networks：Risk，partner selection，and cooperation in estuaries. American Journal of Political Science，2010，54(3)：632-649.

⑤ 关系内容：指行动者之间的互动呈现的实质性理由。权力关系：指政策网络具有权力分配的特征。行为规则：指在政策网络内行动者是合作的，还是对抗的；网络制度是必须遵守的，还是可突破的；是规则主导的，还是人情主导的；是集体主义导向的还是个人主义导向的；等等。信任基础：政策网络内行动者的联结需要信任基础，这种信任基础可以是制度、个人声誉和共同的利益。

一、宁波大学"学科大类"培养模式政策网络的定量分析

本研究采用文件分析、访谈和参与观察资料解读、编码的方式获取相关数据来定量描述、分析这一政策网络。文件主要包括:《关于印发〈宁波大学学生转学科大类和专业分流实施办法(试行)〉的通知》(宁大政〔2012〕103号)、《关于做好 2011 年专业增设和调整申报工作的通知》(宁大教务处)、《宁大教务》;访谈记录 12 份(主要包括对院系领导、教师、学生的访谈)、参与观察资料 15 份。编码方式如下:首先确定宁波大学"学科大类"培养模式的行动者和行动者之间的关系,然后确定行动者之间有无利益关联和行动联系,再编码赋值。在"学科大类"培养模式的运作中,行动者之间没有互动行动的,编码为"0";行动者之间有互动行动的,编码为"1"。运用UCINET6.0 绘制宁波大学"学科大类"培养模式的政策网络,如图 13.1所示。

从图 13.1 和表 13.1 所示的政策网络定量分析数据可获得以下结论:首先,该政策网络共有 4 大类 18 个行动者。第一类为学校层面的 5 个行动者:学校党政领导班子、主管教学副校长、学科大类设置专家委员会、专业设置委员会和教务处(在图中用●表示)。第二类为学科性学院层面的 6 个行动者:学科性学院领导、系主任、专业负责人、专业骨干教师、大类平台课任课教师和普通教师(在图中用■表示)。第三类为阳明学院的 3 个行动者:阳明学院领导、阳明学院学生工作者和阳明学院班主任(在图中用▲表示)。第四类为学生层面的 4 个行动者:阳明学院学生、阳明学院学生家长、潜在生源和潜在生源家长(在图中用▼表示)。这 18 个行动者在"学科大类"培养模式的运作过程中共形成了 144 对相互交往的关系。其中联系最少的行动者是普通教师($d=2$),最多的是专业负责人($d=16$);网络的平均节点度为 8,即每个行动者平均与另外 8 个行动者相互交往;平均最短距离为 1.6。由此可见,宁波大学"学科大类"培养模式的政策网络不仅存在,而且是一个行动者交往频繁、比较活跃的政策网络。其次,该政策网络的子结构包括两位行动者之间面对面沟通(见表 13.1①)、三位行动者之间通过中间人沟通(见表 13.1②)、三位行动者之间可循环,可逆转的即时沟通(见表 13.1③)。这种多样化的沟通方式,特别是可循环可逆转的即时沟通,有助于信息及时传递、行为者达成共识并形成有效互动。同时,政策网络的中心化程度为

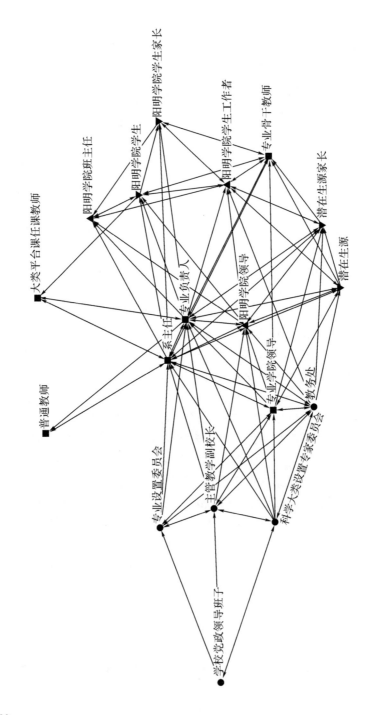

图 13.1 宁波大学 "学科大类" 培养模式的政策网络

52.9%①。这表明网络松散度和紧密度居中，无明显的网络核心人物。由此可见，除非政策网络管理者（如学校党政领导班子）改变现有政策网络的运作模式，否则很难在现有的政策网络内进行"运动式治理"式或"权力集中型"的政策执行。最后，在政策网络的"核心—边缘"分析中可以看出，除主管教学副校长、教务处和阳明学院相关行动者外，学科性学院领导、系主任、专业负责人、专业骨干教师也成为政策网络的核心行动者。这说明宁波大学"学科大类"培养模式通过学生分流已深入影响到各个专业。从某种程度上说，能否从阳明学院分流到学生几乎决定了各专业的生存、繁荣和发展。因此，学科性学院的领导层包括专业骨干教师都参与到学院各专业的生源获取中来。在"学科大类"培养模式政策网络中处于边缘的行动者，只能表明出于某种原因该行动者与其他行动者互动相对较少，并不表示其对网络运转不重要。

表 13.1　宁波大学"学科大类"培养模式政策网络的定量分析②

	行动者	关系		子结构和中心化	核心	边缘
		节点度	最短距离			
政策网络定量分析	4 大类18 个	总计：144	最小：1	① ② ③	主管教学副校长、教务处、阳明学院领导、阳明学院学生工作者、学科性学院领导、系主任、专业负责人、专业骨干教师、阳明学院班主任、阳明学院学生	学校党政领导班子、普通教师、学科大类设置专家委员会、专业设置委员会、大类平台课任课教师、阳明学院学生家长、潜在生源、潜在生源家长
		平均：8	最大：3			
		最多：12	平均：1.60			
		最少：2		中心化：52.9%		

综上所述，经过近十年的运作，宁波大学"学科大类"培养模式已经形成比较成熟的政策网络。该政策网络将各方利益主体结合起来所形成的外在

---

① 在此中心化是指群体度数中心化（Cd），依据群体节点度计算而得的中心化。

② 本表数据运用 UCINET6.0 处理所得，其核心是和"边缘和边缘"的匹配方式 CORR。

特征表现为:政策网络内有着利益、目标各异的 4 大类 18 个行动者;行动者之间交往频繁、沟通顺畅;核心—边缘成员清晰,但无明显的核心行动者。

二、宁波大学"学科大类"培养模式政策网络的定性分析

那么宁波大学是如何将"学科发展的需求"和"服务区域发展的需求"结合起来呢?本研究通过对宁波大学"学科大类"培养模式政策网络的"网络特征""行动者特征""行动者之间的关系特征"三大类指标的 12 个网络参数的定性分析,展现、解释这一结合所面临的困境。定性分析结果如表 13.2所示。

表 13.2　宁波大学"学科大类"培养模式政策网络的定性分析

	网络参数	宁波大学"学科大类"培养模式政策网络
网络特征	政策目标	将区域人才就业的市场因素引入学校的人才培养,加强专业竞争、促进专业发展
	政策结果	学生分流意向明显,各专业面临不同的发展压力
	网络功能	不同的行动者在阳明学院学生如何分流问题上相互沟通、合作、竞争
	网络制度化	在学校层面有部分关于网络运转的制度,制度化弱
	网络经费	学校经费、学院经费、系(所)专业点的经费
行动者特征	行动者数量和类型	18 个。●学校层面的行动者(5 个)■学科性学院层面的行动者(6 个)▲阳明学院的行动者(3 个)▼学生层面的行动者(4 个)
	行动者目标	●增强学校人才培养竞争力、专业实力,促进学校的发展 ■争取生源,保留或发展本院(系)专业 ▲管理好阳明学院学生 ▼在分流时能选择到好专业
	行动者策略	●制定政策,监督政策执行,把压力传递给各专业 ■积极通过各种渠道争取生源 ▲不介入、不偏袒专业竞争,做好本职工作 ▼随大流、看专业、凭兴趣、无所谓

续表

	网络参数	宁波大学"学科大类"培养模式政策网络
行动者的关系特征	关系内容	政策执行、信息、资源的交流、指导
	权力关系	上、下级关系、师长、平等
	行为规则	基于"学科大类"培养相关政策的商议、合作、指导和监督
	信任基础	个人声誉、专业声誉、政策程序正义

首先,从反映"学科大类"培养模式政策网络总体性特征的5个参数分析其所面临的治理问题可以发现:第一,政策目标和政策结果尚有一定差异。宁波大学党政领导班子在经过多方调研、多年酝酿的基础上提出了按"学科大类"招生的培养模式,其政策目标在于通过学生"自主分流"来促动各专业加强自身实力建设,提高教师的教学、科研能力[①]。然而,经过近10年的运作,其政策结果尚未达到原先的政策目标。虽然每届学生都能顺利分流,但分流却给专业带来了不同的负担。分流学生多的专业,教师面临过于繁重的教学任务而影响了科研;分流学生少甚至没有的专业,教师虽然有更多的时间致力于科研,但要花更多的精力、时间去关注招生,甚至为所在专业的生存而担忧。这是原先政策设计时预想不到的。第二,政策网络的功能发挥良好,但欠缺延伸能力。"学科大类"培养模式政策网络使不同的行动者围绕"学生分流"相互沟通、合作和竞争,但针对政策网络运作结果与政策目标之间的差异,各类行动者都无法在该政策网络内协调、纠偏[②]。第三,网络制度化还比较弱。"学科大类"培养模式虽然已运行了近10年,但由于政策结果的叠加效应,此项改革给各专业带来的压力也在近几年刚刚显现。因此,规范政策网络运转的正式制度还比较欠缺,非正式制度也处于无序的萌芽状态。如各系、各专业在争取阳明学院生源时就处于无序的竞争状态。生源关系着专业的生存和发展,因此各专业(除少数几个生源特别多的)都有很大的动力来争取生源。关于如何宣传本专业,学校有以下几个

① 方志梅,赵伐.面向学生多层次选择的创新人才培养体系的构建.中国高教研究,2008(10).

② 这对于政策网络管理者也不例外。比如,某一管理专业在"学科大类"培养模式下归于经济管理大类。在经济学各专业的强大竞争压力下,几年来生源一直艰难,面临专业撤销的危险。因此,该专业强烈要求更换大类。学校领导想保存这个专业,可一旦调整了这一专业的大类,其他生源有危机的专业都会要求调整,这将导致整个"学科大类"培养模式的崩溃。

规定：①让每个专业向阳明学院所属大类的学生开设四个学时的专业导论课；②分流前向所属大类学生做专业宣传；③各专业可派教师担任阳明学院所属大类学生的班主任；④各专业可申请开设大类平台课。但各专业为了吸引到理想的或足够的生源，在专业宣传上施展了各式各样的手段①②。对于这些手段的合理性，各专业间颇有微词。第四，网络经费来源渠道多样化，但缺乏制度规范。"学科大类"培养模式政策网络运转的网络经费来源主要有学校经费、学院经费、系所经费和专业点、学科建设经费等。学校和学院经费实行经费包干制，经费使用渠道非常清晰③。但在学院、系所、专业点和学科层面，经费使用却往往产生纠葛，成为阻碍政策网络运转的因素之一④。

其次，从反映"学科大类"培养模式政策网络行动者特征的 3 个参数来分析其所面临的治理问题可以发现：第一，从行动者的数量和类型来看，4 类行动者中数量最多的是学科性学院的行动者（6 个）。这其中还不包括潜在的行动者，如有意向加盟宁波大学的专业人才。这说明"学科大类"培养模式政策网络已深深地影响到各专业的发展。阳明学院的行动者较少（3 个）。这其中还包括了来自各学科性学院的阳明学院班主任。而事实上，这一政策网络的最主要目标是"将区域人才就业的市场因素引入学校的人才培养"。"加强专业竞争、促进专业发展"只是引入的结果。第二，分析表 13.2 的行动者目标和行动者策略两项参数可知，"学科大类"培养模式政策网络内的行动者目标和策略各不相同。那么不同的行动者目标能否整合起来实现政策目标呢？这关键还在于学生分流带来的生源压力能否促进专业的良性发展。分析学生层面行动者的目标和策略可以发现，学生希望选择

---

① 宁波大学.关于印发《宁波大学学生转学科大类和专业分流实施办法（试行）》的通知（宁大政〔2012〕103 号）［Z］.2012.

② 除完成学校的规定动作外，有的系配备了专门负责招生的系副主任，通过骨干教师组织学生社团、与学生科研结对，邀请名家讲座等方式吸引学生；有的让本专业毕业的学生现身说法吸引学生；有的通过聚会，让本专业学生与阳明学院学生交流以预先培养其专业感情；有的在宣传时打出别致的广告、发放纪念品以吸引学生眼球；有些招生困难的专业甚至给学生家长写信、给每位分流进来的学生设立科研基金等等。

③ 宁波大学.宁波大学预算管理办法（宁大政〔2011〕108 号）［Z］.2011.

④ 笔者在访谈和参与观察时都了解到，这种经费使用纠葛在学院以下层面非常普遍。招生宣传和活动需要一定的经费支持。这笔经费是学院出、系（所）出还是专业建设经费出，特别是当权力分属于有竞争性或合作困难的个体时，这种纠葛就更难避免。

一个好的专业,但对什么是好专业缺乏自己的理解。笔者在调研中发现,有
60.8%的学生在选择专业时随大流,即选择分流人数多的专业,如经管大类
的外贸、会计等;11.6%的学生看专业,即受"专业宣传""专业优惠政策""与
专业已有联系"的影响;5.7%的学生依照自己的专业学习兴趣进行选择。
11.9%的学生因学习成绩积点分较低,因选专业无主动权而持无所谓态
度①。由此可见,学生选专业的结果是大量生源涌向热门专业。而且热、冷
门专业出现年度叠加效应,热门的越来越热门、冷门的一年比一年困难。由
于学生对就业市场感知的滞后性、对专业了解的有限性,对政策网络管理者
来说,在实现学生分流传递压力以促进专业发展的政策目标上,还有很大的
努力空间。短期内,为了防止专业被"误杀",也需要相应的缓冲措施来加以
保护。

　　最后,从反映"学科大类"培养模式政策网络行动者的关系特征的4个
参数来分析其所面临的治理问题可以发现:第一,行动者之间的关系内容、
权力关系、行为规则和信任基础都是多样化的。关系内容上既有基于上、下
级关系的政策执行,又有各学院之间基于平等关系的信息、资源交流、合作
和竞争——也有学科性学院、阳明学院的老师对学生基于师长关系的指导。
而且各学科性学院无论其生源多或少,在"学科大类"培养政策网络中均承
担着压力,但这一压力不可能向待分流的学生传递。因为学科性学院老师
与阳明学院学生之间是基于师长关系的指导。第二,整个政策网络的信任
基础除了"学科大类"培养政策的程序正义之外,还有基于行动者的个人声
誉和专业声誉。这主要是因为学科性学院的行动者以师长身份去指导学生
(包括学生家长)选择专业时,实际上是以个人声誉和专业声誉担保的。如
果学科性学院的行动者为了招揽到生源"欺骗"学生,学生(包括学生家长)
在以后的学习中发现专业并不像师长所说的那样,势必有损师长的个人声
誉和专业声誉。这将严重地影响整个政策网络的有效运转,并波及其他
方面。

---

　　① 本次调查问卷发放对象为2012级、2013级宁波大学阳明学院分流学生,发放400份,回收
367份。

第四节　地方性高校治理政策网络的结论与建议

地方性高校发展必须改变传统"自上而下"单一的行政管理思维,引入汇聚多个利益主体的"治理"理念,更重要的是找到合适的载体将这一发展理念变成地方性高校发展的现实动力。宁波大学"学科大类"培养模式政策网络的案例,至少可以为我国地方性高校走出治理困境提供以下结论与建议。

一、有效运转的政策网络是实现地方性高校治理的载体

实现地方性高校治理需要具体的政策整合进各类行动者,并形成政策网络。在这个政策网络中,一旦网络目标和相应的制度确定,就允许各类行动者基于自身利益选择行动策略、实现行动目标。比如,宁波大学通过"学科大类"培养这一具体政策,汇聚了各个层面的行动者,形成了有效运转的政策网络,从而才有希望实现综合发展的治理。因此,形成有效的政策网络才能改变传统自上而下的管理模式,调动各方利益为地方性高校发展服务。

二、政策网络的开放性和成员的多样化有助于实现地方性高校治理

虽然政策网络的开放性和成员的多样化会加剧网络管理的难度,但这有助于汇聚各方利益,克服政策网络存在的缺陷。比如,在"学科大类"培养模式政策网络中,除了现有行动者外,还可以在阳明学院层面、学校层面增加各类行动者,引导学生根据自身特点、用发展的眼光来选择专业。这将有助于政策目标的实现。另外,如果"学科大类"培养模式政策网络能向社会开放,将政府、企业、社会层面的行动者对人才的需求引入该政策网络,也会有助于政策目标的实现。

三、政策网络管理者应该是网络运转的观察者、引导者、纠偏者和防范者

政策网络是地方性高校实现治理的一种方式。政策网络的形成是自生

自发的,但这并不意味着政策网络不需要管理。由于政策网络的行动者目标和行动者策略等众多的网络参数会随着政策目标和网络制度发生变化,位于决策层的领导者应该承担政策网络管理者的角色。当然,政策网络管理者并不能以直接的命令控制网络内的行动者。但它应该密切观察政策网络的运作过程和结果;出台政策引导行动者目标和策略以实现政策目标;一旦出现政策目标偏离现象,应及时出台恰当的纠偏措施。即便如此,政策网络运转也不一定能成功实现政策目标,万一出现不良的政策结果应该如何防范,这都是政策网络管理者应该考虑的问题。

四、政策网络管理者应该从政策网络参数入手细化政策网络目标的实现机制

在地方性高校的治理中,有时一项政策的推行形成了政策网络,身处政策网络中的实践者可能感觉到网络运转结果偏离了政策目标。此时,政策网络管理者可从政策网络各参数入手来考察政策目标的实现机制。比如,在"学科大类"培养模式的政策网络中,为了更好地实现政策目标,政策网络管理者至少可从以下三点入手来纠偏:一是,引入各类行动者引导学生正确选择专业;二是,各专业争取生源的竞争性行为需有制度规范;三是,网络制度化需加强、网络经费使用需明确、网络信任基础需强化政策程序正义。从宁波大学"学科大类"培养模式的案例中也可看出,政策网络实现政策目标并不是自然而然地,它比传统"自上而下"的行政模式更容易偏离政策目标。因此,政策网络管理者应从各类网络参数入手密切关注网络中政策目标的实现机制。

第十四章　高校"学科—专业—产业链" 治理机制研究

　　某地方性高校某学院的领导班子正在召开紧急会议,讨论如何应对该学院一专业将被取消"学校强势专业"称号。一旦失去这一称号,专业发展将失去学校专项发展基金的资助以及种种优惠政策。院长在会上焦虑地说:"学科发展面临很大困境。整个学科 50 多名教师,2014 年总共发表 CSSCI 论文 3 篇,有近三分之一的老师几年科研工作量连续 0 分。整个学科中,三分之一教师做、三分之一看、三分之一连看都不看。"据调查,这一学科有将近三分之二的教师从事地方服务,但整个学科的发展却面临巨大困难。①

　　上述现象在高等院校特别是地方性高等院校中并不少见。在传统的思维模式下,人们会简单地认为,这一学科的教师不务正业、一味追求金钱、沉不下心来搞科研。因此,管理者应该设计政策,要么把这一批人重新拉回科研工作,要么干脆推向市场、社会,腾出岗位引进新的人才。事实上,这两种解决问题的思路不仅在现实中很难行得通,而且从"学科—专业—产业链"发展的角度看,这种简单、粗暴的处理方式也错失了专业、学科发展的大好时机。从"学科—专业—产业链"发展的角度看,上述案例所反映的学科发展困境也是迫切需要建立、提升治理机制的表现。基于此,本章试图回答高校"学科—专业—产业链"治理机制是如何发展、演变的?管理者在这个演变过程中可能通过影响哪些因素来提升治理机制?

---

　　① 来自笔者 2015 年 10 月 23 日的访谈记录和参与观察记录。

第一节 政策网络分析框架建构

"学科—专业—产业链"是指以一定产业链为依托,以服务一定产业链为目的,进而形成一系列相关学科、专业与产业链之间的相互作用或相互联系的一种联合体。[①] 这一研究范式不仅传承了"产学研"的研究精髓,而且在制度、组织、载体等三个方面体现了其优越性。[②] 因此,近年来越来越多的学者开始采用这一研究范式。[③] 关于我国"学科—专业—产业链"治理机制的研究,胡赤弟指出,形成"学科—专业—产业链"需要政府规则、市场主导、大学主体,并构建组织载体、确立制度保障和建立交流协商机制。[④] 胡赤弟、黄志兵在知识形态的视角下提出了模糊组织边界、建立拓展性组织体、构建创业创新文化的组织化治理机制。[⑤] 事实上,与这一研究主题一脉相承的"产学研"治理机制的研究由来已久。刘力以学术价值与商业价值的冲突为论题指出,现代大学的学术与政府和企业接触,是其重新认识学科性质、实现研究创新的重要途径。[⑥] 学者们建构了分析产学研合作的理论模式、产学研合作项目治理方式的研究框架。[⑦] 同时,有不少学者致力于探讨

[①] 胡赤弟.论区域高等教育中学科—专业—产业链的构建.教育研究,2009,30(6):83-88.

[②] 王贺元,吴卿艳.论产学研范式到学科—专业—产业链范式的转变.教育发展研究,2011,31(1):73-76.

[③] 胡赤弟,黄志兵.知识形态视角下高校学科—专业—产业链的组织化治理.教育研究,2013,34(1):76-83;王贺元,吴卿艳.论产学研范式到学科—专业—产业链范式的转变.教育发展研究,2011,31(1):73-76.;姚芝楼,王建国.高职高专实践教学模式的建构.中国高教研究,2006(6):63-65.

[④] 胡赤弟.论区域高等教育中学科—专业—产业链的构建.教育研究,2009,30(6):83-88.

[⑤] 胡赤弟,黄志兵.知识形态视角下高校学科—专业—产业链的组织化治理.教育研究,2013,34(1):76-83.

[⑥] 刘力.学术价值与商业价值的冲突——产学研合作的理念探析.教育研究,2002(4):25-29+57.

[⑦] 何郁冰.产学研协同创新的理论模式.科学学研究,2012,30(2):165-174;丁荣贵,孙涛.政府投资产学研合作项目治理方式研究框架.中国软科学,2008(9):101-111;徐静,冯锋,张雷勇,等.我国产学研合作动力机制研究.中国科技论坛,2012(7):74-80.

产学研合作的动力机制、①运作机制和运作模式。② 上述研究一致认为,"学科—专业—产业链"(或"产学研")的运作是多主体之间相互联系、相互作用的治理过程。这一判断非常契合政策网络分析的研究思路。

政策网络分析在公共政策研究中由来已久。一般来说,政策网络类似于原始组织,或者说是一种松散组织。它介于单个个体的市场和正式组织之间。政策网络与组织的区别在于关系正式化的程度和合作的类型。政策网络不需要一个权力中心,因此,协调不是基于等级权威,而是平等的讨价还价。③ 因此,"学科—专业—产业链"可以看作是基于知识价值创造需求,参与的行动者在政策引导下形成的大学学科、专业和产业、企业制度化互动的政策网络。因此,"学科—专业—产业链"治理机制可以看作在政策网络内对行动者、行动者之间的关系、网络以及网络特征和规则的研究。特别需要指出的是,近十几年来,西方第三代政策网络引入社会网络分析的理论和方法后显示出极强的包容性,为"学科—专业—产业链"研究提供了可靠且清晰的研究路径。④ 同时,鉴于"学科—专业—产业链"中组织和制度要素的重要性,本研究在政策网络分析中引入若干多中心治理理论的核心变量⑤,形成"学科—专业—产业链"分析框架(见表 14.1)。

由表 14.1 可知,"学科—专业—产业链"发展演化治理机制的比较分析框架选用了三类参数,即"行动者特征"、"行动者的关系特征"和"网络特征",⑥并对这三类参数采用定量和定性方法进行分析。第一类为定量分析参数,包括行动者、关系、节点度、最短距离、中心化、核心、边缘和集聚等

---

① 王雪原,王宏起.政府引导下的产学研战略联盟运行机制研究.科技进步与对策,2008(6):32-35.

② 谢开勇.构建高校产学研新的运行机制.软科学,2002(1):82-84;唐乐,段异兵.产学研合作的治理机制设计.科学学与科学技术管理,2007(12):45-49;孙怀玉.产学研合作教育的运行模式和机制、问题与对策.中国高教研究,2003(4):35-36.

③ Van Waarden F. Dimensions and types of policy networks. European journal of political research, 1992, 21(1-2):29-52.

④ 龚虹波.论西方第三代政策网络研究的包容性.南京师大学报(社会科学版),2014(6):29-36.

⑤ Ostrom E, Gardner R, Walker J, et al. Rules, games, and common-pool resources. University of Michigan Press, 1994.

⑥ Wasserman S, Faust K. Social network analysis: Methods and applications. Cambridge university press, 1994.

表 14.1　"学科—专业—产业链"发展演化政策网络分析参数

分析参数		分析方法	
		定量分析	定性分析
政策网络分析参数	行动者特征	行动者数量 行动者类型	行动者目标和策略
			行动舞台
	行动者的关系特征	节点度 最短距离	关系内容
			行为规则
			信任基础
			权力关系
	网络特征	中心化 核心与边缘 集聚	网络性质
			网络功能
			网络制度化
			网络经费

值。[①]通过上述定量网络参数分析,可以确认作为研究对象的"学科—专业—产业链"政策网络是否真实存在及其网络的定量特征,从而为下文的定性研究提供清晰、确凿的依据。第二类为定性分析参数。本研究根据"学科—专业—产业链"政策网络演化过程研究的需要,融合多中心治理理论,在这三类参数下分别选取定性分析指标。其中"网络特征"包括网络性质、网络功能、网络制度化、网络经费;[②]"行动者特征"包括行动者类型和数量、行动者目标和策略以及行动者舞台;[③]"行动者的关系特征"包括关系内容、

---

① 刘军.整体社会网络分析.上海:上海人民出版社,2009:97.

② 网络性质是指"学科—专业—产业链"政策网络是自生自发形成的还是自上而下建构形成的;网络功能指政策网络在形成、完善"学科—专业—产业链"中所发挥的作用;网络运作的制度层面指网络在多中心治理理论所指出的三个层面(操作、集体选择和宪法选择)的哪个或哪几个层面运作。

③ 行动舞台指包含一组被称为行动情境的变量和另一组被称为行动者变量的复杂单元。选自埃莉诺·奥斯特罗姆.制度性的理性选择:对制度分析和发展框架的评估.保罗·A.萨巴蒂尔编.彭宗超等译.政策过程理论.北京:生活·读书·新知三联书店,2004:57.

行为规则、信任基础、权力关系。① 本书运用上述框架，比较分析某地方性高校城乡规划专业"学科—专业—产业链"三个发展时期的政策网络，为其治理机制发展、演变提供启示。

第二节　某大学城乡规划"学科—专业—产业链"政策网络的比较分析

近几十年来，我国实施城镇化战略特别是城乡规划法的颁布实施，为城乡规划专业（特别是对地方性高校）在社会实践、学科教育和科学研究等领域提供了广阔的平台。本书所研究的某地方性高校城乡规划"学科—专业—产业链"就是在这样的背景下形成发展起来的。

一、定量分析

某大学城乡规划专业隶属于建筑工程和环境学院，由于这一专业的学科渊源差异而分属于两个不同的系。其中，人文地理与城乡规划专业属于有着浓厚地理学理科背景的城市科学系；城乡规划专业则属于工科背景的建筑学系。即理科背景的地理科学类专业"人文地理与城乡规划"和工科背景的土建类专业"城市规划"。② "人文地理与城乡规划"专业目前共有教师20名，学生244名，其中本科生194名，研究生50名；"城乡规划"专业共有教师26名，学生255名，其中本科生243名，研究生12名。③ 这两个分支在其发展的过程中几乎同时感受到了区域发展对本专业的需求，而且也不约而同地做出了回应，并且共同经历了"学科—专业—产业链"的萌芽和发展。由于"学科—专业—产业链"的演变过程是一个延续的时间段，特选取1998

① 关系内容指"学科—专业—产业链"政策网络内行动者之间的互动呈现的实质性理由，如利益关系、权力关系、需求关系、命令控制关系等等；行为规则指在政策网络内行动者是合作的，还是对抗的；网络制度必须遵守的，还是可突破的；是规则主导的，还是人情主导的；是集体主义导向的，还是个人主义导向的；等等。信任基础指"学科—专业—产业链"政策网络内行动者之间的信任是基于制度、契约、个人声誉、私交"关系"和共同利益。

② 张美亮.论地方高校城乡规划专业整合与提升——以宁波大学理、工结合的城乡规划专业重构为例.宁波大学学报（教育科学版），2013,35(3):86-90.

③ 来自某大学2015年建筑工程与环境学院教务办统计资料。

年、2012 年、2015 年的政策网络作为研究对象。[①]

本书采用实地访谈、数据库数据抽取和统计的方法获取研究资料。具体而言,首先在某大学科研信息数据库中抽取"资源环境与城乡规划管理"和"城市规划"两个专业的横向课题信息,初步确定各个阶段政策网络的行动者;其次在抽取统计数据的基础上,用提名法确定政策网络内的行动者;然后用实地访谈法获取政策网络中行动者之间的关系及关系内容;最后处理编码行动者之间的联系并赋值。即行动者之间没有联系的,编码为"0";行动者之间有联系的,编码为"1"。行动者之间的联系属于表征性行动,联结用虚线表示;属于实质性联结的则用实线表示。[②] 最后,将所获数据运用 UCINET6.0 绘制政策网络,如图 14.1、图 14.2、图 14.3 所示。

从图 14.1、图 14.2、图 14.3 可以确认,该大学城乡规划专业在 1998 年、2012 年和 2015 年均形成了"学科—专业—产业链"政策网络。表 14.2 是对上述三个政策网络的定量比较分析。[③] 分析图 14.1、图 14.2、图 14.3 和表 14.2,所得结论如下:(1)从 1998 年到 2012 年,某大学城乡规划"学科—专业—产业链"政策网络得到了大幅度扩展。这不仅表现为行动者数量和类型的增加,[④] 还表现为行动者之间联系的复杂化。这

图 14.1　1998 年"学科—专业—产业链"政策网络

① 之所以选取这三年的政策网络是因为:1998 年、2012 年分别是这一政策网络的萌芽期、成熟期,是比较具有代表性的年份,而 2015 年则开始出现了新的组织形式。
② 所谓表征性行动联结是指行动者之间只有名誉上的联系,没有实质性的互动。实质性行动联结是指行动者之间有合作、互动行为。
③ 本表数据运用 UCINET6.0 分析得到。其中中心化采用 Eigenvector centralization percentages;核心与边缘采用网络核心边缘值分析的连续分析法取前几位得到。
④ 从表 14.2 分析可知,由 1998 年的 2 类 4 个,骤增至 2012 年的 5 类 31 个。

种复杂化既体现在行动者节点度的增加、^①行动者之间最短距离的变化,^②更体现在行动者之间联结方式的多样化。从图 14.1、图 14.2 可见,1998 年行动者之间只有一种实质性行动联结(用实线表示),而 2012 年行动者之间增加了表征性行动联结(用虚线表示)。^③(2)比较分析 2012 年和 2015 年的政策网络数据可知,在这三年里政策网络扩展不明显。行动者类型、数量、节点度、最短距离、中心化、集聚度等数据均没有明显变化。这说明该政策网络在 2012 年已初步发展成形。但这两个年份的政策网络有一个明显的差异,即在 2015 年的政策网络中,作为表征性行动联结核心的行动者"某大学社科处"消失,取而代之的是公司 A、B、C。公司为什么会取代某大学社科处? 它在政策网络中有什么作用? 公司的出现对"学科—专业—产业链"政策网络发展有什么意义? 这些问题将在下文的定性分析中展开。(3)比较分析1998 年、2012 年、2015 年的政策网络可知,教师在各年份的政策网络中均处于核心地位。这说明该"学科—专业—产业链"政策网络形成和发展的动力主要来自部分教师。这部分教师将城乡规划技术的需求单位、校方(某大学社科处)、院方(某大学城市科学系、某大学城市规划研究所)、研究生等联结起来,并在三个不同时期的政策网络中都呈现出一定水平的中心化(分别为 56.6%、50.4%、54.3%)。(4)从表 14.2 中的整体集聚系数来看,这三个政策网络均是相对松散型的。特别是在 2012 年、2015 年更加显示出这一特征。其整体集聚系数由 1998 年的 0.778 增加至 2012 年的 0.853 和 2015 年的 0.831。这说明,该政策网络缺乏一个能控制、管理和引导整个政策网络发展的核心行动者。(5)从表 14.2 的定量分析数据可知,在三个政策网络的所有集聚系数小于 1 的行动者中,该大学社科处的集聚系数最低,为 0.1。尽管该大学社科处集聚系数低,但其并不具有整合、控制和引导政策网络的能力。因为它与各行动者之间的关系是表征性行动联结,而无实质性行为互动(见图 14.2)。

---

① 从表 14.2 分析可知,由 1998 年每个行动者平均与 2 个行动者相联,增加至 2012 年的4.26 个。

② 从表 14.2 分析可知,1998 年行动者之间最多的最短距离的 2,增加到 2012 年的 4。这说明随着网络的发展,沟通比以前困难了。

③ 在 2012 年的政策网络中,某大学社科处虽然与横向课题委托单位在签订课题的合同时是甲、乙方,但执行合同时实质性的互动是由丙方教师与委托单位展开的。社科处与委托单位只是一种表征性的联结。

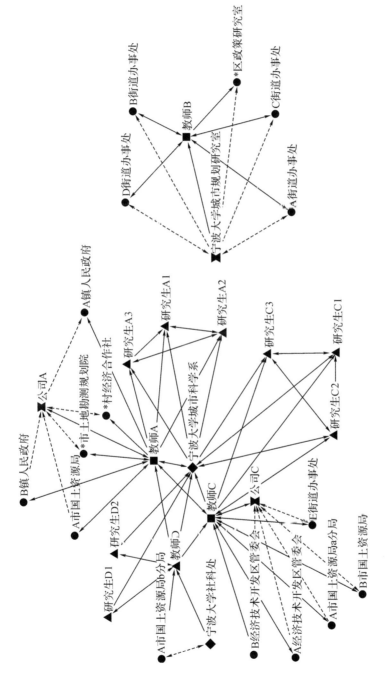

图 14.2　2012 年"学科—专业—产业链"政策网络

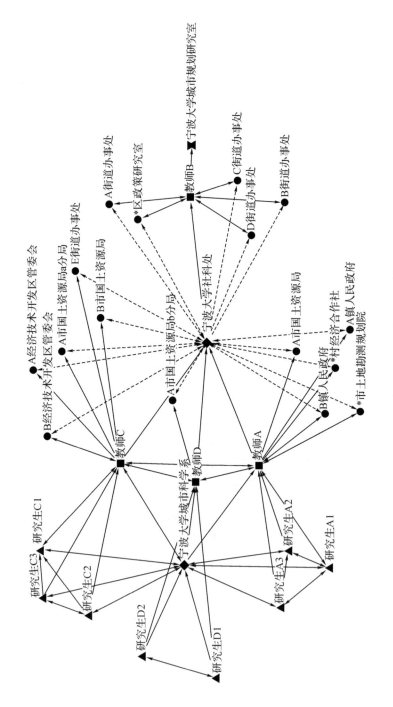

图14.3 2015年"学科—专业—产业链"政策网络

综上所述,经过近二十年的发展演化,某大学城乡规划"学科—专业—产业链"政策网络经历了从无到有的演变、发展。该政策网络将学科、专业和产业领域内的行动者联结起来,其定量特征表现为:政策网络内的行动者逐渐增加、变化;行动者之间交往逐渐频繁并复杂化;核心—边缘行动者明显,但网络集聚能力不高。

表14.2　城乡规划专业"学科—专业—产业链"政策网络的定量比较分析①

年份	分析参数					
	行动者	关系		中心化	核心和边缘	集聚
		节点度	最短距离			
1998	2类4个	总计:8 平均:2 最多:3 最少:1	平均:1.3 最多:2 最少:1	56.6%	核心:教师A 边缘:宁波大学城市科学系;＊县土管局处长;＊县土管局	整体集聚系数:0.778 集聚系数小于1的行动者:教师A0.333;宁波大学城科系0.1 其余行动者集聚系数:1
2012	5类31个	总计:132 平均:4.26 最多:20 最少:1	平均:2.2 最多:4 最少:1	50.4%	核心:宁波大学社科处;教师A;宁波大学城市科学系;教师B;教师C;教师D 边缘:其余行动者	整体集聚系数:0.853 集聚系数小于1的行动者:宁波大学社科处0.1;教师A 0.242;宁波大学城科系0.327;教师B 0.238;教师C 0.242;教师D 0.429 其余行动者集聚系数:1
2015	5类33个	总计:130 平均:3.94 最多:12 最少:2	平均:2.2 最多:3 最少:1	54.3%	核心:教师A、宁波大学城市科学系、教师B、教师C、教师D 边缘:其余行动者	整体集聚系数:0.831 集聚系数小于1的行动者:公司A 0.333;教师A 0.212;宁波大学城科系0.327;宁大城规研究所0.333;教师B 0.333;公司C 0.333;教师C 0.212;教师D 0.333 其余行动者集聚系数:1

① 本表数据运用 UCINET6.0 分析得到。其中中心化采用 Eigenvector centralization percentages;核心与边缘采用网络核心边缘值分析的连续分析法取前几位得到。

二、定性分析

那么,从 1998 年到 2015 年,某大学城乡规划"学科—专业—产业链"政策网络是如何发展演化的,又发生了什么样的内在变化? 笔者试图通过对 1998 年、2012 年、2015 年政策网络的"网络特征""行动者特征""行动者之间的关系特征"三大类指标的 12 个网络参数的定性分析,来展现、解释这一发展演化过程的动力、问题及行动者的应对策略。三个政策网络的定性分析结果如表 14.3 所示。

表 14.3　1998 年、2012 年、2015 年某大学城乡规划"学科—专业—产业链"政策网络的定性分析

	网络参数	1998 年	2012 年	2015 年
网络特征	网络性质	基于个体人脉关系形成的合作网络	基于个体人脉关系和学校科研政策形成的合作网络	基于个体人脉关系和学校产业政策形成的合作网络
	网络功能	结合教师专业研究与产业发展需求	推动"学科—专业—产业链"发展,同时推进学校科研的发展	推动"学科—专业—产业链"发展,同时推进学校产业的发展
	网络制度化	口头协议	学校横向课题合作协议	公司合同
	网络经费	合作经费	合作经费、学科专业发展经费、学校科研经费	合作经费、学科专业发展经费、公司投资
行动者特征	行动者数量和类型	2 类 4 个	6 类 31 个	6 类 33 个
	行动者目标和策略	谋求课题合作	谋求课题合作、促进专业学科发展、提升学校科研的服务能力	谋求课题合作、促进专业学科发展、推动学校产业的发展
	行动舞台	人际交往圈	人际交往圈、学校科研组织	人际交往圈、学校科研组织、公司行动者的关系特征
	关系内容	课题合作	课题合作,根据服务产业要求进行学科、专业建设,横向课题管理	课题合作,根据服务产业要求进行学科、专业建设,产业管理
	权力关系	平等互惠	平等互惠、上下级关系	平等互惠、上下级关系
	行为规则	人情关系、学术规则	人情关系、学术规则、行政规则、市场规则	市场规则、学术规则、人情关系、行政规则
	信任基础	熟人圈、学术声誉	熟人圈、学术声誉、行政规章及程序、合同	合同、学术声誉、熟人圈、行政规章及程序

首先,从反映政策网络总体性特征的 4 个参数来看:第一,该政策网络的网络性质是教师基于自己的人脉关系逐渐发展起来的合作网络。1998年初,部分有城乡规则经验并与当地土地资源管理部门熟识的教师,开始承接土管部门的土地使用规划课题。刚开始合作时双方既没有合同,也不与学校相关,纯粹是熟人间的合作行为。但后来由于此类课题越来越多,随着双方合作范围的扩大,渐渐有了合同文本。① 到 2012 年,这些课题则全部进入学校社科处依照横向课题进行管理。此时,教师与相关部门的合作已不仅仅是基于个人之间的"人情关系",而是必须遵守学校横向课题管理规定。但是教师们普遍感到,学校相关政策(特别是财务制度进一步严格化之后)在运作过程中确实多有不便,比如课题经费的报销、课题立项结项等种种手续。因此,有教师开始尝试成立公司,以避开烦琐的行政程序。到了2015 年,业务比较多的教师基本上都成立了公司,业务不多的教师也挂靠到了某个公司。② 因此,从网络性质的发展演化过程来看,该政策网络起源于草根,其发展的动力也来自教师个体利益和社会需求,行政基本上采取放任发展的态度。第二,政策网络的网络功能也经历了逐渐发展和演化的过程。在 1998 年政策网络萌芽初期,主要实现了个别教师专业研究技能与政府、社会土地规划需求的结合。但随着政策网络的发展,网络内的行动者越来越多(见图 14.2),横向规划课题依托专业、学科力量的需求也越来越多。于是,该大学城市科学系整合各方力量申请注册了"城市规划资格证书",并把土地规划相关知识和技能融入本科生和研究生的课程设置和教学中。由此,政策网络首次实现了"学科—专业—产业"之间的联结。到 2015 年,为了便于网络运转,土地规划课题作为咨询研究项目直接进入企业。这是"学科—专业—产业链"政策网络发展到一定阶段知识流动所带来的组织形态的大改变。因此,政策网络又推动着组织形态的变化。第三,从网络制度化的发展来看,由 1998 年熟人之间的口头商定,发展到业务扩展后的书面协议,再到学校横向课题管理政策,最后到公司成立后的业务合同,政策网络内制度的细密化程度、正式化程度越来越高,违规后的责任追究也越来越规范。第四,从网络经费来看,1998 年全部是项目合作经费,随后有学科、专业建设经费逐渐投入。学校社科处加入后有了学校科研经费支持,2015 年

---

① 来自笔者 2015 年 3 月 17 日对某大学城市科学系部分教师的访谈。
② 同上。

公司化运作后更大大增加了投资主体和渠道。

其次，从反映政策网络行动者特征的 3 个参数看：第一，行动者数量和类型在 1998 年至 2012 年间骤增。1998 年行动者类型为 2 类（教师、政府部门）；到 2012 年增加至 6 类（教师、政府部门、研究生、某大学城市科学系、某大学社科处、某大学城市规划研究所）；2015 年，社科处退出，新增加"公司"一类。这表明该政策网络在不断发展、演变，而且趋向于复杂、成熟。第二，从行动者的目标和策略来看，在 1998 年政策网络萌芽初期，教师和土管部门根据各自的需求进行课题合作。当政策网络发展至 2012 年，随着研究生、城市科学系、城市规划研究所等行动者的加入，行动者目标和策略有了促使学科、专业发展的诉求。同时，学校社科处的加入，又有了提升学校科研能力的需求。2015 年公司加入，又带来了维持公司生存、发展的需求。从总体上看，该政策网络内行动者目标和策略是以谋求教师和地方政府、社会组织进行课题合作为主，促进学科、专业发展等则水到渠成。第三，政策网络内的行动舞台也在逐步拓展。1998 年政策网络萌芽初期，土地规划合作只在个体的人际交往圈中展开，后来纳入学校的横向课题管理后，学校的各类组织，如某大学社科处、学院、系、研究所等也成为行动舞台。至 2015 年，公司又成为行动者合作的另一个重要舞台。

最后，从反映政策网络的行动者关系特征的 3 个参数看：第一，从行动者的关系内容看，其发展逻辑基本上与行动者目标一致，即由最初的课题合作，逐渐形成并发展至学科、专业、产业之间的互动，同时增加了行政管理关系。公司形成后，又增加了行动者与公司之间的经济关系。第二，从行动者的权力关系看，这一政策网络主要有两种不同类型的权力关系。即遵循市场逻辑的平等互惠关系和遵循行政逻辑的上下级关系。这两种权力关系作用于不同的行动者和行动舞台。但从政策网络的演化趋势来看，行动者更倾向于借助平等互惠的市场逻辑。第三，从行动者的行为规则来看，有 4 种不同的行为规则（人情关系、学术规则、行政规则和市场规则）影响、约束着"学科—专业—产业链"政策网络内的行动者。其中人情关系、学术规则始终贯彻在各个时期的政策网络中；行政规则和市场规则是随着网络的发展逐渐增加的。特别是作为文化习俗的人情关系，无所不在地影响着学术规则、行政规则和市场规则，人情关系对于其他规则可能是润滑剂，也可能是腐蚀剂。最后，从行动者之间的信任基础看，基于人情关系形成的熟人圈是各时期政策网络的重要基础。同时，课题承担者长久以来完成课题的质量所形成的学术声誉也是一个重要因素。2012年后增加了行政规则和市场规则后,行动者之间的信任又有了行政规章及法律合同程序的保障。

第三节　"学科—专业—产业链"演化机制和发展构想

通过对某大学城乡规划三个时期的"学科—专业—产业链"政策网络的定量、定性分析可以发现,"学科—专业—产业链"的发展演化有着内在的机制。认识并把握这一内在机制、遵循发展规律、引导有序发展,才能推动"学科—专业—产业链"发展演化,实现有效治理。笔者认为,在这一过程中,必须着力解决好以下三个问题。

第一,行动者如何进入"学科—专业—产业链"? 从案例分析来看,目前自下而上"学科—专业—产业链"的形成往往依赖于个体的人脉关系,在其发展过程中,逐渐吸纳行政因素和市场因素。熟人圈的信任基础、人情互惠的行为规则在"学科—专业—产业链"形成初期是很重要的因素。然而,一个成熟的"学科—专业—产业链"需要整合高校管理人员、高校教师、研究生、科研人员、政府、企业、社会组织等不同领域的众多行动者。因此,单凭个体的人脉关系显然无法适应"学科—专业—产业链"不断发展的需求。可以设想,在学科—专业—产业的合作规模突破熟人圈时,人情关系的影响会自然减少。因此,在推动"学科—专业—产业链"发展演化的过程中,政府、NGO组织、高校管理层需要进行组织建设、平台建设来吸纳众多潜在的行动者。比如创建各类产学研相结合的协同创新中心,高校博士、教授参与企业项目,建设各类地方服务中心等等。在"学科—专业—产业链"发展演化中,应通过组织建设、平台建设打开高校大门,让各类社会需求进来,同时让高校的专业、学科、科研主动走出去,实现学科专业发展与产业需求的融合。

第二,在"学科—专业—产业链"的发展中,如何协调市场机制与行政机制的关系? 在中国当前的行政体制下,市场机制比行政机制要灵活便利得多。因此,"学科—专业—产业链"在演化过程中更倾向于吸纳市场因素。但其弊端在于:在市场机制的作用下,由于行动者的盲目和短视,"学科—专业—产业链"发展会出现不平衡现象。如果一味地满足当前市场的需求而忽视学科、专业建设,可能导致对学科、专业的竭泽而渔。因此,管理者需要寻找一个有效的途径,运用行政力量加强对"学科—专业—产业链"的引导,并设法将"学科—专业—产业链"的发展与高校的其他发展目标整合起来。具体而言，对于高校"学科—专业—产业链"的发展，行政力量既不能放任不管，也不能过细参与，而应该从网络特征的参数入手来加以引导。如某大学在引导"学科—专业—产业链"发展时，就从网络制度入手有效引导了网络内的行动者的目标和行为。1998年，"学科—专业—产业链"刚萌芽时，学校政策规定：教师、科研人员与地方政府、企事业单位合作的横向课题经费总额达到200万元（人文社科类）时，可以作为岗位聘任和职称晋升的标志性条件。这一政策在政策网络萌芽初期，有效推动了横向课题数量的增加。到2012年左右，"学科—专业—产业链"已有了一定规模的发展时，学校政策规定：教师、科研人员与地方政府、企事业单位合作的单个横向课题经费额度达到50万元（人文社科类）时，可以作为岗位聘任和职称晋升的标志性条件。这一政策要求扩大合作规模，而有规模的合作更需要学科、专业的支撑，从而引导教师、科研人员在服务产业的同时进行学科、专业的建设和发展，以促进"学科—专业—产业链"的良性发展。然而，行政力量作为行动者，参与"学科—专业—产业链"政策网络的经验在某大学并不成功。如社科处作为政策网络内的行动者时，其他行动者均对其形式和手续的烦琐很不耐烦，转而另谋更简便、高效的市场路径。

第三，在"学科—专业—产业链"的发展中，如何协调"服务经济社会"与"发展学科专业"之间的关系？从表面上看，"服务经济社会"与"发展学科专业"有着不同的行动逻辑。前者遵循市场逻辑，而后者遵循知识生产逻辑。不同的行动逻辑产生不同的行动规则，遵循不同行动规则的行动者就会产生合作困难。知识生产追求真，对效率的追求则不那么迫切。因此，当学术研究者在合作中求真时，势必影响经济效率；而完全抛弃对真的追求，则失去了合作的意义。面对这一冲突，笔者认为，应从两个不同的层次入手来加以解决：第一，从长远发展的眼光来看，应正确理解"服务"的内涵。"服务"不只是运用现有的学科专业水平服务于经济、社会；而是在"服务"的过程中汲取促使学科专业发展的力量，从而以更高的水平"服务"于经济社会发展。在"学科—专业—产业链"的发展中，"服务"不是单向的，而是双向互动的。这种互动越是顺畅、越是深刻，"学科—专业—产业链"就演化得越高级，其融合学科、专业与产业的能力就越大，服务于经济、社会的能力也越强。第二，从当下的合作行为来看，高校教师及科研人员必须在遵循知识生产逻辑和市场逻辑之间找到一个平衡点。即兼顾知识生产中的"求真"和服务经济社会的"求效率"。这可能要求高校教师及科研人员在服务经济社会的过程中暂时抑制过分"求真"的冲动,先去完成当前的合作任务。当然,在这一过程中,不能放弃以"求真"的眼光去发现问题、思考问题、收集信息数据以备教学使用。建议管理者设计有效的制度,将无法贯彻的知识生产逻辑转移、延续到学科和专业建设中去。比如建设地方服务案例库、数据平台等,让研究人员在服务经济、社会时将无法贯彻的知识生产及时呈现到另一个平台上,以备不时之需。如此,"服务经济社会"与"发展学科专业"才能彼此协调、相互促进。

第十五章 中美四个区域的水资源管理政策网络的比较分析

20世纪90年代初以来,中国社会发展研究在原来单一的"国家"范式基础上,引入了"社会""市民社会"的概念,进而形成了"国家—社会"分析框架。然而,这一分析框架将"国家"和"社会"均简单地视作同质化实体,还没有在具体分析场景中加以具体辨析①。本章将政策网络分析的理论与方法运用到"国家—社会"分析框架中来。在具体的政策网络中,"国家"和"社会"都将以具有各自利益的行动者的面貌出现。因此,影响社会治理的不再是抽象的"国家—社会"关系,而是具体的政策网络要素。

中美在水资源管理上有着截然不同的政策,即"水资源合作伙伴"和"最严格水资源管理制度"。本章选取中美两国四个典型的水资源管理政策网络,以比较分析不同或相同的政策网络类型,展现它们各自的制度背景、网络特征及其在社会治理中的优劣势。同时,也可以发现、探索不同制度背景下的人们为实现更好的社会治理对政策网络所做和能做的试错、纠偏。

第一节 "国家—社会"关系的政策网络比较分析框架

近三四十年来,西方国家的政策网络研究逐渐兴盛。到目前为止,已形成了特征鲜明的三代政策网络研究成果②。特别是第三代政策网络研究引

---

① 邓正来.研究与反思:关于中国社会科学自主性的思考.北京:中国政法大学出版社,2004:171-177.

② Dassen, Adrie. Networks: Structure and action: Steering in and steering by policy networks. University of Twente, 2010: 18-44.

入社会网络方法和技术后，在研究方法和理论研究上都显示出强大的包容性[①]。关于政策网络比较分析框架的建构涉及两方面的理论问题。第一，政策网络的分析维度和影响因素。即用哪些要素来表征政策网络，以及它们对政策网络运作过程和结果的影响。第二，政策网络类型。即用什么变量来划分、归纳政策网络。

关于政策网络的分析维度和影响因素，有众多学者在这一领域做出过贡献[②]。范·沃德用行动者的数量与类型、网络的功能、结构、制度化、行为的规则、权力关系、行动者的策略等 7 个变量来表征政策网络[③]。科尔曼指出，封闭性网络结构有利于增强网络内的义务和预期、信息交流和社会规范，从而增加政策网络内的社会资本[④]。伯特则认为，政策网络内的结构洞有时比封闭结构具有更多的社会资本。这两种网络结构的有效组合才能增加政策网络内的社会资本[⑤]。而近年来逐渐兴盛的第三代政策网络能定量化地表征网络内的行动者、中心度、开放性和封闭性、中心和边缘、松散和紧密等特征，使政策网络摆脱了仅在比喻或描述意义上开展研究的局限[⑥]。

关于政策网络的类型，国内外研究均相当丰富。比较有影响的是，科佩等人从参与者的身份出发，将政策网络分成部门间治理、跨部门治理、草根治理类型[⑦]。曼德尔和斯蒂尔曼以参与的组织和合作的频率，将政策网络分成 5 类，即：间歇性协调、临时任务小组、永久或常规的合作、联盟和网络

---

①　龚虹波.论西方第三代政策网络研究的包容性.南京师大学报（社会科学版），2014(6)：29-36.

②　如 Atkinson、Coleman，1989；Jordan、Schubert，1992；Marsh、Rhodes，1992；Richardson、Jordan，1979；Van. Waarden，1992

③　Van Waarden F. Dimensions and types of policy networks. European journal of political research，1992，21(1-2)：29-52.

④　James S. Coleman：Social capital in the Creation of Human Capital. The American Journal of Sociology，Vol. 94，Supplement：Organizations and Institutions：Sociological and Economic Approaches to the Analysis of Social Structure (1988)，pp. S95-S120.

⑤　Burt R S. The network structure of social capital. Research in organizational behavior，2000，22：345-423.

⑥　Dassen，Adrie. Networks：Structure and action：Steering in and steering by policy networks. University of Twente，2010：18-44.

⑦　Diaz-Kope L，Miller-Stevens K. Rethinking a typology of watershed partnerships：A governance perspective. Public Works Management & Policy，2015，20(1)：29-48.

结构①。美国水资源保护中心则从主导合作者的身份出发，将政策网络分为政府主导合作伙伴、公民主导合作伙伴、混合合作伙伴②。与西方国家不同，中国的社会治理更强调国家的作用。但不可否认的是，社会已从国家中分离出来，并以新的方式建立联结，通过相互交换界定相互关系③。康晓光等人提出"分类控制"以表达国家在社会管理中的策略④。吴重庆则通过孙村的案例，用"利益权衡的动态性"这一概念表达了"国家"干预"基层社会"的随意性⑤。这些研究都有助于我们观察和理解中国政策网络的特点和类型。

基于上述两类理论资源，本章建构政策网络的比较分析框架，以展现不同或相同类型的政策网络内的重要差异。

第一，在政策网络类型上，这一分析框架从参与者身份和权力关系出发，将政策网络分成三大类：政府部门间政策网络、政府—民间合作网络和民间政策网络。政府部门间政策网络是指由各层级政府组织内的利益相关者（部门）参与，通过命令—控制型的上下级关系协调行动、分享资源以解决政策问题所形成的政策网络；政府—民间政策网络是指政府组织内的利益相关者（部门）与社会组织、企事业单位、公民以平等、合作的方式解决政策问题所形成的政策网络；民间政策网络是指社会组织、企事业单位、公民等以平等、合作的方式解决政策问题所形成的政策网络。这一分类从逻辑上涵盖了社会治理中国家与社会关系可能有的 3 种政策网络类型。

第二，行动者和行动者之间的关系是政策网络的两个基本要素。因此，在政策网络分析维度层面，本文选取"行动者特征""行动者之间的关系特征"和反映网络总体性特征的"网络特征"3 大类 12 个网络参数来考察上述 3 类政策网络。第一个维度"网络特征"包括 5 个参数：政策问题、网络功

① Mandell M，Steelman T. Understanding what can be accomplished through interorganizational innovations the importance of typologies, context and management strategies. Public Management Review，2003，5(2)：197-224.

② Handbook R W P. A Comprehensive Guide for Managing Urbanizing Watersheds. Center for Watershed Protection，Ellicot，Maryland，1998.

③ 郁建兴,吴宇.中国民间组织的兴起与国家—社会关系理论的转型.人文杂志,2003(4)：142-148.

④ 康晓光,韩恒.分类控制：当前中国大陆国家与社会关系研究.社会学研究,2005(6)：73-89＋243-244.

⑤ 吴重庆.孙村的路——"国家—社会"关系格局中的民间权威.开放时代,2000(11)：4-20.

能、网络制度化、网络经费和网络结构①。第二个维度"行动者特征"包括 3 个参数:行动者类型和数量、行动者策略、行动者角色②。第三个维度"行动者之间的关系特征"包括 4 个参数:关系内容、权力关系、行为规则、信任基础③。

上述分析框架用以分析反映不同或相同类型的政策网络在上述 3 大类 12 个网络参数上的异同。细言之,即通过比较分析具体的政策网络参数,不仅体现不同类型的政策网络在网络参数上的异同,而且反映同一类型政策网络在网络参数上的差异。这将有助于我们细化并加深对社会治理的认识,指导实践者找到改革的切入点。

第二节　坦帕湾和圣·安德路斯湾"水资源合作伙伴"政策网络的比较分析

当今社会,水资源管理对大多数国家来说都是社会治理中最重要的问题之一。水资源管理中信息不完备性、个体和群体组织的多样性使其越来越成为棘手的社会治理难题。美国水资源总量为 29702 亿立方米,人均水

---

① 政策问题:政策问题是总体性网络特征的一个影响因素。政策问题越宽泛,网络功能越复杂。网络功能:网络功能源自相关行动者的需要、紧张、资源和策略。如有的政策网络是政府与民间在政策形构、执行和合法化中的合作;有的则是政府发动、管理民间组织参与政策过程的工具;还有的是政府管理过程中各部门的合作。Waarden, Frans (1992).网络制度化:指在政策网络内利益相关者是否有共享的制度化的政策和程序,以协调行动、分享资源。网络经费:指支持政策网络运转的经费来源,如民间募集、政府财政支出、政府项目基金等。网络结构:网络结构包括网络的密度、网络中心性、结构洞、派系、封闭性、开放性。Wasserman, Stanley (1994).

② 行动者类型和数量:表征行动者的身份和数量,如政府部门、民间组织、公民、官员、行政人员等。行动者策略:指行动者基于自身的利益选择交往对象和建构交往关系,乃至建构整个政策网络的功能。行动者角色:指行动者在政策网络中所承担的角色。如创立和维持网络的网络驱动者,沟通网络成员之间联系的网络中间人,网络管理者,等等。

③ 关系内容:指行动者之间的互动呈现的实质性理由。Burt, Ronald S(1983)、Knoke, David and Song Yang. (2008).权力关系:政策网络具有权力分配的特征。Waarden, Frans (1992).行为规则:指在政策网络内行动者是合作的,还是对抗的;网络制度是必须遵守的,还是可突破的;是规则主导的,还是人情主导的;是集体主义导向的,还是个人主义导向的;等等。信任基础:政策网络内行动者的联结需要信任基础,这种信任基础可以是制度、个人声誉和共同的利益。Berardo, Ramiro, and John T. Scholz. (2010).

资源量接近 12000 立方米,是水资源较为丰富的国家之一[①]。在进一步开发利用水资源已受到生态和环境制约的今天,美国水资源管理的重点是提高水的利用效率和防治水污染[②]。目前美国的水资源管理普遍采用水资源合作伙伴关系,即在面对复杂的水资源管理问题时,有着共同水资源边界的政府组织、非政府组织、私人部门和公民等利益相关人以提升共识、商讨协调等平等合作的方式来采取恰的管理行为[③]。事实上,在美国的公共政策领域内,合作伙伴关系跨越了以碎片化和对抗为特征的联邦体系政治的、行政的和意识形态的界限,通过信息和声誉机制来产生合作和协调,以形成解决政策问题的集体行动[④]。本章研究的坦帕湾和圣·安德路斯湾的水资源管理也采用了"水资源合作伙伴"模式,其政策网络为政府—民间合作型。到目前为止,有关美国的水资源合作伙伴关系及其政策网络的经验研究数量众多[⑤]。本章在上述研究成果的基础上,用政策网络的比较分析框架来比较分析坦帕湾和圣·安德路斯湾的"水资源合作伙伴"政策网络,以展现相同类型政策网络的网络参数异同及其在实现水资源管理目标上的优劣势。

坦帕湾和圣·安德路斯湾是美国两个著名的海湾,均位于东南部沿海的佛罗里达州。其中,坦帕湾是佛州最大的开放性水域,河口延绵 398 平方英里;圣·安德路斯湾是著名的旅游胜地,宽约 3.2 公里,从南乔治亚岛的北海岸延伸至斯克特尔山的南部。这两个地区的水资源管理都非常重要,且都采用了"水资源合作伙伴"政策网络。但我们在研究中发现,这两个地区的"水资源合作伙伴"政策网络在运作过程和结果上却存在很大差异。

通过分析坦帕湾和圣·安德路斯湾的"水资源合作伙伴"政策网络的12 个网络参数可以发现,除反映行动者之间关系特征的"权力关系"一致

[①] 浙江省水利系统赴美水资源管理培训考察团. 赴美国水资源管理培训考察报告, http://www.zjwater.com/pages/document/70/document_284.htm,2009.5.2.

[②] 同上。

[③] Born S M, Genskow K D. Toward understanding: new watershed initiatives. A report from the Madison Watershed Workshop. Toward understanding: new watershed initiatives. A report from the Madison Watershed Workshop. 2000: 22-22.

[④] Lin N. Social capital: A theory of social structure and action. Cambridge university press, 2002.

[⑤] 比较有代表性的如 John T. Scholz, Paul A. Sabatier (2005), SM Born, KD Genskow (1998,2000,2001).

外,其余各参数均不相同。这个差异主要是国家河口计划(the National Estuary Program,NEP)引起的。NEP 是美国 1987 年以立法形式制订的、旨在清洁水源的联邦项目。被列入国家河口计划的地区可以得到联邦政府 3~5 年的财政和技术支持[①]。坦帕湾 1991 年被列入国家河口计划项目,1991 年成立坦帕湾国家河口项目部。这一 NEP 组织在以后坦帕湾"水资源合作伙伴"政策网络中发挥了长期的作用[②]。而圣·安德路斯湾未被列入 NEP 项目,基本依靠政府与民间的合作来进行水资源管理。这两个地区的政策网络如图 15.1、图 15.2 所示,运用"政策网络分析框架"分析各网络参数的结果如表 15.1、表 15.2 所示[③]。

首先,通过比较分析反映网络特征的五大参数可以发现:(1)从政策问题和网络功能上看,尽管坦帕湾和圣·安德路斯湾面临着同样的水资源管理问题(即水资源的有效利用和防治污染),但无 NEP 项目支持的圣·安德路斯湾界定为解决水资源的污染,而有 NEP 项目支持的坦帕湾则是水资源的有效利用和防污染[④]。由于政策问题不同,其所对应的政策网络功能也发生了变化。(2)有无 NEP 项目支持除了明显的网络经费差异外,网络制度化也发生了巨大变化。这主要是因为,NEP 项目有明确的规章制度和技术标准。在 NEP 项目的技术引领和经费支持下,政策网络内行动者的交流、合作频率明显增加。因此,网络制度化程度也较无 NEP 项目支持的政策网络强。(3)从网络结构特征看,有 NEP 项目支持的坦帕湾政策网络的密度显然比无 NEP 项目支持的圣·安德路斯湾大,且中心化程度高。这意味着有 NEP 项目支持的坦帕湾更容易管理和协调,且政策网络内各小团体之间的联系相对紧密。而无NEP项目支持的圣·安德路斯湾则有很多结

---

① Kennish, Michael J. Estuary restoration and maintenance: the national estuary program. CRC Press, 1999.

② 更多关于坦帕湾国家河口计划项目请参见网址 http://www.tbep.org/tbep/about_tbep.html。

③ 对坦帕湾和圣·安德路斯湾水资源政府—民间合作政策网络的研究主要由美国佛罗里达州立大学 EPPES 政治学教授约翰·休尔兹主持。该项目的研究得到美国国家科学基金的支持。该项目组通过解读几十年的报纸并编码的方式来收集坦帕湾和圣·安德路斯湾水资源管理政策网络数据,并在政策网络的信任基础、合作演进等方面做了大量的定量研究工作。本研究在该课题收集的数据基础上,对坦帕湾和圣·安德路斯湾水资源政府—民间合作政策网络进行网络参数的定性分析。部分数据来源于对约翰·休尔兹教授通过 skype 所做的访谈。

④ 龚虹波.约翰·休尔兹教授通过 skype 所做的访谈,2014.5.6.

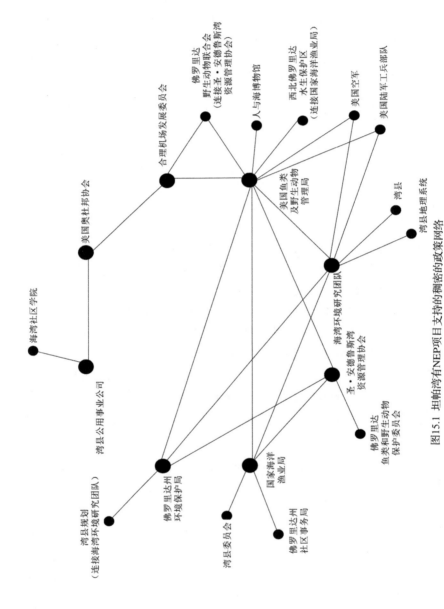

图15.1 坦帕湾有NEP项目支持的稠密的政策网络

资料来源: Schneider M, Scholz J, Lubell M, et al. (2003)

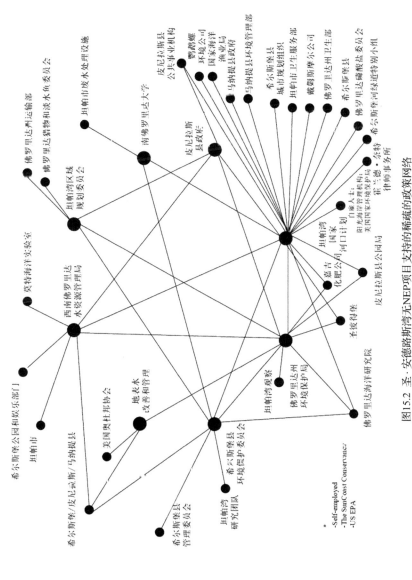

图15.2 圣·安德鲁斯湾无NEP项目支持的稀疏的政策网络

资料来源：Schneider M, Scholz J, Lubell M, et al.（2003）

构洞,政策网络内各小团体之间存在严重的信息、资源分割。

其次,通过比较分析反映行动者特征的三大参数可发现:(1)在行动者数量和类型上:有 NEP 项目支持的坦帕湾行动者数量为 37 个。其中,政府组织(包括联邦、州、地方政府和政府自治组织)为 15 个,占行动者总数的40.5%;社会组织(包括大学、研究机构、民间组织、市政公司、媒体)为 22个,占行动者总数的 59.5%。而无 NEP 项目支持的圣·安德路斯湾行动者数量为 20 个。其中,政府组织(包括联邦、州、地方政府和政府自治组织)为 12 个,占行动者总数的 60%;社会组织(包括大学、研究机构、民间组织、市政公司、媒体)为 8 个,占行动者总数的 40%。这说明:有 NEP 支持的"水资源合作伙伴"政策网络有更多的行动者,在政策过程中能整合进更多的政府组织、专家、民间组织、研究机构,甚至媒体。从统计数据上看,其对民间组织力量的调动更大一些。这说明 NEP 项目政府经费的支持恰好弥补了社会自愿捐助的稀缺。(2)NEP 项目的经费和技术支持也改变了"水资源合作伙伴"政策网络内的行动者策略。无 NEP 项目支持的圣·安德路斯湾只解决当前迫在眉睫的水资源污染问题,而坦帕湾则在于达到 NEP 项目标准。由于创建和维持"水资源合作伙伴"政策网络的成本高且收益由政策共同体共享,因此,无 NEP 项目支持的政策网络只有在面临迫切的水污染问题时,才有可能激励利益相关者采取行动。(3)NEP 项目改变了政策网络内行动者自愿参与、无网络主导者的状态,成为网络持续、稳定的促动者和中间人。

最后,通过比较分析反映行动者之间关系特征的四大参数可以发现:在坦帕湾和圣·安德路斯湾"水资源合作伙伴"政策网络内,虽然权力关系都是"平等、合作"的,但其余 3 个网络参数均发生了变化:(1)行动者之间的关系内容被拓展了。无 NEP 项目支持的圣·安德路斯湾的关系内容仅在于信息、技术、资源的交流;而在坦帕湾政策网络内,NEP 项目作为技术标准把达到标准的经验在政策网络交流、共享和扩散,其关系内容拓展到了信息、技术、资源的交流、共享和扩散以及经费支持。(2)有 NEP 项目支持的坦帕湾政策网络,行动者的行为规则以是否达到 NEP 项目标准来进行商议、谈判和合作。无 NEP 项目支持的圣·安德路斯湾则是基于解决水资源污染问题的合作。(3)NEP 项目作为立法加强了"水资源合作伙伴"政策网络内的信任基础。在无 NEP 项目支持的政策网络内,行动者的信任基于美国社会个体交往的"声誉(Reputation)"机制和法律正义。而有 NEP 项的支持,给行动者提供了除个人"声誉"和法律正义外,法律框架下的地方政策程序正义。

　　综上所述,通过坦帕湾和圣·安德路斯湾的比较分析可以发现,虽然从政策网络类型的视角看,这两个地区水资源管理属于同一类型,但它们的政策网络却差异巨大。在 12 个政策网络参数中,除"权力关系"一致外,其余参数均不相同。通过两个区域的比较分析可以看出,美国联邦政府的 NEP 项目是改变网络参数的重要原因。NEP 项目改变了"水资源合作伙伴"政策网络内的政策问题、网络功能、网络结构,增强了网络的制度化,同时增强了行动者之间的联系、网络内的信任基础,使水资源管理的相关信息、技术、资源更顺畅地交流、共享和扩散。不容置辩,在美国的政治、行政体制和社会文化背景下,"水资源合作伙伴"政策网络吸纳了相关利益团体,而且行动者之间正式与非正式互动也能提升潜在的政策效率,至少减少了行政成本①。但是,以自愿、平等为基础的政府—民间合作政策网络往往只在水资源出现严重的问题时才会出现。美国联邦政府的 NEP 项目没有改变"水资源合作伙伴"政策网络中的权力关系,但通过有效的政府介入手段,成功地解决了社会治理中"自愿性"不足的问题。

表 15.1　坦帕湾"水资源合作伙伴"政策网络分析(有 NEP 项目支持)

	网络参数	政府—民间政策网络
网络特征	政策问题	水资源有效利用和清洁、防污染,以达到 NEP 项目标准
	网络功能	在不同利益相关者之间寻找合作途径来解决水资源的有效利用和清洁、防污染问题
	网络制度化	有 NEP 项目相关规定和标准引领,网络制度化强
	网络经费	NEP 经费、地方政府财政支出和民间经费
	网络结构	网络密度大、中心化程度大、结构洞少

---

　　① Lubell M,Schneider M,Scholz J T, et al. Watershed partnerships and the emergence of collective action institutions. American Journal of Political Science,2002:148-163.

续表

网络参数		政府—民间政策网络
行动者特征	行动者数量和类型	37 个。联邦政府(1)、州政府(4)、地方政府(8)、政府自治组织(2)、NEP 相关组织(2)、大学(1 个)、市政公司(4)、民间组织(9)、研究机构(5)、媒体(1)
	行动者策略	解决水资源的有效利用和清洁、防污问题,以达到 NEP 标准
	行动者角色	NEP 相关组织成为网络促动者
行动者的关系特征	关系内容	信息、技术、资源的交流、共享和扩散,经费支持
	权力关系	平等
	行为规则	基于 NEP 项目的商议、谈判和合作
	信任基础	个人声誉、法律正义、地方政策程序正义

表 15.2　圣·安德路斯湾"水资源合作伙伴"政策网络分析(无 NEP 项目支持)

网络参数		政府—民间政策网络
网络特征	网络功能	在不同利益相关者之间寻找合作途径来解决水资源的污染问题
	网络制度化	制度化弱
	网络经费	地方政府财政支出和民间经费
	网络结构	网络密度低、中心化程度小、结构洞多
	政策问题	水资源的污染问题
行动者特征	行动者数量和类型	20 个。联邦政府(4)、州政府(4)、地方政府(3)、政府自治组织(1)、社区大学(1)、市政公司(1)、民间组织(4)、研究机构(2)
	行动者策略	以尽可能少的成本解决所面临的严重水污染问题
	行动者角色	无网络主导者

	网络参数	政府—民间政策网络
行动者的关系特征	关系内容	信息、技术、资源的交流、共享
	权力关系	平等
	行为规则	基本解决水资源污染问题的合作
	信任基础	个人声誉、法律正义

第三节 "最严格水资源管理"和"水资源合作伙伴" 政策网络的比较分析

面临同样的水资源有效利用、防污染等问题,中国采取了与美国截然不同的政策网络,即实行"最严格水资源管理制度"①。这一制度从中央到省、市、县、乡(镇)级政府层层推进,形成权力等级关系分明的命令—控制型的政府部门间政策网络。在县乡(镇)级水资源管理中,这一政策网络通过"协管员""水库管理员""电子监察"等手段将命令—控制延伸至基层社会。由于"最严格水资源管理制度"在全国的推行模式基本一致,本文选取浙江省宁波市作为分析"最严格水资源管理"政策网络的案例。在宁波市 11 个行政区内选择水资源管理得较好的鄞州区作为分析基层"最严格水资源管理"政策网络的案例。这两个研究对象的水资源管理政策网络如图 15.3、图 15.4 所示;运用政策网络的比较分析框架,分析这两个政策网络参数的结果如表 15.3、表 15.4 所示②。通过分析宁波市和鄞州区"最严格水资源管

① 2012 年 1 月,国务院发布了《关于实行最严格水资源管理制度的意见》,这是国务院对实行该制度做出的全面部署和具体安排,是指导当前和今后一个时期我国水资源工作的纲领性文件。文件规定了三条红线和四项制度。国发〔2012〕3 号,国务院关于实行最严格水资源管理制度的意见,2012 年 1 月 12 日。

② 宁波市水资源管理政府部门间政策网络及分析(图 15.3 和表 15.3)的数据来自实行对最严格水资源管理制度相关文件的解读和编码。文件包括甬水办发〔2014〕2 号、甬水发〔2013〕84 号、浙政发〔2012〕107 号、国发〔2012〕3 号等。鄞州区水资源管理政府部门间政策网络及分析(图 15.4 和表 15.4)的数据来自对鄞州区水利局网站 2013-1-1—2014-5-7 共计 876 条新闻要闻,3 份实地访谈记录和 2 份电话访谈记录的解读和编码。http://www. yzwater. gov. cn/NewsList. aspx? CategoryId=20

理"政策网络的三大类 12 个网络参数，并与坦帕湾和圣·安德路斯湾的"水资源合作伙伴"政策网络相比较，可以发现以下富有理论和实践意涵的政策网络现象。

首先，通过比较分析反映网络特征的五大参数可以发现：(1)虽然宁波市和鄞州区政策网络内的行动者类型有差异，但反映网络总体性特征的 5 个参数基本一致。这说明我国政府在社会管理中采用了"一竿子到底"的模式。(2)宁波市和鄞州区的网络特征与有 NEP 项目支持的坦帕湾也基本一致，唯一有差异的参数是网络功能。其中，宁波市和鄞州区在于"贯彻、落实水资源管理的'三条红线、四项制度'"；坦帕湾则在于"在不同利益相关者之间寻找合作途径来解决水资源的污染问题"。这一差异说明前者是为达到政府目标；而后者是为了实现社会目标。同时，这也意味着前者一旦失去中央、省政府的命令—控制，水资源管理政策网络将会消失；但后者即使失去NEP 项目支持也还将继续存在(圣·安德路斯湾就是个例证)。(3)宁波市和鄞州区的网络特征与无 NEP 项目支持的圣·安德路斯湾几无相同之处。由此可见，政策网络类型并不能反映具体的政策网络特征。宁波市和鄞州区水资源管理属于政府部门间的政策网络，但其网络特征与坦帕湾水资源政府—民间合作政策网络基本一致；而同属于政府—民间合作型的坦帕湾和圣·安德路斯湾却差异巨大。由此可见，不同的政策网络类型可以用来解决相同的政策问题，甚至具有类似的网络结构和网络制度化特征；而相同的政策网络类型并不能保证具有相同的网络功能和政策效果。

其次，通过比较分析反映行动者特征的三大参数可以发现：宁波市和鄞州区"最严格水资源管理"政策网络在行动者策略和行动者角色上一致，唯一的差异在于行动类型和数量。

在宁波市水资源管理政策网络中，行动者类型只有政府部门；而鄞州区作为基层水资源管理单位，除政府部门外，新增了两类行动者。第一类是居民和企事业用水单位；第二类是履行政府委托职能的部门和个人(如污水处理厂、协管员、水库管理员)。宁波市和鄞州区的水资源管理政策网络与坦帕湾和圣·安德路斯湾相比，在行动者类型、行动者策略和行动者角色上均存在着巨大差异。在鄞州区水资源管理政策网络中，民众和企事业单位来自社会领域，但它们只是政府水资源管理的对象，并没有在政策网络中代表自身利益参与水资源管理活动。因此，它们在水资源管理政策网络中的作用不同于坦帕湾和圣·安德路斯湾政策网络中的市政公司、民间组织和个人。新增的第二类行动者的出现是基层政府在面对数量众多的管理对象时所采取的应对性措施。鄞州区下辖 6 个街道、17 个镇、1 个乡。全区户籍总人口 84 万,企事业单位约 8 万家①。面对如此众多的管理对象,鄞州区水利局监察大队成立了 15 个监察中队,但还是难以应对诸如东家烧烤污染水源、西家河边倾倒笋壳等多如牛毛的细碎事。再加之时有发生的企业排污事件,因此,监察中队向社会招募了 65 名"协管员"②。这些协管员虽然来自社会,但他们的职责是协助政府监管水资源的使用,并不反映民众的声音。因此,鄞州区水资源管理依旧是政府部门间政策网络。

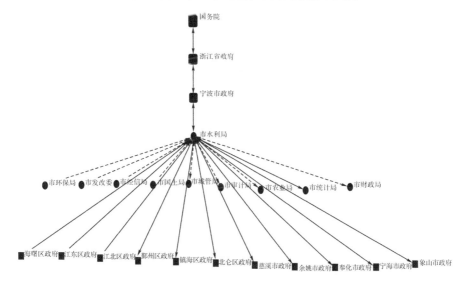

图 15.3　宁波市最严格水资源管理政策网络图

最后,通过比较分析反映行动者关系特征的四大参数可以发现:

第一,宁波市和鄞州区水资源管理政策网络参数基本一致,主要的差异在于关系内容。鄞州区作为基层水资源管理单位,其关系内容涵盖了水资源管理的方方面面;而市级以上政府则致力于水资源管理相关政策的制订、贯彻和监督。但从"权力关系"的对比分析来看,即使是鄞州区最基层的水

①　宁波市鄞州区统计局、国家统计局鄞州调查队:2013 年宁波市鄞州区国民经济和社会发展统计公报,2014 年 2 月 10 日。

②　监察中队向 65 名协管员支付薪酬、培训水资源管理知识,并制定相应的奖惩措施。

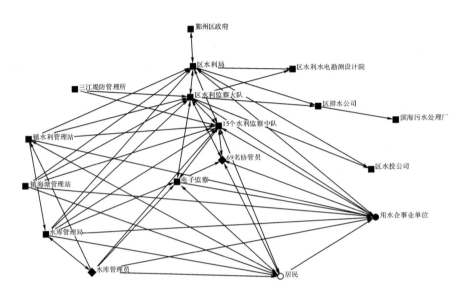

图 15.4　鄞州区最严格水资源管理政策网络图

资源管理政策网络,也仍旧延续着最严格水资源管理命令—控制型的权力关系。较次要的差异在于"人情—面子"关系的维护对行动者策略的影响在鄞州区要比宁波市强。这主要是越接近基层社会,熟人之间的"人情—面子"关系影响就会越明显。

表 15.3　宁波市最严格水资源管理政策网络分析

	网络参数	政府部门间政策网络
网络特征	网络功能	在各层级相关政府贯彻、落实水资源管理的"三条红线、四项制度"
	网络制度化	制度化强
	网络经费	地方政府财政支出
	网络结构	网络中心化程度高,层级化明显
	政策问题	水资源的开发利用、提高用水效率和防污染,以达到最严格水资源管理的标准

	网络参数	政府部门间政策网络
行动者特征	行动者数量和类型	24 个。政府部门（24 个）
	行动者策略	实现个人利益或部门利益最大化；"人情—面子"关系的维护（弱）
	行动者角色	上级为下级的网络主导者
行动者之间的关系特征	关系内容	水资源管理相关政策的制订、贯彻和监督
	权力关系	上下级命令服从关系
	行为规则	完成上级部门下达的水资源管理任务，达到考核标准"人情—面子"关系的建立和维护
	信仟基础	政府部门内的规章制度和纪律

表 15.4　鄞州区最严格水资源管理政策网络分析

	网络参数	政府部门间政策网络
网络特征	网络功能	在各层级相关政府贯彻、落实水资源管理的"三条红线、四项制度"
	网络制度化	制度化强
	网络经费	地方政府财政支出
	网络结构	网络中心化程度高
	政策问题	水资源的开发利用、用水效率和防污染，以达到最严格水资源管理的标准
行动者特征	行动者数量和类型	17 个。政府部门（4 个）、地方政府派出机构（5 个）、与政府合作的企业（3 个）、电子监察（1 个）、协管员（1 个）、水库管理员（1 个）、居民（1 个）、用水企事业单位（1 个）
	行动者策略	实现个人利益或部门利益最大化；"人情—面子"关系的维护（强）
	行动者角色	上级为下级的网络主导者

续表

	网络参数	政府部门间政策网络
行动者之间的关系特征	关系内容	水资源管理中的宣传、监督、业务培训、信息人员共享以及水利工程的建设和维修
	权力关系	上下级命令服从关系
	行为规则	完成上级部门下达的水资源管理任务，达到考核标准"人情—面子"关系的建立和维护
	信任基础	政府部门发布的规章制度和纪律

第二，宁波市和鄞州区的水资源管理政策网络与坦帕湾和圣·安德路斯湾相比，反映行动者之间关系特征的网络参数存在着很多差异。（1）在权力关系上，宁波市和鄞州区是命令—控制型关系，坦帕湾和圣·安德路斯湾则是平等合作关系。（2）在行为规则上，宁波市，特别是鄞州区的水资源管理政策网络受到"人情—面子"关系的影响[①]；而坦帕湾和圣·安德路斯湾政策网络内的行动者以"规则"为导向。（3）政策网络运作的信任基础不同。圣·安德路斯湾的政策网络建基于西方社会人际交往的"声誉"机制，坦帕湾则在此基础上增加了行动者对地方政策程序正义的信任。而宁波市和鄞州区的"最严格水资源管理"政策网络建基于政府部门的规章制度和纪律。因此，这样的信任机制下，要消除"人情—面子"关系的影响，严格监督就显得尤其重要[②]。

第四节　结论与讨论

通过比较分析中美四个水资源管理政策网络的各类网络参数，我们可以发现，社会治理中比较不同和相同类型的政策网络有着丰富的理论内涵和实践意义：

---

①　我们在访谈中发现，无论监察队员还是协管员，要在熟人熟面的同乡同村里严格执行水资源管理条例，是有一定难度的。将邻居或亲戚扭送到监察中队罚款或教育，这是很没有人情味的。这也是鄞州区在水资源管理中开始大量安装电子监察设备的原因。

②　这也是中国政府要实行"最严格"的水资源管理制度的由来。

（1）"水资源合作伙伴"和"最严格水资源管理"是两种不同类型的水资源管理政策网络。前者是政府—民间型政策网络，后者为部门间政策网络。它们有着各自的优缺点，可在相互借鉴的基础上不断纠偏。中美虽然面临着基本相同的水资源管理问题，但采用了截然不同的政策网络类型。中国是从中央到乡（镇）五级政府层层控制、推行"最严格水资源管理制度"；而美国则是政府与社会在平等、合作基础上的"水资源合作伙伴关系"。某一国家和地区在某一时期可能盛行某一类型的政策网络。这有着深刻的制度、文化背景和对当下现实问题的考量。就像美国不可能采用中国的"最严格水资源管理制度"，中国也无法贯彻美国的"水资源合作伙伴关系"。但是，这两种不同类型的政策网络在运作过程中暴露的问题、显现的优劣势，以及各自的试错、纠偏过程和结果却值得相互关注和借鉴。

（2）不同类型的政策网络可以发挥相同的网络功能和网络绩效；而相同类型的政策网络，其网络参数却可以完全不同。从反映网络特征的几个参数来看，有 NEP 项目支持的坦帕湾"水资源合作伙伴"政策网络与中国的"最严格水资源管理"政策网络在政策问题、网络功能、网络制度化、网络经费、网络结构上几乎完全一致；但与无 NEP 项目支持的圣·安德路斯湾"水资源合作伙伴"政策网络差异巨大。由此可见，社会治理中的政策网络类型与政策网络参数和政策绩效并不存在一一对应的关系。不同类型的政策网络可以发挥相同的网络功能和网络绩效；而相同类型的政策网络的参数却可以完全不同。由此可见，影响社会治理绩效的不是政策网络类型，而是具体的政策网络。

（3）美国联邦政府的 NEP 项目没有改变"水资源合作伙伴"政策网络中的权力关系，但几乎改变了政策网络中的其他各个参数，这说明 NEP 项目通过恰当的政府介入途径，成功解决了社会治理中"自愿性"不足的问题。通过坦帕湾和圣·安德路斯湾政策网络的对比分析，我们可以发现"水资源合作伙伴"政策网络虽然克服了美国以碎片化和对抗为特征的联邦政治、行政体系所导致的水资源管理失效问题，但在运作过程中出现了社会自愿不足的问题。联邦政府的 NEP 项目有效促动了政策网络的运作，克服了"水资源合作伙伴"政策网络自愿不足的弱点，成功实现了联邦政府的政策目标。

（4）中国"最严格水资源管理"政策网络适合市级以上的政府管理，县级以下水资源政策网络的管理应从各网络参数入手引入社会力量，以缓解政府监管的失灵。

"最严格水资源管理"政策网络由中央制订,各级政府层层向下贯彻。市级以上"最严格水资源管理"政策网络内的行动者均是政府部门。因此,只要命令足够明确(如三条红线、四项制度)、监督足够严格(如出台的各项考核指标),政策网络就可以有效运转。但事实上,最严格水资源管理的真正落实并不在市级以上的政府部门间政策网络,而在于县级以下的基层水资源管理。这一政策网络的行动者不仅仅是政府组织,还有居民、企事业用水单位、协管员、与政府合作的企业等等。在基层水资源管理政策网络内,尽管从行动者类型看,政府部门及其派出机构占了绝大多数,但从行动者数量上来看,居民、企业、社会组织的数量远远超过政府可以监管的程度。而且,在基层执行最严格的水资源管理制度与熟人社会中自然形成的"人情—面子"关系相抵触。在这样的情况下,最严格水资源管理政策网络即使在各政府部门内运作良好,但其对社会的管理能力也有限。因此,在基层水资源管理政策网络内恰当地引入行动者的平等、自愿、合作等因素就显得特别重要。

从中美水资源管理政策网络比较分析可以看出,在美国的"水资源合作伙伴"政策网络中,水资源管理是"社会"的问题。网络功能是解决"水资源污染"这一关系到每个人日常生活的社会问题,其解决方式也是在个人"声誉"和法律正义基础之上的合作。而联邦政府的 NEP 项目弥补了社会自治机制的不足,为网络运转提供了强劲的动力。

在中国的"最严格水资源管理"政策网络中,水资源管理是"政府"的问题。网络功能是贯彻落实中央规定的"三条红线、四项制度"。尽管这一制度是决策者为解决中国水资源问题几经论证的科学方案,但对基层的老百姓来说,"有没有水用、水质干净不干净"才是他们关心的直观且具体的水资源问题。在他们看来,"三条红线、四项制度"是政府的事。再加之,政府对基层水资源管理的命令—控制方式也与熟人社会的人际交往惯例格格不入。因此,基于中国的政治、行政体制和社会文化传统,县级政府以下的基层水资源管理,其运作方式应该有别于从中央到市的水资源管理政府部门间政策网络。具体而言,其政策网络参数应做出以下改变。

(1)政府在县级以下的水资源管理政策网络中应该改变行动者角色。它不应该是承担全部网络功能的主导者,而应该是政策网络的观察者、分析者、促进者、资金的提供者和水资源管理的补充者。

（2）网络功能不应该是贯彻中央的"三条红线、四项制度"，而是与居民、企事业单位息息相关的用水效率和防污染问题。"三条红线、四项制度"在基层水资源管理政策网络内可作为技术支持和制度引导。

（3）行动者类型不应该以政府和政府派出机构为主，而应该广纳民间力量。如当地居民组成的护河队、专家和当地居民组成的水质监测发布委员会等等。而且，政府不应该直接聘用这些人员，而应该采用项目外包、政策支持、舆论引导等政策手段。

（4）权力关系也不应该是相同于政府组织内的上下级之间的命令与服从，而是社区熟人之间基于"人情—面子"关系的权利与义务。随着权力关系的改变，水资源管理政策网络内的行为规则和信任基础也会做相应改变，回归到熟人社会的交往惯例。

第十六章　坦帕湾河口计划对流域
水环境治理绩效的影响机制

近十几年来,中国政府逐渐转变对流域水环境一统到底的管理方式,尝试通过提供政策、资源和服务的方式来进行间接管理[①]。其中,政府项目资助是流域水环境治理的首选模式。美国联邦政府早在 1987 年就以立法的形式制订了旨在提高流域水环境质量的国家河口计划项目,并且取得了一定成效。那么,这样的项目是如何影响流域水环境治理的? 为什么能取得成效? 本书拟从政策网络的视角分析坦帕湾河口计划(TBEP)对流域水环境治理运作过程和结果的影响,探讨其对流域水环境治理的影响机制,以总结相关规律与经验,服务于我国流域水环境治理的实践。

第一节　坦帕湾流域及其水环境治理概况

坦帕湾是美国东南部佛罗里达州最大的开放型天然河口湾,地理位置介于 27°30′—28°15′N 和 83°00′—81°45′W,在高潮位时延绵 398 平方英里。由希尔斯堡湾、旧坦帕湾、中坦帕湾和低坦帕湾这 4 部分组成。坦帕湾在行政上包含了佛罗里达州的派内拉斯县、马纳提县、帕斯科县、波尔克县、希尔斯伯勒县大部分区域,以及萨拉索塔县的局部地区。坦帕湾位于温带和热带的交界区,具有丰富的生物多样性。其广大的湾区面积,能为海洋生物提供从淡水到盐水的富有梯度变化的栖息环境。坦帕湾流域是美国重要的沿海经济区和沿岸高度城市化区域,有超过两百万的人口直接毗邻海湾而居。近半个世纪以来,流域内的居住人口数量也急剧上升,2010 年人口达到 400

---

① 刘鸿志,单保庆,张文强,等. 创新思路,推进区域水环境综合治理——以浙江省"五水共治"为例. 环境保护,2016,44(5):47-50.

万,比 1950 年增加了 4 倍①。图 16.1 为坦帕湾区位图。

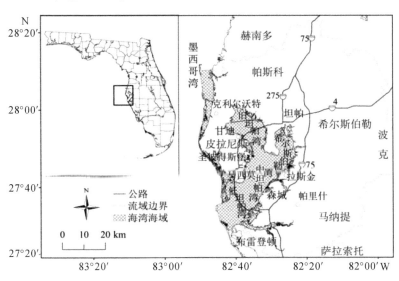

图 16.1　坦帕湾区位图

　　21 世纪以来,坦帕湾因为在流域生态恢复中取得的骄人成绩受到国际社会的广泛关注。20 世纪 70 年代,坦帕湾因极其严重的污染被宣称"死亡"。1977 年至 1983 年,其流域水质曾全线飘红(即没有达到国家的水质标准)。但经过流域内地方政府、企业和公民几十年卓有成效的努力,2012年以来流域内水质已连续全线飘绿(即达到国家的水质标准)②。另外,据统计,自 1985 年以来,流域内的海草增加了 8000 英亩,鱼类和野生动物的数量也大量增加③。而且水环境治理已成为坦帕湾流域 6 个县的经济发动机。截止到 2015 年,坦帕湾流域的 5 个就业岗位中有 1 个与流域水环境保护有关;在 6 个县的经济总量中,有关流域水环境保护的经济活动占了13%,计 220 亿美元④。公共部门提供 2.5 亿美元设立了 9 个不同的项目

　　①　Yates K K, Greening H, Morrison G. Integrating science and resource management in Tampa Bay, Florida[R]. US Geological Survey, 2011: 5.

　　②　TBEP. Tampa bay estuary program progress report,2015.

　　③　Yates K K, Greening H, Morrison G. Integrating science and resource management in Tampa Bay, Florida[R]. US Geological Survey, 2011: 5.

　　④　TBEP. Tampa bay estuary program progress report,2015.

（污水控制、废水和雨水、生物资源、栖息地维护和修复、土地征用、疏浚弃土管理、规制与执行、公众意识与行政规划和协调）来参与坦帕湾水环境治理。可以说，政府部门、科学家、资源管理者、公民和第三部门的共同努力使得坦帕湾水环境治理取得了良好绩效。

在这些受人赞誉的成绩下面，坦帕湾有着深刻的流域水环境治理模式的改变。在流域水环境治理初期，联邦和州政府不断强化命令和控制，如制订水环境的质量标准和排污标准，采用各类技术监控手段，但收效甚微。20世纪 80 年代中期以来，坦帕湾把建立合作伙伴关系作为政策创新工具。合作伙伴关系是在解决流域水环境问题共同的利益和愿景之上形成的参与者自发自愿的行为。这种治理模式可以看作社会组织、企业与公民在政府不能解决问题时采取的"救火"行动。从公共选择理论来看，只有在流域"着火"时社会组织、企业与公民的收益才会大于交易成本。因此，合作伙伴关系具有以下缺陷：(1)无法持续提升坦帕湾流域的水环境质量；(2)无法很好地整合政府力量。为了弥补上述缺陷，在流域水环境治理中发挥好政府和社会组织的合力，坦帕湾河口计划应运而生。

第二节　坦帕湾河口计划及其政策目标

坦帕湾河口计划的前身是坦帕湾国家河口计划（TBNEP）。TBNEP旨在保护和恢复水质量及海湾的生态完整性，由联邦政府每年提供经费支持、国家指导和技术支持，受美国环境保护局管理。成立之初，TBNEP 是希尔斯伯勒县、马纳提县、派内拉斯县、坦帕圣彼得堡清水湾、南佛罗里达水管理行政区、佛罗里达环境保护局和美国环境保护局之间的合作伙伴关系。至 1998 年，又有 6 个合作伙伴签署地方合作协议。此后，越来越多的大学、非营利组织和个人也参与进来。最后，TBNEP 在吸纳大量的地区间协议后变成了 TBEP[①]。

TBEP 项目的组织结构扁平而简单。组织最上层为"管理与政策委员会"。政策委员会官员从当地政府中选举产生，代表美国环境保护署、地方

---

① http://www.tbep.org/about_the_tampa_bay_estuary_program-what_is_tbep.html, 2016,9.23.

环境保护局和水管理部门。管理委员会由上层环境管理人员组成。TBEP
项目组有 7 名职员。一名执行理事,负责维护、促进 TBEP 项目的合作伙伴
关系以及流域科学导向的维持、恢复战略;一名项目行政管理,掌管行政、跟
踪、汇报所有的政府补助和基金合作协议,以及 TBEP 所需的技术和延伸
服务的子合同;一名高级科学家,负责保护、恢复和维持流域生态的技术评
估和项目工程分析;一名是公共拓展协调,负责项目目标的宣传,并提升社
区对流域问题和解决方案的认识;一名项目经理,负责海湾项目的小额支
助、海湾志愿者一日捐项目;一名生态学家,掌握 TBEP 的各类技术项目;
一名技术项目协调者,负责水资源项目管理、法律的执行、土地征用和环保
的土地使用。这些成员来自不同的县、不同的部门。另外 TBEP 项目有 4
个委员会:技术咨询委员会、社区咨询委员会、海牛意识联盟(Manatee
Awareness Coalition)、海湾氮管理联合会①。

　　TBEP 是 TBNEP 的延续和扩展。TBEP 依然受到联邦政府的经费支
持、国家指导和技术支持,但它也接受州政府、地方政府及各类社会组织的
经费支持。据统计,TBEP 在过去的 3 年里,每年平均接受 994000 美元的
经费资助。其中,57% 来自美国环境保护署,这一笔经费即是 NEP 的资助;
14% 来自西南佛罗里达水资源管理局(SWFWMD);剩余的 29% 来自城市
和社区②。

　　TBEP 的行动计划主要包括:改善水和沉积物质量,改善海湾栖息地,
增加海湾鱼类和野生动物的数量、种类和质量,发展长期的疏浚计划,采取
预防措施避免溢漏和危险物质③。虽然其政策目标依然是保护和恢复水质
量及海湾的生态完整性,但在管理层面开始走向更高的治理结构与制度建
设。它致力于通过执行坦帕湾科学的、社区导向的综合保护与管理计划来
建立合作伙伴关系④。在最近 6 年里,这一计划培育了坦帕湾水环境问题
的科学研究,反映了广大公民、社会组织和社区在建设健康海湾、繁荣海湾
经济上的共同利益诉求。具体而言,其政策手段主要包括:(1)资助解决海

---

①　http://www.tbep.org/about_the_tampa_bay_estuary_program-tbep_staff.html,2016,
11.16.

②　TBEP. Tampa bay estuary program progress report,2015.

③　http://www.gulfbase.org/organization/view.php? oid=tbep,2016-12-12.

④　Nanette Hollandmary Kelley Hoppelindsay cross, Charting the Course for Tampa Bay,
May,2006.

湾水环境问题的高端科学研究；(2)赞助解决这些问题的示范创新项目；(3)向社区组织提供"小额资助"以扩大公众保护和修复海湾的参与度；(4)发展面向海湾社区的教育项目[①]。另外，为更好地实现政策目标，TBEP 也越来越关注对流域水环境治理合作者的培育。比如，除了已合作 18 年且取得显著成效的氮管理联盟（Nitrogen Management Consortium），近几年来重点培育了坦帕湾环境修复基金（Tampa Bay Environmental Restoration Fund）、西南佛罗里达区域生态修复计划（Southwest Florida Regional Ecosystem Restoration Plan）。同时，在激励公民参与水环境治理上也是频出新招。除传统的小额资助外，还开展了工作坊、主题活动、"给海湾一天"活动，建立社区咨询委员会，等等，最大限度地通过各类媒体、各种平台吸纳公民参与。

第三节　坦帕湾河口计划影响流域水环境治理的政策网络分析

坦帕湾河口计划作为推动流域水环境治理的有效政策工具，是怎样发挥作用的呢？本研究通过分析流域水环境治理的政策网络来展现它的内在运作机制。

一、TBEP 影响流域水环境政策网络的定量分析

TBEP 影响流域水环境治理的总体情况可以通过比较同一时期坦帕湾和圣·安德路斯湾的水环境政策网络来展现。坦帕湾和圣·安德路斯湾均位于美国东南部沿海的佛罗里达州。这两个流域的水环境治理都采用了"合作伙伴关系"的模式。其最大的差异就在于，坦帕湾在 1991 年被列入了 NEP，后来逐渐扩展成 TBEP，圣·安德路斯湾则一直没有被列入 NEP。本书先通过政策网络定量数据的比较来反映 TBEP 对流域水环境治理的影响。坦帕湾和圣·安德路斯湾的政策网络分别如图 16.2、图 16.3 所示。

通过定量比较两个流域水环境政策网络的数据可以发现（见表 16.1），

---

① http://www.tbep.org/about_the_tampa_bay_estuary_program-what_is_tbep.html，2016.9.23.

有 NEP 项目支持的坦帕湾流域水环境政策网络明显比无 NEP 项目支持的
圣·安德路斯湾完善。这首先表现在政策网络的稠密度上，无论是行动者
数量、种类、反映行动者之间关系的节点度，还是群体度数中心化程度
（group degree centralization）①的数据，均是坦帕湾远远超过圣·安德路斯
湾。这说明与圣·安德路斯湾相比较，坦帕湾水环境政策网络中有更多的
行动者参与，行动者的种类也大大增加，且行动者之间交往频繁、关系紧密。
同时，较高的网络中心化程度也说明坦帕湾水环境政策网络比圣·安德路
斯湾具有更好的控制和动员能力。其次表现在 TBEP 在政策网络中的核
心作用上。从定量数据的比较可以看出，在圣·安德路斯湾水环境政策网
络中，处于核心地位的美国鱼类和野生动物管理局（USFWS）的节点度仅为
10，远远小于坦帕湾政策网络的核心 TBEP 的 23；但有意思的是，从
图 16.2、图 16.3 的比较中可以发现，如果坦帕湾政策网络中去掉 TBEP 及
其带来的行动者，那么它的政策网络其实基本与圣·安德路斯湾类似。由
此可见，TBEP 在水环境政策网络中有着政策网络行动者和管理者的双重
身份，它通过增加行动者数量和种类、加强行动者之间的联系，通过项目资
助控制和动员网络等影响着流域水环境治理的过程和结果。

表 16.1　坦帕湾和圣·安德路斯湾的政策网络定量比较分析

		有 NEP 支持的坦帕湾	无 NEP 支持的圣·安德路斯湾
行动者数量		37	20
核心行动者		6	2
节点度	总计	100	52
	平均	2.7	2.5
	最多	23	10
	最少	1	1
中心化(Cd)		0.8	0.4

① Wasserman S，Faust K. Social network analysis：Methods and applications. Cambridge university press，1994：99.

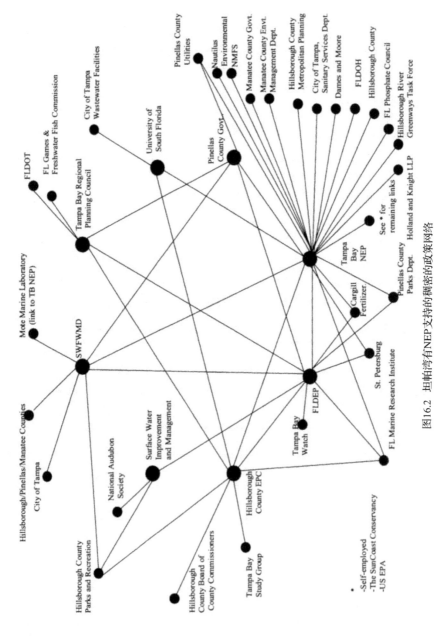

图16.2 坦帕湾有NEP支持的稠密的政策网络

资源来源: Schneider M, Scholz J, Lubell M, et al.（2003）

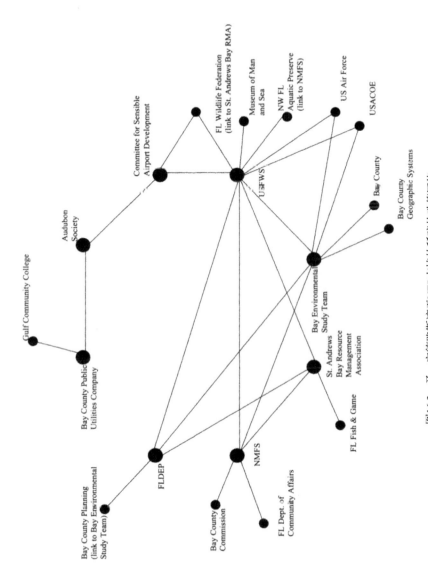

图16.3　圣·安德路斯湾无NEP支持的稀疏的政策网络

资源来源：Schneider M, Scholz J, Lubell M, et al. (2003)

二、TBEP 影响流域水环境政策网络的内在运作机制

TBEP 影响流域水环境政策网络的内在运作机制可以从两个方面加以考察,即 TBEP 影响流域水环境治理的个体选择和集体行动。前者分析 TBEP 影响水环境治理中的参与者选择什么样的合作伙伴和行动舞台,以及由此产生的信任和激励机制等。后者分析 TBEP 如何将联邦政府、州政府、县政府、社区组织、各类海湾环保科学组织、商业组织和公民整合在水环境治理的政策网络中,使参与者形成集体行动的合力。

(一)TBEP 通过政策网络中的个体选择影响流域水环境治理

1. TBEP 影响流域水环境治理参与者的行为收益

坦帕湾与其他流域的对比分析研究显示,在流域水环境政策网络的形成过程中,行动者倾向于与具有协调能力的核心行动者建立联结。这个核心行动者的协调能力越强,那么其他行动者与之建立联结所获得的收益就越高。通过坦帕湾与圣·安德路斯、马奈加特和彭萨科拉的比较研究发现,其所获收益依次为 58%、50%、46%、32%[①]。由此可见,TBEP 不仅仅是政府的一个项目、一笔经费,而且是流域水环境政策网络中一个强有力的核心行动者。它与众多行动者建立资源、信息、技术等交往关系,并在整个政策网络中起到联结、协调的作用。由于个体行动者(包括单个组织)很少有水环境治理的技术、财政、政治和政策资源,也缺乏协调其他行动者的能力,因此,个体行动者乐于投身政策网络之中。TBEP 作为一个核心行动者,使政策网络的参与者减少协调成本、信息成本、资源成本和技术成本,从而在单位成本中获取更多收益。

2. TBEP 减少流域水环境治理参与者的行为风险

事实上,在坦帕湾流域水环境治理中,自然资源系统随时都可能遭受损害,几乎所有的组织都必须联合他人才能找到解决方案。因此,扩展网络关系能减少风险,这是让大家愿意合作的理由。参考者之间疏松的关系能发现和培育潜在的合作伙伴,而紧密的关系能使谈判变得容易并减少执行成

---

① Berardo R,Scholz J T. Micro-incentives and the dynamics of policy networks[C],Prepared for presentation at the American Political Science Association annual meeting,2005.

本[①]。比如 1950—1960 年,坦帕湾的海草覆盖率几乎下降了 40%,单个行动者增加坦帕湾海草覆盖率的努力几乎不可能成功。因为海草覆盖率涉及海洋生态环境治理的方方面面。首先,海草覆盖率下降与水体过度营养化直接相关,TBEP 组织了氮管理协会、地方政府常设联盟、各级政府管理机构和影响坦帕湾过度营养化的主要企业,制订并实施了坦帕湾氮排入计划以恢复水下海草床。同时,为提高海草覆盖率,TBEP 在政策网络内的协调活动还包括:防暴雨设施建设及更新、废水排放管理、大气减排、工业升级、农业最佳管理、土地征用和保护,以及教育和公众参与。正是通过众多行动者的共同努力,坦帕湾海草覆盖率逐年增加,并于 2015 年恢复到 20 世纪 40 年代被破坏前的水平[②]。由此可见,TBEP 通过在政策网络中整合参与者的行为,减少了单个参与者行动失败的风险,从而影响流域水环境治理的个体选择。

3. TBEP 拓展了流域水环境治理参与者的连接方式和信息资源的获取渠道

从 TBEP 影响流域水环境政策网络的定量分析可知,TBEP 增加了政策网络行动者的数量、种类和关系密度,同时在政策网络中承担着核心和中间人角色。如果说没有 TBEP 参加的流域水环境治理是一个相对封闭的网络,行动者之间由于长期合作而形成捆绑(Bonding)式的紧密关系,那么 TBEP 的加入则使流域水环境政策网络相对开放。行动者通过 TBEP 能够接触到更多的合作者,形成更多的桥(Bridging)连接关系。美国学者贝拉尔多(Berardo R.)的定量研究表明,这种桥连接方式有助于资源、技术和信息在流域水环境政策网络内流动,从而增加参与者解决问题的创新能力[③]。同时,丰富的连接方式有助于参与者获得资金资助、技术信息、公众支持和政治支持以及使项目符合法规要求的能力。

---

①　Berardo R, Scholz J T. Self-organizing policy networks: Risk, partner selection, and cooperation in estuaries. American Journal of Political Science,2010,54(3):632-649.

②　Johansson J O R, Greening H S. Seagrass restoration in Tampa Bay: a resource-based approach to estuarine management. Subtropical and Tropical Seagrass Management Ecology. CRC Press, Boca Raton, FL, 1999:279-293.

③　Berardo R. Bridging and bonding capital in two-mode collaboration networks. Policy Studies Journal, 2014,42(2):197-225.

4. TBEP 创造了流域水环境治理合作者之间更多的信任基础

美国学者约翰·休尔兹等通过比较列入河口计划和没有列入河口计划的流域水环境政策网络发现,TBEP 在流域水环境政策网络中创造出更多的信任和程序公正,夯实了合作者之间的信任基础。这种信任基础的创造源于 TBEP 在流域水环境治理中形成意见跨界交流网络。它是对立的团体和持不同意见的参与者讨论和交流的平台①。比如,娱乐船舶污染是坦帕湾水环境治理中极易引起冲突的问题。游船码头、游艇业主和海岸警卫队经常会出现在法院或在立法过程中形成对抗。TBEP 为降低娱乐船舶污染推行了码头清洁项目,将各个县的游船码头、游艇业主、地方政府、海岸警卫队、TBEP 的海牛意识联盟等整合进项目。该项目的行动如下:1)提供资金、技术改善相关设备;2)支持海岸警卫队和巡逻队收集有关游艇安全加燃料、污水泵和友好海湾游艇的相关知识和信息;3)发放游船教育资料;4)定期举行友好海湾游艇的相关讨论会。这一项目促使参与者长期的频繁互动,增加了彼此之间的互惠和信任,从而减少了娱乐船舶污染事件。

(二)TBEP 通过各类组织的集体行动影响流域水环境治理

TBEP 对坦帕湾水环境治理集体行动的影响涉及两个层面:即政策网络内水平层面、垂直层面的行动团体以及这两个层面行动团体的整合。水平层面是指辖区内的市政当局、联邦政府的某个业务部门、各类科学研究团体、社会组织等在坦帕湾水环境政策网络中所建立的关系;垂直层面的关系则是指联邦、州以及地方水环境治理机构所建立的关系。TBEP 作为政策网络的参与者和管理者根据流域水环境治理中行动团体的不同性质,建立不同的合作伙伴关系;根据治理问题的不同属性,采用不同的方式整合各类团体的行动;搭建多样化的行动舞台以便各类行动团体相互对话、交流信息;以此将不同层面、有着不同利益和价值的行动团体整合起来,在流域水环境治理中形成集体行动的合力。

1. TBEP 在坦帕湾水环境治理中的首要任务是实现科学研究及其与管理行为的整合

坦帕湾水环境治理涉及不同种类的组织。其中,最重要的两类即是科学组织与管理组织。坦帕湾水环境治理涉及多个学科的研究,最主要的有

---

① Schneider M, Scholz J, Lubell M, et al. Building consensual institutions: networks and the National Estuary Program. American journal of political science, 2003, 47(1): 143-158.

流体力学、地质和地貌学、生态系统结构和工程、水和沉积物分析。来自不同学科的组织有着不同的数据收集和处理方式,不同的学科文化和研究范式。在坦帕湾水环境政策网络中,TBEP 主要通过合作伙伴美国地质调查局(USGS)来推动这一整合。2011 年,TBEP 和它的合作伙伴确认由 USGS 来提供多学科的专家以及在流域范围内整合科研成果解决面临的水环境生态难题。TBEP 和 USGS 在流域水环境政策网络中整合科学研究与流域管理解决了两个问题。第一,各学科的整合。即 USGS 围绕坦帕湾水环境治理所要解决的科学问题,将不同学科背景的科研人员及流域水环境的科研努力和科学成果整合起来,以问题导向型、整体性、全局性的面貌呈现给资源管理者。第二,科研成果与资源管理的整合。坦帕湾水环境的科学研究要回应社会和经济的需求。这一整合过程是科学家群体和资源管理者反复互动的过程。比如,在落实科学决策时需要高度的灵活性和沟通,科学成果也回应了资源管理者不断变化的需求。

2. TBEP 在坦帕湾水环境治理中实现了多层级政府部门的整合

TBEP 是用来应对美国联邦体制下权力碎片化以及多层级机构权力重叠所带来的制度性集体行动困境的。20 世纪 80 年代以来,面对坦帕湾水环境的不断恶化,联邦、州政府曾不断地出台各类政策,试图对流域水环境治理加以影响,但收效甚微。TBEP 不是政府组织,它在政策网络中与其他参与者没有先天的权力制约关系。因此,它在流域水环境治理中主要采用约束性契约来整合各层级、各部门政府。首先,对于目标明确、手段清晰的双边流域水环境治理问题,TBEP 通常采用服务协议的形式展开。如坦帕湾上游水源保护区的遥感和水文恢复监测,TBEP 与曼那提县签订了服务合同。其次,对于涉及多个利益主体的复杂流域水环境治理问题,TBEP 采取政府委员会的方式。如作为 TBEP 最高领导机构的管理和政策委员会在各部门政府官员中选举产生,执行理事则由各部门推举官员轮流担任,这样可以在复杂流域水环境治理中平衡多方利益主体。最后,对于介于简单与复杂事物两者之间的流域水环境治理问题,TBEP 通过亲自参与,以提供各类服务来建立广泛的合作伙伴关系。比如为增加坦帕湾流域的海草覆盖率,TBEP 通过提供有效的物品、技术和服务的方式,将与提升海草覆盖率有关的多层级政府的多个部门整合起来。这种非正式的连接促进信息和资源在行动团体间的流动,提升其协作水平,增加其行为收益,从而在增加海草覆盖率上取得明显成效。

3. TBEP 在坦帕湾水环境治理中实现了各类组织和个体之间的整合

在流域水环境治理中有政府组织、科研组织、教育组织、企业、社区、公民自发组织以及众多利益不同乃至冲突的个体。这些组织和个体未必能就某个具体的水环境治理问题联系在一起，但他们确确实实地与流域水环境治理休戚相关。他们之间可能既不存在权力关系，也没有业务联系。TBEP 通过搭建行动舞台设法使各类组织和个体整合在流域水环境政策网络中，让他们能彼此互通信息、相互对话，共同建构对坦帕湾水环境治理的前景和信心。其在政策网络中搭建的行动舞台主要有以下几种：(1)工作坊是 TBEP 常用的政策工具。TBEP 自 2012 年以来，开展了各种主题的工作坊和专题事件活动，从都市农业到景观美化、从入侵物种到"追赶海浪"活动。这些活动甚至深入中、小学的暑假社会实践活动中。(2)建设大众交流渠道。TBEP 通过建设各类电子渠道如 face book、YouTube、电子时事通讯等来加强各类组织和个体之间的交流。(3)"给海湾一日"活动。活动依托社区志愿者来改善流域水环境治理。如除去入侵物种，种植本地物种，恢复海岸和改良海湾栖息地等等。(4)社区咨询委员会。社区咨询委员会的成员来自不同的组织、代表不同的利益，但是共享一个共同的目标即促进坦帕湾水环境健康。(5)海湾小额资助。TBEP 每年提供资金用来资助社区组织、房主联盟、学校或其他非营利组织的恢复海湾、教育和防止污染等项目①。

第四节　坦帕湾河口计划对我国海湾水环境治理的借鉴意义

从 TBEP 对坦帕湾水环境治理的影响机制分析可以看出，TBEP 既影响了政策网络内参与者的个体选择，也影响了各类组织的集体行动，从而提高了坦帕湾水环境治理的绩效。TBEP 有助于克服美国联邦体制下的权力碎片化和权力重叠，同时有效地弥补了流域水环境治理中自愿性不足的问题。虽然我国政治、行政体制不同于美国，但同样的问题也存在于海湾水环境治理中。事实上，长期以来我们一直推行"命令—控制"型的最严格水资

---

① TBEP. Tampa bay estuary program progress report, 2015.

源管理制度。但这一制度目前至少面临着三大问题：(1)"党政双轨""条块分割"的体制导致海湾水环境治理中权力的空隙或重叠，使相关政策的落实无法以整体性面貌呈现；(2)由于基层社会组织和利益的多样化，"命令—控制"型的海湾水环境治理在县级以下区域的效度极其有限；(3)民间力量参与流域水环境治理的自愿性不足。TBEP 在流域水环境治理中显示出强大的整合力，其成功经验对我国海湾水环境治理至少有以下几点借鉴意义。

一、在海湾水环境治理中，类似于 TBEP 的项目制适用于政策目标明确、手段模糊、需要整合多方利益主体的治理问题

政策目标明确、手段清晰的治理问题，采取传统的"命令—控制"型管理可行、可靠且高效，但对于政策目标明确、手段模糊、需要整合多方利益团体的治理问题，TBEP 采取项目制的方式是可取的。它至少具有以下优点：(1)TBEP 与其他参与主体是平等关系，可以协商互动，可以在众多参与主体中寻找最合适的那个合作伙伴，而不像"命令—控制"型那样不容讨价还价，难以选择或变化。(2)TBEP 既不是自上而下的海湾水环境治理，也不是自下而上的。它介于两者中间，对上整合多层级政府部门的利益，对下将民众和各类社会组织嵌入海湾水环境治理中，在整合和嵌入中实现利益的对话和协商，从而寻找最恰当的政策手段。(3)TBEP 运作有经费支持，可以通过服务协议、经费资助等方式来弥补海湾水环境治理中的社会自愿性不足。在我国海湾水环境治理中，也存在着大量的政策目标明确、手段模糊、需要整合多方利益主体的治理问题。这类问题采用严格的"命令—控制"型管理方式，经常是领导和政策关注时有效，领导和政策的注意力一转移马上出现反弹。因此，对于这一类治理问题，需要借鉴 TBEP 项目制的方式，将各层级政府组织、社会团体、企业、社区、公民等各方行动团体的利益在治理过程中沟通、协调好，形成长效的海湾水环境治理集体行动。

二、合理的经费来源、机构设置是 TBEP 在流域水环境治理中取得良好治理绩效的前提条件

从上文的分析中可知，TBEP 绝不仅仅是政府下拨的一笔经费，虽然它的运作类似于非营利组织，但它实现了政府对流域水环境治理的政策目标。从 TBEP 的经费来源看，其主要来自各级政府的环保部门，占85％强，其余

则来自城市和社区。另外，它不只接受联邦也接受州与地方政府的资助，这有助于 TBEP 在流域水环境治理中将各层级政府的政策目标、利益和行动整合起来。从机构设置上看，TBEP 的领导机构"管理与政策委员会"从其人员产生和组成上看，其实是一个政府委员会。TBEP 在组织架构上采用了政府派员、选举或轮流坐庄的政府委员会制。这在组织结构上保证了将多层级各部门的利益综合。但这种政府委员会制运用到我国海湾水环境治理中时还需结合我国的政治、行政体制特征。我国的"党政双轨"、"条块分割"行政体制使各级政府的隶属、等级关系清晰而严格。代表不同层级政府部门的人员难以进行直接而有效的利益对话。因此，类似的政府委员会制在我国海湾水环境治理中应用时可选定一个适当的政府层级，其他层级的政府则采用委托授权的方式来解决。另外，TBEP 7 名职员的组成也体现了各方利益的平衡。它的最高执行理事来自政府部门，且由各层级政府部门派员轮流担任。其余几名成员有行政人员、科学家、技术人员、协调人员。这样的人员安排其实表达了一个理念，海湾水环境治理不仅仅是政府的管理问题，同时也是科学问题、技术问题、协调问题。因此，我国在海湾水环境治理过程中应该转变一个观念，即海湾水环境治理不只是严格管理的问题，而且是一个需要整合科学与管理，整合多层级政府部门以及各类组织和个体的集体行动问题。

三、TBEP 在流域水环境治理中的整合力来自它在网络中所发挥的强大作用

TBEP 的运作经费主要来自政府，也主要用来实现政府水环境治理的政策目标。但它的运作方式采用了非政府组织的运作模式。所有的项目、活动、合同协议、社区咨询委员会、海湾小额资助、合作伙伴关系建设……TBEP 都贯彻到底。比如，TBEP 在流域水环境治理的各个项目中不仅是发包者，更是管理者、监督者。在合同协议中它是一方主体，承担责任义务，享有协议所规定的权利。换言之，TBEP 在流域水环境治理中不仅仅是一个分发经费的出资者，而且是设计者、管理者、协调者、联络者、组织者、监督者。正是这种贯彻到底的政策工具使得 TBEP 成为强有力的网络核心，增加了坦帕湾水环境治理参与者的信心和信任，从而影响参与者的个体选择和各类组织的集体行动。在我国目前的海湾水资源治理中正缺乏这样一个专任的、常设的、具有强大影响力的非政府机构。它既有政府背景，接受政

府资助、整合政府利益、实现政府流域水环境治理目标,同时又是非政府机构,为建立各类合作伙伴关系,展开对话、沟通提供顺畅的渠道。由这样一个机构来亲力亲为地长时期参与和管理流域水环境政策网络,相当于有了流域水环境治理的发动机。

四、TBEP 科学、多样化的治理方式是其成为网络核心、深入流域水环境治理的有力保障

TBEP 在坦帕湾水环境政策网络中根据问题的不同层次、属性主要采用了以下几种治理方式。(1)政府委员会。TBEP 以政府委员会的方式整合各层级政府部门。(2)合作伙伴关系。TBEP 以合作伙伴关系的方式来解决较复杂的水环境治理问题。(3)服务协议。对于一个地区、部门或组织,相对比较简单的公共治理问题,TBEP 采用了签订服务协议的方式。(4)非正式网络。对于公民参与流域水环境治理这类涉及面广且议题比较宽泛的公共问题,TBEP 通过搭建各类交流平台,促进非正式网络发育。(5)工作小组。对于问题明确,需要公民嵌入流域水环境政策网络中来的公共问题,TBEP 采用了建立工作小组的方式。(6)多元自组织系统。在流域水环境治理中,公民嵌入更复杂的公共问题时需要社会自组织系统。这是TBEP 促使公民嵌入流域水环境治理的努力方向。针对不同公共问题采用灵活、多样的科学管理方式,使 TBEP 在流域水环境政策网络中担当网络核心的角色。对于我国海湾水环境治理,还可因地制宜地加入其他治理方式,比如委托授权,即在不同层级政府间,对于流域水环境治理可采用委托授权的方式。比如"领导小组办公室",即通过设立海湾水环境治理领导小组办公室的方式来整合政府各部门的力量,并发挥其协调各方、实现领导政策目标的作用。

参考文献

1. Arnold G, Long L A N. Policy expansion in local government environmental policy making. Public Administration Review, 2019, 79 (4): 465-476.

2. Atkinson M M, Coleman W D. Strong States and Weak States: Sectoral Policy Networks in Advanced Capitalist Economies. British Journal of Political Science, 1989, 19(1): 47-67.

3. Butts C T. Social network analysis: A methodological introduction. Asian Journal of Social Psychology, 2008(11): 13-41.

4. Bell D. Guanxi: A nesting of groups. Current Anthropology, 2000, 41(1):132-138.

5. Bakker K. Neoliberalizing nature? Market environmentalism in water supply in England and Wales. Annals of the association of American Geographers, 2005, 95(3): 542-565.

6. Bakker K. Privatizing water: Governance failure and the world's urban water crisis. Cornell University Press, 2010.

7. Barrett N S, Buxton C D, Edgar G J. Changes in invertebrate and macroalgal populations in Tasmanian marine reserves in the decade following protection. Journal of Experimental Marine Biology & Ecology, 2009, 370(1-2): 104-119.

8. Barrett L M. Leninist Implementation: The Election Campaign. Policy Implementation in Post-Mao China, 1987: 383-413.

9. Bendor J, Moe T M, Shotts K W. Recycling the Garbage can: An Assessment of the Research Program. American Political Science Review, 2001, 95(1): 189.

10. Benson J K. A Framework for Policy Analysis, in DL Rogers and

DA Whetten. Interorganizational Co-ordination: Theory, Research, and Implementation. Iowa State University Press,1982: 137-176.

11. Berardo R, Scholz J T. Micro-incentives and the dynamics of policy networks. Prepared for presentation at the American Political Science Association annual meeting, 2005.

12. Berardo R, Scholz J T. Self-Organizing Policy Networks: Risk, Partner Selection, and Cooperation in Estuaries. American Journal of Political Science, 2010, 54(3): 632-649.

13. Berardo R. Bridging and Bonding Capital in Two-Mode Collaboration Networks. Policy Studies Journal, 2014, 42(2): 197-225.

14. Borgatti S P, Jones C, Everett M G. Network measures of social capital. Connections, 1998, 21(2): 27-36.

15. Borgatti S P, Everett M G. Models of core/periphery structures. Social Networks, 2000, 21(4): 375-395.

16. Born S M, Genskow K D. Toward understanding: New Watershed Initiatives. A report from the Madison Watershed Workshop // Toward understanding: new watershed initiatives. A report from the Madison Watershed Workshop, 2000: 22.

17. Borras S, Olsen H P. Combining qualitative and quantitative methods for the analysis of network governance: promises, problems, payoffs and potentials // Methods in Democratic Network Governance. Palgrave Macmillan, London, 2007: 207-223.

18. Burt R S. Distinguishing relational contents. Survey Research Center, University of California, 1982.

19. Burt R S. Structural holes: The social structure of competition. Harvard University Press, 2009.

20. Cashore B. Legitimacy and the privatization of environmental governance: How non-state market-driven (NSMD) governance systems gain rule-. making authority. Governance, 2002, 15(4): 503-529.

21. Catarina G. Institutional interplay in networks of marine protected areas with community-based management. Coastal Management, 2011, 39(4): 440-458.

22. Center for Watershed Protection. Rapid watershed planning handbook: A comprehensive guide for managing urbanizing watersheds. Ellicott, 1999.

23. Chang Y C, Gullett W, Fluharty D L. Marine environmental governance networks and approaches: Conference report. Marine Policy, 2014, 46(2): 192-196.

24. Chao C C, Chen X P. Negative externalities of close guanxi within organizations. Asia Pacific Journal Management, 2009(26): 37-53.

25. Chen L L, Wang Y. Discussion on the Forms of Achievement and Performance of Governance of the Ecological and Cooperative Administration in the Yangtze River Delta Area. Marine Economy, 2011.

26. Chiao C. Guanxi: A preliminary conceptualization. The sinicization of social and behavioral science research in China, 1982: 345-360.

27. Christopoulos D C. The governance of networks: Heuristic or formal analysis? A reply to Rachel Parker. Political Studies, 2008, 56 (2): 475-481.

28. Coleman J S. Social Capital in the Creation of Human Capital. American Journal of Sociology, 1988, 94(9): 95-120.

29. Collins R, Collins R. Theoretical sociology. San Diego: Harcourt Brace Jovanovich, 1988.

30. Cornwell B, Curry T J, Schwirian K. Revisiting Norton Long's ecology of games: a network approach. City & Community, 2003, 2(2): 121-142.

31. Dassen A. Networks: Structure and action: Steering in and steering by policy networks. University of Twente, 2010: 10-21.

32. Day J. The need and practice of monitoring, evaluating and adapting marine planning and management—lessons from the Great Barrier Reef. Marine Policy, 2008, 32(5): 823-831.

33. Desmarais B A, Cranmer S J. Forecasting the locational dynamics of transnational terrorism: a network analytic approach. Intelligence and Security Informatics Conference (EISIC), 2011

European. IEEE, 2011: 171-177.

34. Diaz-Kope L, Miller-Stevens K. Rethinking a typology of watershed partnerships: A governance perspective. Public Works Management & Policy, 2014.

35. Dowding K. Model or Metaphor? Review of the policy network approach, Political Studies (XLIII), 1995: 136-158.

36. Edelenbos J, Klijn E H. Trust in Complex Decision-Making Networks A Theoretical and Empirical Exploration. Administration & Society, 2007, 39(1): 25-50.

37. Elston T, Dixon R. The effect of shared service centers on administrative intensity in English local government: A longitudinal evaluation. Journal of Public Administration Research and Theory, 2020, 30(1): 113-129.

38. Fox H E, Mascia M B, Basurto X, et al. Reexamining the science of marine protected areas: linking knowledge to action. Conservation Letters, 2012, 5(1): 1-10.

39. Freeman L C. The Development of Social Network Analysis: A Study in the Sociology of Science, Vancouver: Empirical Press, 2004.

40. Giddens Anthony. The Constitution of Society: Outline of the Theory of Structuration, New York: John Wiley & Sons, 2013.

41. Guthrie D. The declining significance of Guanxi in China's economic transition. The China Quarterly, 1998, 154: 254-282.

42. Glen W. Marine governance in an industrialised ocean: A case study of the emerging marine renewable energy industry. Marine Policy, 2015, 52, 77-84.

43. Goffman E. The Interaction order: American Sociological Association, 1982 Presidential Address. American Sociological Review, 1983, 48(1): 1-17.

44. Granovetter M. Economic Action and Social Structure: The Problem of Embeddedness. American Journal of Sociology, 1985, 91(3): 481-510.

45. Gupta A. Transparency in Global Environmental Governance: A

Coming of Age? Global Environmental Politics, 2010, 10(10): 1-9.

46. Hall P A. Taylor R C R. Political Science and the Three New Institutionalisms. Political Studies, 1996, 44(5): 936-957.

47. Hanneke S, Fu W, Xing E P. Discrete Temporal Models of Social Networks. Electronic Journal of Statistics, 2010, 4: 585-605.

48. Hastings J G, Orbach M K, Karrer L B, et al. Multisite, Interdisciplinary Applications of Science to Marine Policy: The Conservation International Marine Management Area Science Program. Coastal Management, 2015, 43(2): 105-121.

49. Hardin G. The Tragedy of the Commons Science. Journal of Natural Resources Policy Research, 1968, 162(13)(3):243-253.

50. Hatmaker D M, Rethemeyer R K. Mobile trust, enacted relationships: social capital in a state-level policy network. International Public Management Journal, 2008, 11(4): 426-462.

51. Henry A D, Lubell M, McCoy M. Belief systems and social capital as drivers of policy network structure: The case of California regional planning. Journal of Public Administration Research and Theory, 2011, 21(3): 419-444.

52. Himes A H. Performance indicators in marine protected area management: a case study on stakeholder perceptions in the Egadi Islands Marine Reserve. University of Portsmouth, 2005.

53. Howlett M. Do Networks Matter? Linking Policy Network Structure to Policy Outcomes: Evidence from Four Canadian Policy Sectors 1990-2000. Canadian Journal of Political Science, 2002, 35(2): 235-267.

54. Isett K R, Provan K G. The Evolution of Dyadic Interorganizational Relationships in a Network of Publicly Funded Nonprofit Agencies. Journal of Public Administration Research and Theory, 2005, 15(1): 149-165.

55. James G. March. Garbage can models of decision making in organizations. Ambiguity and command: Organizational perspectives on military decision making, 1986.

56. James S C. Social capital in the Creation of Human Capital. American Journal of Sociology, 1988, 94: S95-S120.

57. James Z L. Central-local political relationships in post-mao china-a study of recruitment policy implementation in wuhan. the doctor degree dissertation for Ohio University, 1993.

58. Johan P O. Garbage Cans, New Institutionalism, and the Study of Politics. American Political Science Review, 2001, 95(1): 192.

59. Johansson J O R, Greening H S. Seagrass restoration in Tampa Bay: a resource-based approach to estuarine management. Subtropical and Tropical Seagrass Management Ecology. CRC Press, Boca Raton, FL, 1999: 279-293.

60. Jones C, Hesterly W S, Borgatti S P. A general theory of network governance: Exchange conditions and social mechanisms. Academy of management review, 1997, 22(4): 911-945.

61. Jordan G, Schubert K. A preliminary ordering of policy network labels. European Journal of Political Research, 1992, 21(1-2): 7-27.

62. King G, Keohane R O, Verba S. Designing Social Inquiry: Scientific inference in qualitative research. Princeton University Press, 1994.

63. Kapucu N. Interagency communication networks during emergencies: Boundary spanners in multiagency coordination. The American Review of Public Administration, 2006, 36(2): 207-225.

64. Kennish M J. Estuary restoration and maintenance: the national estuary program. CRC Press, 1999.

65. Kickert, Walter J M, Erik-Hans K, Joop F M Koppenjan, et al. Managing complex networks: strategies for the public sector. Sage, 1997.

66. Kim S G. The impact of institutional arrangement on ocean governance: International trends and the case of Korea. Ocean & Coastal Management, 2012, 64(64): 47-55.

67. Kang S, Van Ryzin G G. Coproduction and trust in government: evidence from survey experiments. Public Management Review, 2019, 21

（11）：1646-1664.

68. King G, Keohane R O, Verba S. Designing social inquiry: Scientific inference in qualitative research. Princeton University Press, 1994.

69. Knoke D, Song Y. Social Network Analysis? SAGE Publications Inc, 2008: 23-24.

70. Knoke D. Issues and Strategies: in Social Network Data Collection. 5th Annual Political Networks Conference and Workshops, 2012.

71. Kramer R M, Tyler T R. Trust in organizations: Frontiers of Theory and Research. Sage publications, 1995.

72. Laumann E O, Peter V M, David P. The Boundary Specification Problem in Network Analysis. Research Methods in Social Network analysis, 1989, 61: 87.

73. Lawrence J. Changing National Approaches to Ocean Governance: The United States, Canada, and Australia. Ocean Development & International Law, 2003, 34(2): 161-187.

74. Lawrence Juda. The European Union and the Marine Strategy Framework Directive: Continuing the Development of European Ocean Use Management. Ocean Development & International Law, 2010, 41 (1): 34-54.

75. Lee J Z. Central-local Political Relationships in Post-Mao China- A Study of Recruitment Policy Implementation in Wuhan. The doctor degree dissertation for Ohio University, 1993.

76. Lee Y, In W L, Richard C F. Interorganizational collaboration networks in economic development policy: An exponential Random Graph Model analysis, Policy Studies Journal, 2012(40): 547-73.

77. Leeuwen J V, Tatenhove J V. The triangle of marine governance in the environmental governance of Dutch offshore platforms. Marine Policy, 2010, 34(3): 590-597.

78. Lieberthal K G, David M L. Bureaucracy, policy implementation in post-Mao China. University of California Press, 2018.

79. Lin N. Guanxi: A Conceptual Analysis. Contributions in Sociology, 2001, 133: 153-166.

80. Lin N. Social Capital: A Theory of Structure and Action. Cambridge University Press, 2001.

81. Ling T. Delivering Joined-Up Government in the UK: Dimensions, Issues and Problems. Public Administration, 2010, 80(4).

82. Long N E. The local community as an ecology of games. American Journal of Sociology, 1958: 251-261.

83. Lu R, Reve T. Guanxi, structural hole and closure. Journal of Strategy and Management, 2011.

84. Lubell M, Schneider M, Scholz J T, et al. Watershed partnerships and the emergence of collective action institutions. American Journal of Political Science, 2002: 148-163.

85. Lubell M, Henry A D, McCoy M. Collaborative institutions in an ecology of games. American Journal of Political Science, 2010, 54(2): 287-300.

86. Luo Jar-Der, Guanxi Revisited—An Exploratory Study of Familiar Ties in a Chinese Workplace. Management and Organizational Review, 2011, 7(2): 329-351.

87. Mandell M, Toddi S. Understanding what can be accomplished through interorganizational innovations the importance of typologies, context and management strategies. Public Management Review, 2003, 5 (2): 197-224.

88. Manion M. Policy implementation in the People's Republic of China: Authoritative Decisions Versus Individual Interests. The Journal of Asian Studies, 1991, 50(2): 253-279.

89. Margoluis R, Salafsky N. Measures of success: designing, managing, and monitoring conservation and development projects. Washington, DC: Island Press, 1998.

90. Mark G. Economic Action and Social Structure: The Problem of Embeddedness, the American Journal of Sociology, 1985, 91 (3): 481-510.

91. Marsh D, Rhodes R A W. Policy Communities and Issue networks. Beyond Typology // D. Marsh, R A W Rhodes (Eds). Policy Networks in British Government. Oxford: Clarendon Press, 1992: 249-268.

92. Mathur N, Skelcher C. Evaluating democratic performance: Methodologies for assessing the relationship between network governance and citizens. Public Administration Review, 2007, 67(2): 228-237.

93. Matland R E. Synthesizing the Implementation Literature: The Ambiguity-Conflict Model of Policy Implementation. Journal of Public Administration Research & Theory, 1995, 5(2): 145-174.

94. McCoy M, Lubell M. Policy Networks: Collaborative Land Use Planning in California, unpublished paper. Marshall J, Hopkins W, Richardson R, 1997: 607-613.

95. Mcglade J M, Price A R G. Multi-disciplinary modelling: an overview and practical implications for the governance of the Gulf region. Marine Pollution Bulletin, 1993, 27(93): 361-375.

96. McGinnis M D. An introduction to IAD and the language of the Ostrom workshop: A simple guide to a complex framework. Policy Studies Journal, 2011, 39(1): 169-183.

97. Melanie, Manion. Policy Implementation in the People's Republic of China: Authoritative Decisions Versus Individual Interests. The Journal of Asian Studies, 1991, 50(2): 253-279.

98. Mertha A C. China's "Soft" Centralization: Shifting Tiao/ Kuai Authority Relations. China Quarterly, 2005, 184: 791-810.

99. Michael D, Cohen J G, March J P O. A Garbage Can Model of Organizational Choice. Administrative Science Quarterly, 1972: 1-25.

100. Milward H B, Provan K G. Measuring network structure. Public administration, 1998, 76(2): 388-390.

101. Myrna M, Toddi S. Understanding what can be accomplished through interorganizational innovations the importance of typologies, context and management strategies. Public Management Review, 2011, 5(2): 197-224.

102. Nanette H, Kelley M K, Cross L, Charting The Course for Tampa Bay. Tampa Bay Estuary Program, 2006.

103. Nina M, Till M. Dividing the common pond: regionalizing EU ocean governance. Marine Pollution Bulletin, 2013, 67: 66-74.

104. Ostrom E. Governing the commons. Cambridge University Press, 1990.

105. Ostrom E, Roy G, James W. Rules, games, and common-pool resources. University of Michigan Press, 1994.

106. Pahl-Wostl C. A conceptual framework for analysing adaptive capacity and multi-level learning processes in resource governance regimes. Global Environmental Change, 2009, 19(3): 354-365.

107. Parker R. Networked governance or just networks? Local governance of the knowledge economy in Limerick (Ireland) and Karlskrona (Sweden). Political Studies, 2007,55(1): 113-132.

108. Peterson J, Bomberg E. Decision-making in the European Union. Macmillan International Higher Education, 1999.

109. Pollnac R, Christie P, Cinner J E, et al. Marine reserves as linked social-ecological systems. Proceedings of the National Academy of Sciences of the United States of America, 2010, 107(43): 18262-18265.

110. Pomeroy R S, Parks J E, Watson L M, et al. How is your MPA doing? A guidebook of natural and social indicators for evaluating marine protected area management effectiveness. IUCN, 2004.

111. Portes, A. Social Capital: Its Origins and Applications in Modern Sociology. Annual Review of Sociology, 1998, 24(1): 1-24.

112. Provan K G, Kenis P. Modes of network governance: Structure, management, and effectiveness. Journal of public administration research and theory, 2008, 18(2): 229-252.

113. Putnam R D. Bowling alone: America's declining social capital // Culture and politics. Palgrave Macmillan, New York, 2000: 223-234.

114. Ramiro Berardo, John T. S. Self-Organizing Policy Networks: Risk, Partner Selection, and Cooperatioin Estuaries. Americn an Journal of Political Science, 2010(54).

115. Raufflet E. Berkes F. Folke C, eds. Linking Social and Ecological Systems: Management Practices and Social Mechanisms for Building Resilience. Cambridge University Press, 2000.

116. Rhodes R A W, Marsh D. New directions in the study of policy networks. European Journal of Political Research, 1992, 21 (1-2): 181-205.

117. Richard M. Synthesizing the implementation literature: The Ambiguity-conflict of policy implementation. Journal of public Administration Research and Theory, 1995,5(2): 154-155.

118. Robins, Garry, et al. An introduction to exponential random graph (p*) models for social networks. Social networks, 2007, 29(2): 173-191.

119. Roger S. Rethinking Social theory. London Sage Publications Ltd, 2004.

120. Ronald S B. The network structure of social capital: Research In Organizational Behavior, 2000(22): 345-423.

121. Ruiz-Frau A, Possingham H P, Edwards-Jones G, et al. A multidisciplinary approach in the design of marine protected areas: Integration of science and stakeholder based methods. Ocean & Coastal Management, 2015, 103(43): 86-93.

122. Schneider M, John S, Mark L, Denisa M, Matthew E. Building Consensual Institutions: Networks and theNational Estuary Program. The American Journal of Political Science, 2003, 47(1), 143-158.

123. Scholz J T, Wang C L. Cooptation or Transformation? Local Policy Networks and Federal Regulatory Enforcement. American Journal of Political Science, 2006, 50(1): 81-97.

124. Scholz J T, Berardo R, Kile B. Do networks solve collective action problems? Credibility, search, and collaboration. The Journal of Politics, 2008, 70(2): 393-406.

125. Shaw J. Environmental governance of coasts. Metabolomics Official Journal of the Metabolomic Society, 2014, 11(4): 1-16.

126. Shillin C. Towards an Embodied Understanding of the Structure

/Agency Relationship. The British Journal of Sociology, 1999, 50(4): 543-562.

127. Sørensen E. Democratic theory and network governance. Administrative Theory & Praxis, 2002, 24(4), 693-720.

128. Stanley W, Katherine F. Social Network Analysis. Cambridge: Cambridge University Press, 1994: 97-111.

129. Stein C, Ernstson H, Barron J. A social network approach to analyzing water governance: The case of the Mkindo catchment, Tanzania. Physics and Chemistry of the Earth, Parts A/B/C, 2011, 36 (14): 1085-1092.

130. Susan L. Shirk. The Political Logic of Economic Reform in China. Berkeley: University of California Press, 1993.

131. TBEP. Tampa bay estuary program progress report, 2015.

132. The tools of government: A guide to the new governance. Oxford University Press, 2002.

133. Tiffany C S. Marine spatial planning as a tool for regional ocean governance? An analysis of the New England ocean planning network. Ocean & Coastal Management, 2017,135: 11-24.

134. Tone K. A slacks-based measure of super-efficiency in data envelopment analysis. European Journal of Operational Research, 2002, 143(1): 32-41.

135. Vignola R, McDaniels T L. Governance structures for ecosystem-based adaptation: Using policy-network analysis to identify key organizations for bridging information across scales and policy areas. Environmental science & policy, 2013, 31: 71-84.

136. Van Waarden F. Dimensions and types of policy networks. European Journal of Political Research, 1992, 21(1-2): 29-52.

137. Waarden F V. Dimensions and types of policy networks. European Journal of Political Research, 1992, 21(1-2): 29-52.

138. Walder A G. Communist neo-traditionalism. Berkeley: University of California Press, 1986.

139. Walker A. Understanding social capital within community/

government policy networks. Social Policy Journal of New Zealand, 2004: 1-18.

140. Warren D E, Dunfee T W, Li N. Social exchange in China The double-edged sword of guanxi. Journal of Business Ethics, 2004(55): 355-372.

141. Warfield R A. The Interaction Order Sui Generis: Goffmans Contribution to Social Theory. Sociological Theory, 1987: 136-149.

142. Warhurst A. Sustainability indicators and sustainability performance management. Mining, Minerals and Sustainable Development. Mining and Energy Research Network, 2002, 43: 129.

143. Wasserman S, Faust K. Social network analysis: Methods and applications. Cambridge university press, 1994.

144. Wayne E B, Robert R F. Social networks and loss of capital. Social Networks, 2004.

145. William R C: Agents and structures: Two views of preferences, two views of institutions. International Studies Quarterly, 1998, 42 (2): 245.

146. Yang M M. Gifts, favors, and Banquets: The art of social relationships in China, Cornell University Press, 1994.

147. Yates K K, Greening H, Morrison G. Integrating science and resource management in Tampa Bay, Florida. US Geological Survey, 2011: 5.

148. Yoshifumi T. Zonal and integrated management approaches to ocean governance. Marine and coastal law, 2004: 3.

149. Zhang Y, Zhu X. The Moderating Role of Top-Down Supports in Horizontal Innovation Diffusion. Public Administration Review, 2020, 80(2): 209-221.

150. Zhang Y, Zhu X. Multiple mechanisms of policy diffusion in China. Public Management Review, 2019, 21(4): 495-514.

151. 阿格拉诺夫,麦圭尔.协作性公共管理:地方政府新战略.李玲玲,勤益奋译.北京:北京大学出版社,2007.

152. 安瓦·沙.发展中国家的地方治理.刘亚平,周翠霞译.北京:清华大学出版社,2010.

153. B.盖伊·彼得斯.治理、政治与国家.唐贤兴,马婷译.上海:格致出版社,2019.

154. 鲍基斯·E.M.海洋管理与联合国.孙清译.北京:海洋出版社,1996.

155. 边燕杰.城市居民社会资本的来源及作用:网络观点与调查发现.中国社会科学,2004(3):136-146.

156. 边燕杰,刘翠霞,林聚任.中国城市中的关系资本与饮食社交:理论模型与经验分析.开放时代,2004(2):94-107.

157. 边燕杰.关系社会学及其学科地位.西安交通大学学报(社会科学版),2010,30(3):1-6.

158. 保罗·A.萨巴蒂尔.政策过程理论.彭宗超译.北京:生活·读书·新知三联书店,2004.

159. 陈春.政策网络视角下的社区卫生服务政策的网络分析.复旦大学,2009.

160. 陈国权,李院林.政府自利性:问题与对策.浙江大学学报,2004(1):149-155.

161. 陈那波,卢施羽.场域转换中的默契互动——中国"城管"的自由裁量行为及其逻辑.管理世界,2013(10):62-80.

162. 陈莉莉,王勇.论长三角海域生态合作治理实现形式与治理绩效.海洋经济,2011,01(4):48-52.

163. 陈莉莉,景栋.海洋生态环境治理中的府际协调研究——以长三角为例.浙江海洋学院学报(人文科学版),2011,28(2):1-5.

164. 陈瑞莲,秦磊.关系契约的缔结与海洋分割行政治理   以珠江口河海之争为例.学术研究,2016(5):49-56.

165. 陈升,王梦佳,李霞.有限政府理念下行政审批改革及绩效研究——以浙、豫、渝等省级权力清单为例.公共行政评论,2017,10(4):80-94.

166. 陈永杰,皇甫鑫.以整体性行政审批制度改革推进国家治理现代化:地方经验与作用机制.天津行政学院学报,2019,21(3):30-38.

167. 陈怡俊,汪丁丁.社会公共服务领域的协同治理研究——基于地方政府与社会组织策略互动的动态演化视角.中山大学学报(社会科学版),

2020,60(3):163-179.

168. 蔡长昆,王玉."政策建构政治":理解我国"顶层设计-地方细则"——以网约车政策过程为例.甘肃行政学院学报,2019(3):15-28.

169. 程浩,黄卫平,汪永成.中国社会利益集团研究.战略与管理,2003(4):63-74.

170. 戴维·毕瑟姆.官僚制.长春:吉林人民出版社,2005.

171. 戴维·米勒.布莱克维尔政治学百科全书.北京:中国政法大学出版社,2002.

172. 戴维·诺克.社会网络分析.杨松,李兰译.上海:上海人民出版社,2012.

173. 戴维·伊斯顿.政治系统:政治学状况研究.北京:商务印书馆,1993.

174. 戴瑛.论跨区域海洋环境治理的协作与合作.经济研究导刊,2014(7):109-110.

175. 邓大松,方晓梅.从公共政策的角度看政府在社会保障中的职能.经济评论,2001(6):53-55.

176. 邓小平.邓小平文选(第3卷).北京:人民出版社,1993.

177. 邓正来.研究与反思:关于中国社会科学自主性的思考.北京:中国政法大学出版社,2004.

178. 丁煌.政策执行阻滞机制及其防治对策——一项基于行为和制度的分析.北京:人民出版社,2002.

179. 丁煌.监督"虚脱":妨碍政策有效执行的重要因素.武汉大学学报,2002(2):209-214.

180. 丁煌,汪霞."关系运作"对地方政府政策执行力的影响及思考.新视野,2012(6):63-67.

181. 丁荣贵,孙涛.政府投资产学研合作项目治理方式研究框架.中国软科学,2008(9):101-111.

182. 董强,李小云.农村公共政策执行过程中的监督软化——以G省X镇计划生育政策的落实为例.中国行政管理,2009(12):77-81.

183. 范仓海,周丽菁.澳大利亚流域水环境网络治理模式及启示.科技管理研究,2015,35(22):246-252.

184. 范柏乃,张电电.地方政府职能转变的制度红利及其生成机制——以行政审批流程为中介变量.管理世界,2018,34(4):67-79.

185. 冯贵霞.大气污染防治政策变迁与解释框架构建——基于政策网络的视角.中国行政管理,2014(9):16-20.

186. 冯仕政.沉默的大多数:差序格局与环境抗争.中国人民大学学报,2007(1):122-132.

187. 傅大友等.行政改革和制度创新:地方政府改革的制度分析.上海·上海三联书店,2004.

188. 傅小随.中国行政体制改革的制度分析.北京:国家行政学院出版社,1999.

189. 费孝通.费孝通文集:乡土中国.北京:群言出版社,1949.

190. 方志梅,赵伐.面向学生多层次选择的创新人才培养体系的构建.中国高教研究,2008(10):82-84.

191. 关斌.地方政府环境治理中绩效压力是把双刃剑吗?——基于公共价值冲突视角的实证分析.公共管理学报,2020,17(2):53-69.

192. 高尔丁.渤海海域生态修复工程绩效评估及管理研究.吉林大学,2016.

193. 格尔哈斯·伦斯基.权力与特权:社会分层的理论.关信平,陈宗显,谢晋宇译.杭州:浙江人民出版社,1988.

194. 龚虹波.政府组织内的制度变迁——对宁波市审批制度改革案例的解释.华中师范大学学报,2005(1):111-117.

195. 龚虹波.结构转换、权力互动与政策执行——政府改革政策的执行理论与案例分析.北京:中国人民大学出版社,2006:58-62.

196. 龚虹波.执行结构转换下的权力互动——宁波市审批制度改革的政策过程分析.公共管理学报,2007(4):106-111.

197. 龚虹波.中国公共政策执行结构分析.云南社会科学,2008(1):18-22.

198. 龚虹波.论"关系"网络内的社会资本——一个中西方社会网络比较分析的视角.浙江社会科学,2013(12):99-105.

199. 龚虹波.论西方第三代政策网络研究的包容性.南京师大学报(社会科学版),2014(6):29-36.

200. 黄光国.面子——中国人的权力游戏.北京:中国人民大学出版社,2004.

201. 黄光国,胡先缙.人情与面子:中国人的权力游戏.北京:中国人民大学出版社,2010.

202. 贺东航,孔繁斌.公共政策执行的中国经验.中国社会科学,2011(5):61-79.

203. 贺东航,孔繁斌.中国公共政策执行中的政治势能——基于近20年农村林改政策的分析.中国社会科学,2019(4):4-25.

204. 胡赤弟.论区域高等教育中学科—专业—产业链的构建.教育研究,2009,30(6):83-88.

205. 胡赤弟,黄志兵.知识形态视角下高校学科—专业—产业链的组织化治理.教育研究,2013,34(1):76-83.

206. 胡伟.政府过程.杭州:浙江人民出版社,1998.

207. 何文盛,姜雅婷,唐序康.行政审批制度改革可以提升地方政府绩效吗?——基于中国15个副省级城市2001—2015年面板数据的分析.公共行政评论,2019,12(3):118-138.

208. 何郁冰.产学研协同创新的理论模式.科学学研究,2012,30(2):165-174.

209. 金太军,钱再见,张方华等.公共政策执行的梗阻及消解.广州:广东人民出版社2005.

210. 靳永翥.贵州地方政府治理能力研究.北京:社会科学文献出版社,2018.

211. 孔繁斌.从限制结社自由到监管公共责任——中国政府社团管制正当性及其制度改革.中国行政管理,2005(2):83-85.

212. 敬乂嘉.多中心治理:分权、合作与创新.上海:上海人民出版社,2015.

213. 康晓光,韩恒.分类控制:当前中国大陆国家与社会关系研究.社会学研究,2005(6):73-89.

214. 李斌.政治动员与社会革命背景下的现代国家构建——基于中国经验的研究.浙江社会科学,2010(4):33-39.

215. 李成言,郭丽岩.政府权能的行政生态学探讨.北京大学学报(哲学社会科学版),2002(6):99-107.

216. 李贺.房地产调控中中央政府与地方政府利益博弈探析.陕西师范大学,2012.

217. 李辉.论协同型政府.吉林大学,2010.

218. 李景鹏.中国政治发展的理论研究纲要.哈尔滨:黑龙江人民出版社,2003.

219. 李景鹏.试论行政系统的权力配置和利益结构的调整.政治学研究,1996(3):54-57.

220. 李景鹏.当代中国社会利益结构的变化与政治发展.天津社会科学,1994(3):31-37.

221. 李侃如.治理中国:从革命到改革.2004.胡国成,赵海译.北京:中国社会科学出版社,2010.

222. 李良才.气候变化条件下海洋环境治理的跨制度合作机制可能性研究.太平洋学报,2012,20(6):71-79.

223. 李瑞昌.理顺我国环境政策网络的府际关系.广东行政学院学报,2008,20(6):28-32.

224. 李若建.指标管理的失败:"大跃进"与困难时期的官员造假行为.开放时代,2009(3):84-96.

225. 李松林.政策场域:一个分析政策行动者关系及行动的概念.西南大学学报(社会科学版),2015,41(5):40-46.

226. 李允杰,丘昌泰.政策执行与评估.台北:台湾空中大学出版社,1998.

227. 李智超,罗家德.中国人的社会行为与关系网络特质——一个社会网的观点.社会科学战线,2012(1):159-164.

228. 刘鸿志,单保庆,张文强等.创新思路,推进区域水环境综合治理——以浙江省"五水共治"为例.环境保护,2016,44(5):47-50.

229. 刘军.整体社会网分析.上海:上海人民出版社,2009.

230. 刘军.整体网络分析:UCINET软件实用指南(第三版).上海:上海人民出版社,2019.

231. 刘桂春,张春红.基于多中心理论的辽宁沿海经济带环境治理模式研究.资源开发与市场,2012,28(1):75-79.

232. 刘钢,王开,魏迎敏等.基于网络信息的最严格水资源管理制度落实困境分析.河海大学学报(哲学社会科学版),2015,17(4):75-81.

233. 刘力.学术价值与商业价值的冲突——产学研合作的理念探析.教育研究,2002(4):25-29.

234. 刘晓亮,侯凯悦,张洺硕.从地方探索到中央推广:政府创新扩散的影响机制——基于 36 个案例的清晰集定性比较分析.公共管理学报,2019,16(3):157-167.

235. 刘英凤."互联网十"时代的地方政府治理创新.活力,2019(12):69-69.

236. 吕光洙,姜华.基于政策网络视角的博洛尼亚进程研究.现代教育管理,2015(9):60-65.

237. 鲁先锋.网络条件下非政府组织影响政策议程的场域及策略.理论探索,2013(3):78-82.

238. 罗家德,赵延东.如何测量社会资本:一个经验研究综述.国外社会科学,2005(2):18-24.

239. 罗家德,王竞.圈子理论——以社会网的视角分析中国人的组织行为.战略管理,2010,2(1):12-24.

240. 郎玫,史晓姣.创新持续到创新深化:地方政府治理创新能力构建的关键要素.公共行政评论,2020,13(1):158-176.

241. 罗鹏.渔民转产转业政策绩效评估研究.广东海洋大学,2010.

242. 罗奕君,陈璇.我国东部沿海地区海洋环境绩效评价研究.海洋开发与管理,2016,33(8):51-54.

243. 郦水清,陈科霖,田传浩.中国的地方官员何以晋升:激励与选择.甘肃行政学院学报,2017(3):4-17.

244. 梁漱溟.中国文化要义.上海:上海人民出版社,1949.

245. 雷叙川,王娜.地方政府间的政策创新扩散——以城市生活垃圾分类制度为例.地方治理研究,2019(4):2-19.

246. 林雪霏.当地方治理体制遇到协商民主——基于温岭"民主恳谈"制度的长时段演化研究.公共管理学报,2017,14(1):14-26.

247. 马斌.政府间关系:权力配置与地方治理.杭州:浙江大学出版社,2009.

248. 马捷,锁利铭.区域水资源共享冲突的网络治理模式创新.公共管理学报,2010,7(2):107-114.

249. 马力宏.论政府管理中的条块关系.政治学研究,1998(4):3-5.

250. 毛丹.美国高等教育绩效拨款政策的形成过程及政策网络分析——以田纳西州为个案.北京大学教育评论,2015,13(1):148-165.

251. 宁凌,毛海玲.海洋环境治理中政府、企业与公众定位分析.海洋开发与管理,2017,34(4):13-20.

252. 潘懋元,吴政.高等学校分类与定位问题.复旦教育论坛,2003(3):5-9.

253. 乔尔·S.米格代尔.社会中的国家:国家与社会如何相互改变与相互构成.李杨,郭一聪译.南京:江苏人民出版社,2013.

254. 秦海霞.关系网络的建构:私营企业主的行动逻辑——以辽宁省D市为个案.社会,2006(5):110-133.

255. 秦磊.我国海洋区域管理中的行政机构职能协调问题及其治理策略.太平洋学报,2016,24(4):81-88.

256. 全永波.基于新区域主义视角的区域合作治理探析.中国行政管理,2012(4):78-81.

257. 全永波,尹李梅,王天鸽.海洋环境治理中的利益逻辑与解决机制.浙江海洋学院学报(人文科学版),2017,34(1):1-6.

258. 全永波.海洋跨区域治理与"区域海"制度构建.中共浙江省委党校学报,2017(1):108-113.

259. 荣敬本等.从压力型体制向民主合作体制的转变——县乡两级政治体制改革的比较研究.北京:中央编译出版社,2001.

260. 孙柏瑛,李卓青.政策网络治理:公共治理的新途径.中国行政管理,2008(5):106-109.

261. 孙怀玉.产学研合作教育的运行模式和机制、问题与对策.中国高教研究,2003(4):35-36.

262. 孙倩,于大涛,鞠茂伟等.海洋生态文明绩效评价指标体系构建.海洋开发与管理,2017,34(7):3-8.

263. 孙永坤.基于生物完整性指数的胶州湾生态环境综合评价方法研究.中国科学院大学,2013.

264. 沈荣华,金海龙,张铭.地方政府治理.北京:社会科学文献出版社,2006.

265. 斯坦利·沃瑟曼,凯瑟琳·福斯特.社会网络分析:方法与运作.1994.陈禹,孙彩虹译.北京:中国人民大学出版社,2012.

266. 石发勇.关系网络与当代中国基础社会运动——以一个街区维权运动个案研究.学海,2005(3):76-88.

267. 石凯,胡伟.政策网络理论：政策过程的新范式.国外社会科学,2006(3),28-35.

268. 唐皇凤.政策网络与政策后果：中国的运用——对农村税费改革中利益分配关系变化的分析.中共浙江省委党校学报,2004(1):31-36.

269. 唐乐,段异兵.产学研合作的治理机制设计.科学学与科学技术管理,2007(12):45-49.

270. 谭羚雁,娄成武.保障性住房政策过程的中央与地方政府关系——政策网络理论的分析与应用.公共管理学报,2012,09(1):52-63.

271. 托马斯·海贝勒.主动的地方治理：作为战略群体的县乡干部.杨雪冬译.北京：中央编译出版社,2013.

272. 涂晓芳.政府利益论：从转轨时期地方政府的视角.北京：北京大学出版社,2008.

273. 王惠娜.区域环境治理中的新政策工具.学术研究,2012(1):55-58.

274. 王贺元,吴卿艳.论产学研范式到学科—专业—产业链范式的转变.教育发展研究,2011,31(1):73-76.

275. 王景伦.走向东方的梦——美国的中国观.北京：时事出版社,1994.

276. 王金秀."政府式"委托代理理论模型的构建.管理世界,2002(1):139-140.

277. 王猛.中国地方政府创新研究：理论、议题与方法.公共管理评论,2020,2(1):116-154.

278. 王琪,刘芳.海洋环境管理：从管理到治理的变革.中国海洋大学学报(社会科学版),2006(4):1-5.

279. 王琪,何广顺.海洋环境治理的政策选择.海洋通报,2004(3):73-80.

280. 吴玮林.中国海洋环境规制绩效的实证分析.浙江大学,2017.

281. 王骚,王达梅.公共政策视角下的政府能力建设.政治学研究,2006(4):67-76.

282. 王绍光.中国公共政策议程设置的模式.中国社会科学,2006(5):86-99.

283. 王雪原,王宏起.政府引导下的产学研战略联盟运行机制研究.科技进步与对策,2008(6):32-35.

284. 王印红,刘旭.我国海洋治理范式转变:特征及动因.中国海洋大学学报(社会科学版),2017(6):11-18.

285. 吴重庆.孙村的路——"国家—社会"关系格局中的民间权威.开放时代,2000(11):4-20.

286. 吴建祖,王蓉娟.环保约谈提高地方政府环境治理效率了吗?——基于双重差分方法的实证分析.公共管理学报,2019,16(1):54-65.

287. 吴清军.集体协商与"国家主导"下的劳动关系治理——指标管理的策略和实践.社会学研究,2012,27(3):66-89.

288. 约翰·斯科特,彼得·J.卡林顿.社会网络分析手册.2011.刘军,刘辉译.重庆:重庆大学出版社,2018.

289. 徐静,冯峰,张雷勇等.我国产学研合作动力机制研究.中国科技论坛,2012(7):74-80.

290. 徐家良.WTO与政府:外在变量的作用——中国政府加入世贸组织后的变化.政治学研究,2002(1):13-20.

291. 徐湘林.以政治稳定为基础的中国渐进政治改革.战略管理,2000(5):16-26.

292. 徐湘林.渐进政治改革中的政党、政府与社会.北京:中信出版社,2004.

293. 徐湘林.从政治发展理论到政策过程理论——中国政治改革研究的中层理论建构探讨.中国社会科学,2004(3):108-120.

294. 徐湘林.中国政策科学的理论困境和本土化出路.公共管理学报,2004(1):22-27.

295. 许阳.中国海洋环境治理的政策工具选择与应用——基于1982—2016年政策文本的量化分析.太平洋学报,2017(10):49-59.

296. 谢开勇.构建高校产学研新的运行机制.软科学,2002(1):82-84.

297. 杨光斌.制度范式:一种研究中国政治变迁的途径.中国人民大学学报,2003(3):117-123.

298. 杨宏山,李娉.政策创新争先模式的府际学习机制.公共管理学报,2019,16(2):1-14.

299. 杨鹏.产业政策在中国的境遇——一位基层官员的实践体会.战

略管理,2001(2):54-60.

300. 杨锐.广东省近海海洋环境变化及其集成管理研究.广东海洋大学,2016.

301. 杨雪冬.地方治理的逻辑.北京:社会科学文献出版社,2018.

302. 杨振姣,刘雪霞,冯森等.海洋生态安全现代化治理体系的构建.太平洋学报,2014(12):96-103.

303. 杨振姣,孙雪敏,罗玲云.环保NGO在我国海洋环境治理中的政策参与研究.海洋环境科学,2016,35(3):444-452.

304. 杨振东,闫海楠,杨振姣.中国海洋生态安全治理现代化的微观层面治理体系研究.海洋信息,2016(4):46-53.

305. 叶富春.利益结构、行政发展及其相互关系.北京:社会科学文献出版社,2004.

306. 叶启政.进出"结构—行动"的困境:与当代西方社会学理论论述对话.台北:三民书局,2004.

307. 郁建兴,吴宇.中国民间组织的兴起与国家—社会关系理论的转型.人文杂志,2003(4):142-148.

308. 于春艳等.陆源入海污染物总量控制绩效评估指标体系的建立——以天津海域为例.海洋开发与管理,2016,33(12):61-66.

309. 于谨凯,杨志坤.基于模糊综合评价的渤海近海海域生态环境承载力研究.经济与管理评论,2012(3):54-60.

310. 俞可平.中国地方政府创新案例研究报告(2011—2012).北京:北京大学出版社,2014.

311. 袁方.社会研究方法教程.北京:北京大学出版社,1997.

312. 袁岳,范文,肖明超等.中国公共政策及政府表现评估领域的零点经验:独立民意研究的位置.美中公共管理,2004:225-232.

313. 姚芝楼,王建国.高职高专实践教学模式的建构.中国高教研究,2006(6):63-65.

314. 张成福.大变革:中国行政改革的目标与行为选择.北京:改革出版社,1993.

315. 张才新,夏伟明.垃圾桶决策模式:反理性主义的声音.探求,2004(1):35-38.

316. 张江海.整体性治理理论视域下海洋生态环境治理体制优化研

究. 中共福建省委党校学报,2016(2):58-64.

317. 张继平,熊敏思,顾湘. 中澳海洋环境陆源污染治理的政策执行比较. 上海行政学院学报,2013(3):64-69.

318. 张紧跟. 调适与变迁:广东探索地方政府治理结构创新. 广州:中山大学出版社,2018.

319. 张佳音,罗家德. 组织内派系形成的网络动态分析. 社会,2007(4):152-163.

320. 张美亮. 论地方高校城乡规划专业整合与提升——以宁波大学理、工结合的城乡规划专业重构为例. 宁波大学学报(教育科学版),2013,35(3):86-90.

321. 赵静,陈玲,薛澜. 地方政府的角色原型、利益选择和行为差异——一项基于政策过程研究的地方政府理论. 管理世界,2013(2):90-106.

322. 郑杭生. 改革开放三十年:社会发展理论和社会转型理论. 中国社会科学,2009(2):10-19.

323. 郑奕. 中国沿海地区海洋经济与环境的综合评价方法与实证分析. 2014中国环境科学学会学术年会,2014.

324. 郑晓梅. 欧洲水协会(EWA)建立水污染控制网络(EWPCN). 环境工程学报,2001(3):6-16.

325. 郑永年. 中国的"行为联邦制":中央—地方关系的变革与动力. 北京:东方出版社,2013.

326. 周恩毅,胡金荣. 网络公民参与:政策网络理论的分析框架. 中国行政管理,2014(11):100-103.

327. 周飞舟. 政府行为与中国社会发展——社会学的研究发现及范式演变. 中国社会科学,2019(3):21-38.

328. 周国雄. 公共政策执行阻滞的博弈分析——以环境污染治理为例. 同济大学学报(社会科学版)2007(4):91-96.

329. 周黎安. 转型中的地方政府:官员激励与治理. 上海:格致出版社,2008.

330. 周莹. 广东海洋环境政策绩效评价研究. 广东海洋大学,2014.

331. 朱春奎,沈萍. 行动者、资源与行动策略:怒江水电开发的政策网络分析. 公共行政评论,2010,03(4):25-46.

332．朱旭峰．"司长策国论"——中国政策决策过程的科层结构与政策专家参与．公共管理评论，2008(1)：42-62．

333．朱旭峰．中国社会政策变迁中的专家参与模式研究．社会学研究，2011,25(2)：1-27．

334．朱旭峰,赵慧．政府间关系视角下的社会政策扩散——以城市低保制度为例(1993—1999)．中国社会科学，2016(8)：95-116．

335．朱亚鹏．政策网络分析：发展脉络与理论构建．中山大学学报(社会科学版)，2008(5)：192-199．

336．翟学伟．人情、面子与权力的再生产．北京：北京大学出版社,2005．

337．翟学伟．中国社会中的日常权威——关系与权力的历史社会学研究．北京：社会科学文献出版社,2004．

附　　录

宁波市审批制度改革实施意见

市委办〔1999〕44 号

为进一步转变政府职能,规范政府行为,提高工作效率,改善投资环境,加快建立社会主义市场经济体制,促进全市经济和社会事业的快速健康发展,根据省委、省政府要求,经市委、市政府研究,现就审批制度改革制定本实施意见。

一、审批制度改革的指导思想和总体目标(从略)

二、审批制度改革的主要内容

(一)取消部分审批事项

1. 不属于政府职能,以及不应当由政府直接管理的事项,必须取消审批,政府实行间接管理。

(1)《公司法》和其他法律、法规已经规定,属于企业自主权或属于企业行为的,应还权于企业,政府部门只是依法监督,加强服务。

(2)属于我市非限制性项目,在工商部门注册登记前由其他部门进行前置审批的,除国家法律、法规明确规定必须审批并指定由某部门审批的外,都应取消,由申请者直接到工商部门依法注册登记,工商部门采用核准登记注册制。

(3)属于中介组织职能范围或可以由中介组织完成的事项,应交给中介组织管理,政府部门依法监督、协调,加强行业规划。

（4）凡是可以通过市场化手段，如招标、拍卖、抽签等方式，公平、合理地分配指标或营利性项目的，应当采取市场化手段，通过市场竞争来解决。

2.我市自行确定的审批事项，应当从实际出发，能取消的坚决取消，大胆放开。

（1）由市人大、市政府制定的法规、规章和其他规范性文件所确定的审批事项，凡是能够明确规定审批事项的各项内容，并能有效实施事后监管的，都应取消审批，或采取核准、备案制，或彻底放开。

（2）机关事业单位"三定"方案中确定的审批事项，如果国家、省和我市其他法律、法规和行政规章没有明确规定需要审批的，应取消审批。

（3）市政府各部门自行设立的审批事项，应予取消；确需进行必要管理的，经市政府重新审定后，可改为核准和备案。

（4）同一事项，国内其他城市没有审批的，我市原则上也要取消审批。

3.对国家和省有关法律、法规、行政规章和其他规范性文件要求地方政府直接管理的事项，要根据实际情况，依法改变管理方式和管理手段。

（1）对国家和省没有明确要求地方有关部门审批，只要求核准的事项，应取消审批，严格按规定条件实行核准制；对国家和省只要求地方政府进行一般管理的事项，应取消审批，必要时实行备案制。

（2）对国家和省只要求地方政府审批，并没有指标和额度限制的事项，可取消审批，严格实行核准制；对国家和省既要求地方政府审批，又要求进行指标和额度控制的少数项目，应在严格审查条件的基础上，对营利性项目的额度和指标，采用招标、拍卖等市场化管理方式进行分配。

（3）对国家和省要求根据一定的条件，评定、确认、认定、认证资格和资质，或进行年审、年检、验收的事项，应取消审批和指标控制，实行核准制，只要符合规定的条件，就承认其相应的资格和资质，或认定其合格。

（4）对国家和省授权我市审批的事项，应根据实际情况，对不适应我市社会经济发展要求的审批事项予以取消，并积极与上级主管部门沟通，取得上级部门的理解和支持。

（5）对国家明确要求审批，我市又必须审批的事项，审批部门不得超出国家规定的审批内容和审批范围，自行扩大审批权限部分应予取消。

（二）规范保留事项的审批

1.对一些关系到经济发展和社会安定的重大事项，必须依法审批：

（1）涉及外事、国家安全、社会治安等方面的重要事项；

（2）涉及土地资源、水资源、森林资源、海洋资源和文物资源等国家重要资源的开发利用项目；

（3）涉及市属国有资产管理方面的重大事项；

（4）涉及市重大建设项目、财政支出项目和政府基金管理项目；

（5）涉及城市规划和城市建设方面的重要事项；

（6）涉及城市管理和环境保护方面的重要事项；

（7）国家法律、法规明确规定的关系到社会安定和人民生命财产安全的特种行业和项目；

（8）关系到国计民生的少数重要商品的定价和服务项目的收费标准；

（9）国家法律、法规明确规定的关系到国计民生的少数专营专卖项目；

（10）涉及少数必须严格控制的指令性计划指标和不宜进行招标、拍卖的少数进出口配额；

（11）涉及机关事业单位机构、编制和人事、劳动管理方面的重要事项；

（12）涉及精神文明建设重大活动及重要建设项目；

（13）国家和省委托地方政府代行的审批事项；

（14）其他由国家、省和我市有关法律、法规明确规定必须从严审批的事项。

2. 规范审批程序。

（1）严格规定审批内容，明确审批条件。对每项审批都要制定出明确的、具体的、详细的审批内容、审批范围和审批条件，减少审批人员的自由裁量权；对技术性比较强的审批事项，必须制定审批技术规范。

（2）减少审批环节，简化审批手续。对审批环节多、审批手续较复杂的，要依法进行清理，除国家和省有关法律、法规、行政规章明确规定的审批部门外，其他部门不应参与审批；若国家和省没有明确规定审批部门的，由市政府确定审批部门；在审批部门内部，应由有关业务部门进行审批，不得重复审批，多头审批。

（3）明确审批时限。每项审批必须科学、严格规定审批时限。国家和省有关法律、法规、行政规章规定审批时限的，我市审批部门只能缩短，不应延长；若报送材料齐备，审批部门在规定的时间内未予以答复的，应追究审批部门和审批人员的责任。

（4）制订严密的审批操作规程。每项审批必须制定详细的操作规则和操作程序，其中包括审批内容、审批条件、审批程序、审批人员、审批时限等有关事项。对不予以批准的，必须以书面形式说明理由。

3.改进审批方式。

(1)实行政务公开。除国家明确规定不能公开的外，每个审批事项的设立、调整和取消，以及审批内容、条件、程序、时限等，应事先公告，各部门必须向社会做出承诺，并形成制度。对涉及多个部门或涉及内部几个处室的审批事项，要按市委办〔1999〕29号通知要求推行窗口服务制度。

(2)建立健全社会听证制度。对物价、收费、市政、城管、环保等与公众利益联系密切的事项，推行社会听证制度，充分听取有关方面的意见，以促进政府决策的民主化和科学化。

(3)强化专家审查、咨询制度。对技术性、专业性比较强的验收、评审和许可事项，由有关专家进行专业技术审查，提供咨询意见，以提高政府决策的科学性和合理性。

(4)加快政府各部门的电脑联网，通过电脑互联网络实现信息共享，改进审批的技术手段，探索多部门联网审批的新模式。

4.加强对审批行为的监督。

(1)建立内部审批检查监督制度。各部门对每项审批都要制定相应的内部约束和监督措施，重大审批事项必须建立集体决定的制度。

(2)建立对审批部门和审批人员的社会监督制度。对违反规定的审批行为，实行社会举报制度，在市监察局和各审批部门设立举报信箱；对审批管理和审批执行情况，实行社会质询制度和人大定期检查制度；对审批结果不服的，按国家有关规定，申请行政复议或提起行政诉讼。

(3)建立审批责任追究制度。要加强对审批人员的监督，明确规定审批责任和审批义务，并制定严厉的处罚措施，对违法审批、审批失误等情况要依法处理。对已取消的审批事项仍在审批的，要追究部门(单位)领导的责任。市纪检监察部门负责监督全市各部门的组织实施。

(三)加强对审批后实施情况的监管

1.对保留的审批事项，法律、法规和行政规章已经制定监管措施的，按规定执行；没有制定监管措施的，各有关部门要结合我市实际，制定严格的、可操作的监管措施，并尽可能通过市人大和市政府以法规和行政规章的形式颁布。

2.对取消的审批事项，有关部门必须提出加强宏观调控和行业监管的意见，并制定相应的管理办法和措施。

3.要定期和不定期组织对审批事项的实施情况进行监督和检查,对不符合原认定条件的,要及时指出,提出改进意见;情况严重的,要按照有关规定严肃处理。

4.在部门内部,要减少审批人员,加强监督力度,按照审批人员和监管人员必须分开的原则,对职能、机构和人员进行调整。监管人员应严格考核,持证上岗,定期进行岗位交流,并实行监管责任制。

5.另外,对核准事项,应参照审批事项改革的有关原则和措施,进行相应的改革。各部门不得擅自将核准变成审批。

三、审批制度改革的工作步骤(从略)

四、审批制度改革的保障措施(从略)

《中共宁波市委、宁波市政府批转市政务公开暨审批制度改革领导小组》的通知

甬党〔2002〕12 号

我市作为全省试点城市,1999 年 7 月率先开始行政审批制度改革。通过改革,推动了行政机关和公务员队伍的观念更新;大幅度削减了行政审批事项;初步形成高效、透明的运作机制和有效的监督机制;建成了一批行政服务中心,从而优化了投资环境。但是这些成果从总体上看是阶段性和浅表性的。为了进一步适应社会主义市场经济和 WTO 规则,必须进一步推进行政体制创新,继续深化行政审批制度改革。深化改革必须认真贯彻国务院批转的《关于行政审批制度改革工作的实施意见》和《浙江省行政审批暂行规定》的精神,立足本市实际,广泛发动,周密部署,有序推进,务求实效。

一、指导思想和基本原则(略)

二、基本目标和主要任务

通过深化改革,行政审批事项再削减 30％、办理时限进一步缩短,重点在市场准入、市场监管、要素配置领域取得实质性突破,努力创立结构合理、管理科学、程序严密、制约有效的行政制度,营造全国一流的发展环境。深化改革的主要任务是:

(一)进一步转变政府职能

取消不符合政企分开和政事分开要求、妨碍市场开放和公平竞争以及实际上难以有效发挥作用的行政审批。确立企业的市场主体地位;发挥市场在资源配置中的基础作用;发挥社会中介机构、自治组织的服务、自律功能;把政府职能的重点切实转移到经济调节、市场监管、社会管理和公共服务上来,着力营造良好的发展环境,提供优质的公共服务。

1. 还给投资者投资决策权

(1)鼓励投资者依据相关法律、法规和国家颁布的产业政策、外商投资

产业目录,自主选择投资领域和投资方式,取消所有限制合法投资行为的地方规定和相关行政审批。

(2)正确界定基本建设程序中的投资者行为和行政行为。取消属于投资者行为的行政审批环节。相关行政管理部门要督促投资者自觉遵循基本建设程序,加强对投资者的引导和指导。

(3)国家、省投资建设项目,以及需要争取国家和省资金、土地、税收等政策支持的建设项目,按国家和省规定的环节和程序由投资主管部门审批或报批。市本级财政资金和市财政承诺还贷资金、国债资金、市国有资产经营公司资金投资或参股项目,要区别于民间投资项目,建立职责分明、运作顺畅、约束有效的投资管理机制。

(4)投资主管部门对不是政府直接投资(参资)的建设项目(含外资项目)根据性质和规模实行分类管理:对生产力布局、产业结构、战略性资源开发和国家安全有重要影响的重大项目(依据国家投资主管部门制订和颁布的标准确定)、国家限制投资的项目和公益项目,权限内项目审批项目建议书,可行性研究和开工由投资者自主决策;权限外项目按国家和省有关部门要求报批。其他项目,能够自行平衡资金来源和落实建设条件的各类企业的投资项目,均由企业自主决策,一律实行备案制管理。

(5)对各类投资项目,非投资主管部门(除土管、规划、环保部门外)一律通过参与主管部门牵头的联合审批、联合审图或采用非审批方式参与管理,取消独立行政审批环节。其中无基本建设内容的技术改造投资项目一律实行备案制管理;由政府招标获得土地使用权的投资项目,除规划、环保可保留简化核准环节外,其他环节取消行政审批;由政府连同方案招标获得土地开发权的投资项目(相关控制指标在招标文件中明确,管理目标在评标及修正方案中实现),取消所有环节的行政审批,实行备案制管理。要积极探索实行环境污染物排放交易制度,取消相关行政审批的可行性。

2. 保障企业的经营自主权

(1)开办企业实行登记制。对工商注册登记事项,法律、行政法规没有规定前置审批的,一律不得前置审批;法律、行政法规规定的前置审批事项,原则上实行告知承诺制管理,个别必须保留的前置审批实行并联审批。

(2)对属企业经营自主权(包括生产经营决策权、产品劳务定价权、产品销售权、物资采购权、法定准许的进出口权、投资决策权、资金支配权、财产处置权、联营兼并权、劳动用工权、人事管理权、工资奖金分配权、机构设置权等)和法律、法规规定的其他企业行为,取消行政审批。

(3)对涉及公共安全的重大机器设备的产生、销售、安装、使用的行为,由行政审批改为由质量技术评审机构按照法定技术标准检测、鉴定(法律、行政法规规定应当由行政机关核准的,从其规定)。对其他一般性产品的市场准入、经营服务,取消行政审批。

(4)除国家明确规定需政府定价和未形成市场竞争格局的商品、经营服务价格外,取消政府定价,由市场进行调节。

(5)除涉及公共安全和特殊技能要求外,各类人员从业岗位的条件,由用人单位或行业协会自行确定,取消行政审批和发证。

(6)除法律、行政法规明确规定需年检、年审的资质、资格外,其他年检、年审一律取消或实行备案制管理。

3. 发挥中介机构、自治组织的服务和自律功能

(1)通过规范、公正的中介机构自律能够解决的事项(包括产品质量鉴定、房地产评估、环境评估、专业技术咨询、经纪业务、业务技能培训、职业介绍、律师、会计、审计等事务),要视中介成熟程度逐步交给中介机构办理,取消行政审批。行政机关要积极培育中介市场,规范中介行为,防止中介垄断。

把行业管理的一般事务逐步移交给行业协会等自律机构,行政机关的工作重点转移到制订产业政策和产业发展规划、营造产业发展推动机制和环境等宏观事务上。

(2)各类企事业人员的从业资格,通过全国或省统一考试、行业协会或专家评审机构评审取得。法律、行政法规规定需行政机关(含报上级行政机关)确认发证的,作为程序性工作办理。

(3)对企事业单位的各类资质,除产品质量鉴定机构外,由行业协会、专家评审机构评审。法律、行政法规规定需行政机关(含报上级行政机关)确认发证的,作为程序性工作办理。

(4)除国家法律、行政法规规定外,对各类业务技能培训机构的设立,一律取消行政审批。实行培训机构与考试机构分离制度,逐步走向培训市场化。

4. 发挥市场配置资源的基础作用

(1)对国有土地使用权出让、国有与集体投资工程项目建设、大宗物品政府采购、国有资产转让等国有资产、公共资源的配置,采用公开招标、拍卖等市场方式,除法律、法规有明确规定外,取消行政审批。

（2）进一步培育金融、信息、技术和资本产权、知识产权、人力资源等要素市场,构筑顺畅的流通渠道和便捷的操作平台。

5．营造开放、公平、诚信的市场环境

（1）取消保护行业垄断、阻碍商品和生产要素有序流通、造成地区封锁、市场分割的行政审批。

（2）整合对企业和中介组织的管理资源,构筑信息共享平台,建立企业、中介组织诚信信息披露制度。

（3）收回赋予企业、中介组织的行政职能;行政机关与所办经济实体、中介组织脱钩。建设工程项目招投标、重点工程项目招投标、土地拍卖、产权交易、政府采购、药品采购、机电设备进出口招投标等交易机构必须与政府管理部门脱钩,实现人员职能分离,形成有效约束机制。

（4）探索和创建市场监管新机制,专项整治和长效监管结合,加大力度打击非法经营、不正当竞争、制假造假、哄骗欺诈、欺行霸市、虚假广告、走私骗税等扰乱市场经济秩序的行为。

6．不断优化社会环境

（1）取消有碍公民参与合法经营活动、投资活动和社会生活的行政审批。

（2）创新机制,强化社会管理,保障人身安全和财产安全,维护社会秩序和治安环境。

（3）改善生活环境、文化环境,丰富物质、精神生活,提高人民生活质量。

（4）促进就业,提高社会保障水平,保障公民基本社会生活权利。

7．提供优质的社会公共服务

（1）制定和完善促进经济发展,社会进步,提高人民生活的政策、规章,提高政策、规章的统一性、透明性和稳定性,建立咨询系统,提供权威、完善的政策、规章和 WTO 规则咨询服务。

（2）强化经济、社会宏观发展环境的研究和预测,提高宏观经济调控水平,及时公开发布经济、社会发展信息,准确、及时提供全方位、多层面信息服务。

（3）及时有效提供行政司法、仲裁服务。

（4）大力发展社会公益事业,整合社会服务资源,不断完善社会服务体系。

（5）进一步完善社会特殊群体帮扶体系,及时有效提供救助服务。

（二）改革行政管理方式

更新行政理念,实现行政管理方法和手段的创新,使政府对投资和经营主体的市场行为从"严入宽管"转变为"宽入严管";从"注重审批"转变为"注重服务";从习惯于直接和微观管理转变为间接管理和宏观调控;行政指令的管理方式转变为以法律、法规为准则的法制管理方式。着重推行以下几项制度:

1.强化"规则管理制"

行政机关要从微观管理和个案审批中解脱出来,把着力点从行政审批转为制订和发布规则、标准,通过严格执行规则、标准实现监管目的。

2.实行"告知责任制"

对已有明确准入条件、质量标准、技术规范的事项,取消行政审批。行政机关要书面明确告知行政管理相对人从事某种行为应当符合的法定条件、履行的法定义务,依法加强事后监督;对保留的审批事项,行政机关在履行审批手续时,也要告知行政管理相对人应承担的相关义务。

3.实行"备案监管制"

对通过实施事后监督等其他行政管理方式能够解决的事项,当事人在实施具体行为前事先向行政管理部门登记备案后即可按相关要求自主行使,行政机关依法加强日常监督检查,对违法行为依法处理并责成当事人事后救济补偿。

4.实行"窗口服务制"

对于保留的行政审批事项,积极推广集中办公、代理、代办服务的做法,为申请人提供"一站式"服务。市经济发展服务中心和各部门的服务窗口要按照提高效率、方便群众、服务企业的宗旨,进一步完善功能、规范运作,在法定办理期限内尽可能压缩办理时限,并向社会做出郑重服务承诺。

5.试行"网络办公制"

市经济发展服务中心和各部门的服务窗口,要发挥现有计算机系统的潜能,逐步实现信息发布、咨询服务和网络办理三个层次的服务功能,使计算机网络从单纯发布信息向政策咨询、资料下载、网络备案方向转变,条件成熟时推行"网上审批",提高行政管理的现代化水平。

6.推行"一事一批制"

一个行政机关只能以一个内设机构(一个"窗口")以本机关名义统一受理行政审批事务,并答复办理结果,不得由多个内设机构对外;一个行政审批事项,一个行政部门原则上只能在一个环节实施审批;一个行政审批事项,两个以上行政部门为达到同一管理目标,根据各自职能分别进行审批的,要把行政审批程序改为行政机关之间的工作程序,即:要明确主办部门和协办部门,主办部门受理申请,并转告有关部门分别提出意见后统一办理,或者组织有关部门联合办理、集中办理。

7.实行"并联审批制"

一个行政审批事项,两个以上行政部门为达到不同管理目标,根据各自职能分别进行审批的,要改"串联审批"为"并联审批",即:要明确直接受理部门和非直接受理部门,直接受理部门负责受理,并转告非直接受理部门在规定期限内同步进行审核并出具批件,或者以会审、会签、联合踏勘等方式联办(必须按照先后顺序进行审批的事项除外),由直接受理部门负责答复。

8.完善"政务公开制"

除涉及国家保密法规明确规定不能公开的事项外,每一审批事项的设立、调整和取消,以及审批条件、内容、时限、程序等都必须按依法公开、客观真实、方便群众、有利监督的要求,采用政府公报、政府网站、公开栏、告知单、电子触摸屏、便民手册等多种形式公开,便于公民、法人和其他组织的知情和监督。

9.试行"重大政策公开征询制"

制定重大政策特别是重大改革事项以及房屋拆迁、医疗、养老、社会保险等直接涉及公众切身利益的事项,要广泛征询人民群众意见;政策出台后要通过媒体向社会公开发布。

10.探索"企业身份信息一卡制"

积极创造条件试行企事业单位持"身份证"卡,从事工商经营、税务登记、技术质量标准登记、财务收支结算等行为,以减少行政成本和交易成本。

(三)规范行政审批行为

合理界定审批范围,依法实施审批,简化审批环节,减少职能交叉,避免重复审批,最大限度控制行政审批自由裁量权,使行政审批真正做到依法、简便、高效和公开、公平、公正。

1.明确行政审批内涵

行政审批是指行政机关根据自然人、法人或者其他组织提出的申请,经依法审查,准予其从事特定活动、认可其资格资质或者确立其特定主体资格、特定身份的行为。

现有行政审批中有关行政机关对其他机关或者机关内部的外事、财务、公文、人事等审批事项,做出奖励决定、制定政策措施、确定收费标准等具有普遍约束力的抽象行政行为,经登记确认特定民事权利义务关系、特定事实的事项,不再列入行政审批范围。上述事项仍分别依照有关法律、法规和规定实施,但也要减少环节,简化程序,提高效率。

2. 界定设立审批事项的范围

(1)保留和设立行政审批必须讲求成本。凡设立行政审批后产生的综合成本(机会成本、附加成本和交易成本)超过未设立行政审批所造成损失的事项,不得设定行政审批。

(2)保留和设立行政审批应当遵循市场调节优先、社会自治优先、行政干预从缓的原则。凡通过竞争、价值规律等市场机制能够解决的事项,不设定行政审批;凡通过制定并实施强制性标准能够解决的事项,不设定行政审批;凡通过制定并执行行业标准、职业行为规范约束同业行为,奖优罚劣等自律机制可以解决的,不设定行政审批;凡通过行政奖励、行政合同、行政指导等非行政强制手段可以解决,或通过备案、监督检查等非行政审批的行政强制方式可以解决的事项,不设定行政审批。

(3)可以保留和设立行政审批的主要领域为:直接关系国家安全、经济安全、公共利益以及人身健康、生命财产安全的事项;有限自然资源的开发利用、有限公共资源配置的事项;通过事后补救难以有效消除影响或者造成难以挽回重大损害的其他事项。

3. 明确设立审批事项的权限和程序

(1)除法律、行政法规、国务院有普遍约束力的决定,地方性法规、地方政府规章外,国务院部门规章以及依法不享有规章制定权的地方人民政府和其他机关制定的规范性文件一律不得设定行政审批。

(2)对同一事项,法律、行政法规、国务院有普遍约束力的决定已有规定但没有设定行政审批的,地方性法规、地方政府规章不得设定行政审批。对同一事项,地方性法规已有规定但没有设定行政审批的,地方政府规章不得设定行政审批。

(3)新增审批事项,必须为新的法律、法规、规章明确规定的,或经市政府常务会议批准的。起草法规、规章草案,设定行政审批的,应当广泛听取意见,并就设定行政审批的必要性、对经济和社会可能产生的影响、听取意见的范围及其采纳情况等向制定机关说明。

(4)市政府设定的行政审批,必须在《宁波日报》或《宁波市人民政府公报》上公布,未经公布的,不得作为行政审批依据。

4. 规范具体审批行为

（1）行政机关收到申请人提出的行政审批申请，且申请材料齐全、符合法定形式的应当予以受理，并出具书面受理凭证；申请材料不全或者不符合法定形式的，行政机关应当一次性书面告知申请人需要补正的全部内容。申请人按照书面告知内容补正后，行政机关应当予以受理。

（2）受理申请后，依法不需要对行政许可做实质性审查、核实可以当场做出决定的，行政机关应当当场做出决定；需要对有关申请材料进行实质性审查、核实或实地核查的，应当在承诺期限内根据法定条件和程序进行审查、核实或核查，并做出是否准予的决定。

（3）对未采用招标、拍卖方式并且涉及申请人、利害关系人重大利益的事项，直接关系到申请人、利害关系人重大利益或者社会公共利益的重大事项，行政机关应当积极推行听证制度（申请人或者利害关系人要求组织听证的，行政机关应当组织听证），听证后再依法做出决定。

（4）对技术性和专业性比较强的审批事项，由行政机关组织专家评审委员会对其可行性进行评审论证，行政机关履行必要的审批手续。

（5）对符合法定条件且没有批准数量限制的申请，应在规定期限内予以审批；对有数量限制的事项，两个或两个以上申请人均符合法定条件的，行政机关应当按先后顺序或者采用招标、拍卖等公平竞争方式做出是否批准的决定。

（6）除法律、行政法规有明确规定外，行政机关实施行政审批，不得收取任何费用，所需经费应当列入本机关的预算，由本级财政予以保障，按照批准的预算予以核拨。

（7）行政审批部门必须就审批时间和审批行为的公正性向社会做出公开承诺，向社会承诺的内容必须履行。

（8）行政审批机关和承办人应当对审批行为和审批结果的合法性、准确性承担责任，对申办人获准事项承担事后监管责任。

（四）健全行政监督机制

通过深化行政审批制度改革，建立健全职责明确、内部监督和外部监督、自律和他律有机结合的行政审批监督体系，努力消除行政失职、行政不作为和利用审批权力寻租现象，防止权力异化，促进规范行政，廉洁行政。

1. 明确责任主体

按照深化改革方案的各项要求，明确政府部门、部门领导人、行政审批行为人的行政审批责任和批后监管责任。政府各部门必须严格按照相关法规和本方案规定的审批原则、事项、方式、程序实施审批,并定期公开和报告审批权力的行使情况;部门行政首长对本部门的审批行为负全面领导责任,分管领导对具体审批行为负直接领导责任;行政审批行为人对具体审批行为负直接责任。

2. 完善制约措施

所有审批事项都要制订严密的内部监督制约措施和规范的运作制度;对重大审批事项,要加强事前调查研究,做到充分论证,严格把关,科学决策,并对审批权进行适当分解。行政审批收费要纳入财政预算管理,行政审批与部门利益必须彻底脱钩。要用整体权力结构的设置与运作,制约特定权力的行使;用整体利益结构的设置与运作,制约特定利益的获取。

3. 强化监督责任

要建立行政执法责任制、目标考核管理责任制,切实加强上级行政机关对下级行政机关、政府对其所属部门的层级监督和各职能部门的专项监督,并自觉接受人大、司法、社会公众和新闻媒体的监督。市行政监察部门、政府法制部门为行政审批行为监督的职能机构,负责日常监察和考核工作;政府各部门的相关机构为本部门的监督责任处室;"96178"廉政投诉中心负责受理社会公众和申办对象投诉。

4. 落实责任追究

要结合深化行政审批制度改革,对 1999 年颁行的《宁波市行政审批责任及其追究制度》(试行)进行修改完善。对擅自设定行政审批或者对已经取消的事项仍继续审批、超越职权审批或者不按规定程序进行审批、不依法履行监督职责或者监督不力造成重大事故或者重大损失等违规、违纪、违法行为要视情节轻重分别追究审批部门、部门领导人、行政审批行为人的责任。有关部门要切实履行监督职责,严格执行责任追究制度。

三、实施步骤和主要措施(略)

中共宁波市委、宁波市人民政府批转市政务公开暨审批制度改革领导小组《关于进一步深化行政审批制度改革的实施意见》的通知

甬党〔2004〕11 号

各县(市)区委、人民政府,市直属各部门:

市委、市政府同意市政务公开暨行政审批制度改革领导小组《关于进一步深化行政审批制度改革的实施意见》,现予批转。请各地各部门按照此意见认真组织实施,确保这项工作顺利进行。

中共宁波市委
宁波市人民政府
2004 年 6 月 2 日

市政务公开暨行政审批制度改革领导小组《关于进一步深化行政审批制度改革的实施意见》

(2004 年 5 月)

根据贯彻实施《中华人民共和国行政许可法》(以下简称行政许可法)和开展机关效能建设的要求,市委、市政府决定,在前两轮行政审批制度改革的基础上,今明两年在全市范围内开展新一轮行政审批制度改革。

一、指导思想

新一轮行政审批制度改革以"三个代表"重要思想、党的十六大和十六届三中全会精神为指导,以适应完善社会主义市场经济体制为导向,以实施行政许可法为核心,进一步转变政府职能,创新行政管理体制和行政方式,提高行政效能,促进依法行政,为我市经济社会的全面、协调、可持续发展营

造良好环境。

二、基本目标

行政理念进一步更新。各级政府和广大公务员以民为本、依法行政意识增强。有限政府、效率政府、透明政府等观念进一步确立。讲诚信、负责任、重服务成为行为规范。

政府职能进一步转变。各类行政许可(审批)事项得到全面清理。行政审批总量明显减少。政府与企业、政府与市场、政府与社会的关系进一步理顺,不该由政府管的事逐步移交给企业、社会组织和中介机构自我管理,把政府经济管理职能转到主要为市场主体服务和创造良好发展环境上来,社会管理和公共服务职能得到强化。

行政管理方式和手段进一步创新。行政许可法规定的相对集中行政许可权,统一受理,联合办理、集中办理等项制度及配套措施落实,重点领域的具体审批运作机制进一步完善、行政(便民)服务中心功能得到更好发挥、电子政务进一步发展,制度创新、管理创新、手段创新、服务创新取得新突破。

行政审批行为进一步规范。各类行政许可(审批)事项依据合法、主体合格、条件明确、程序规范、手续简便,保证公共权力在有限理性的框架内规范运作。

监督机制进一步健全。审批过程的监督和批后监管责任明确,内部监督和外部监督、自律和他律有机结合的行政审批监督机制健全,行政许可法规定的监督检查和法律责任得到具体落实,行政失职、行政不作为和利用审批权力寻租现象明显减少。

行政效能进一步提高。集中统一的行政服务平台资源得到充分利用,行政成本降低;各类重复、交叉行政审批事项得到合理处置;中介机构、行业组织的服务功能和自律增强;政务、事务公开时效性增强;投资项目、企业注册等重点领域的审批环节减少,行政服务水平、服务质量和服务效率进一步提高。

三、主要任务和责任分工

(一)全面清理行政许可(审批)事项

各部门要按照行政许可法关于行政许可设定和实施的基本制度规范,

对行政许可(审批)事项和每一保留事项的实施机关、实施程序、申报条件和收费进行全面清理,保证行政许可法得以全面、正确的贯彻实施:

严格按行政许可法关于行政许可的设立范围和设定权限,对市本级各部门正在实施的行政许可(审批)事项进行清理,逐项提出处理意见。

按照行政许可法关于实施机构的规定,对保密行政许可(审批)事项的实施机构进行清理,保证行政许可(审批)由具有行政许可权的行政机关在其法定职权范围内实施。

依据行政许可程序的基本原则和制度,对保留的每一许可(审批)事项的实施程序进行全面清理,保证许可事项依据法定程序实施。

按法律、法规、规章规定,对每一保留事项的条件、数量以及需要提交的全部材料进行清理。一个许可(审批)事项涉及多个行政机关或行政机关内部多处室的,要做到资料共享,防止重复提供、多头提供。

对每一保留许可事项的收费依据进行清理,除法律、行政法规有明确规定外,实施行政许可(审批)以及对行政许可事项进行监督检查一律不得收费,相关收费依据应当废止。

以上清理的组织工作根据已发布的《宁波市贯彻实施行政许可法工作方案》的责任分工,由市政府法制办、市审改办、市编委办、市物价局、市财政局分别或协同负责,保证2004年7月1日实施。

(二)改革投资项目审批运作制度

要切实贯彻行政许可法关于集中受理、统一办理、联合办理制度,继续精简办理环节,优化运作程序,完善和落实以下改革措施:

权限内民间投资、外商投资竞争性项目,计划、规划、土地、环保、城建等审批部门原则上只在一个环节上把关,消防、人防、水利、科技、气象、涉外审查等部门的保留审批事项,一律通过参与初步设计(规划设计方案)会审、施工图会审或采取非审批方式参与管理。

权限内民间投资、外商投资竞争性项目中,无基本建设内容的技改项目,除环保外一律实行备案制管理。

由政府招标获得土地使用权的投资项目,除规划、环保、土管可保留简化核准环节或当场办理土地证外,其他环节实行备案制管理。

由政府连同方案招标获得土地开发权的投资项目,除组织初步设计会审外,其他环节一律程序性办理或实行备案制管理。

此项工作由市计委牵头,相关部门参与调研,今年9月底前完成。市政府出台关于进一步提高投资项目办理效率的实施意见。

（三）扩大范围实施行政许可（审批）告知承诺制

有行政审批职能的市政府各部门，要积极探索实行行政许可（审批）告知承诺制：

各行政部门要把主要精力从微观管理和个案审批中解脱出来，转为制订和发布普适性规则、标准，实现行政管理方式从事前审批向事后监管转变，从直接管理向间接管理转变，从静态管理向动态管理转变，从封闭和单向性向开放和多样性转变。

对有明确质量、技术标准的行政审批事项，要积极推行告知承诺制办理方式。

对行政审批之外的其他行政管理领域，要积极探索实行告知承诺制办理方式的可行性，选择部分事项试点或提出工作方案。

此项工作由各相关部门负责，市法制办、审改办牵头调研，市政府出台关于扩大范围实施行政审批告知承诺制实施意见，并进行指导、督促，今年9月底前各部门形成具体方案，逐步推开，明年年底前完成。

（四）加强行政（便民）服务中心建设

各级政府要充分发挥行政（便民）服务中心的潜能，进一步扩大受理范围，拓展服务领域，规范运作程序，提升服务水平：

根据行政许可法关于效能和便民原则，对进驻中心的部门、事项进行调整，进一步扩展中心功能。

严格执行行政许可法关于集中办理制度的相关规定，审批职能涉及部门内设多个处室的，应当确定驻中心处室统一受理行政审批申请，统一送达行政审批决定；涉及多部门的，要确定一个部门受理申请，并转告有关部门分别提出意见后统一办理，或采取联合办理、集中办理，进一步规范运作程序。

要对各部门派驻中心人员的资格、身份和审批权限进行规范。各行政机关派驻中心负责人应为本部门承担主要审批职能的业务处室负责人，窗口工作人员必须是熟悉本部门综合业务的公务员。相关部门要授予派驻中心负责人行使本部门的审批权限，实行窗口工作人员、负责人"一审一核制"；确实不能授权的，分管领导要定期到中心现场办公，签发批件，切实提高中心的现场办理能力。

建立各中心间的联动机制。市经济发展服务中心与部门分中心要合理划分办理职能,并加强对分中心的检查指导;市经济发展服务中心与各县(市)区中心之间要建立相关审批业务的直报或通过电脑网络联网办理制度,进一步拓宽中心的服务功能。

完善市、县(市)区和镇乡各级行政(便民)服务中心代理服务制,形成代理服务网络,规范代理服务范围和职责,在全市实行行政审批全程无偿代理服务。

加强市经济发展服务中心场所、设施建设,完善中心服务功能,为企业和公众到中心办事提供良好条件。

此项工作由市经济发展服务中心管委会牵头,市政府出台关于进一步加强行政服务中心建设的实施意见,今年年底前完成。

(五)全面深化政务公开

坚持依法公开、真实公正、注重实效、便于监督的原则,在已有工作基础上,拓宽范围、突出重点、拓展内容、健全制度,进一步推进政务公开的深化:

公开的范围要由行政机关向参与公共管理和公共服务的事业单位拓展;公开的重点要放在群众关心、反映强烈的问题上,放在最容易产生不正之风和滋生腐败的问题上;公开的内容要由一般职能和办理程序、办事结果的公开转到决策和权力运作过程的公开。要建立健全听证、政情通报、信息公开、新闻发布、政务公示、意见征集等项制度,拓宽公开形式和渠道,提高政务公开效果。

此项工作由市政府办公厅牵头,市政府出台关于深化政务公开工作实施方案,今年年底前完成。

(六)培育和规范行业组织与中介机构

要从我市中介机构、行业组织的现状出发,重点培养、发展一批符合市场经济要求的行业组织或中介机构,保证一个行业的中介服务机构一般不少于3家;同时,合理界定中介、自治组织的职能范围,并对其地位、作用、内部工作制度及运作方式加以规范,逐步把"资格资质""年检年审""培训考核"等方面的行政审批移交给行业组织和中介机构自律管理,实现政府职能从相关领域逐步退出。实行行政机关与中介机构人、财、物彻底脱钩,取消行政隶属关系,促进中介机构诚信经营。

此项工作由市体改办牵头,会同市工商局、民政局调研,市政府出台关于培育和规范行业组织、中介机构的实施办法，逐步推进，明年年底前完成。

（七）完善集中统一的招投标服务平台

坚持统一进场、管办分离原则，进一步理清职能、规范程序、加强监管，保证工程建设项目、经营性土地使用权出让、政府采购、产权交易、药品采购以及公共权益与服务竞标等各类招投标活动的公开、公平、公正。各行业主管部门招投标监管机构要按照政府职能与市场职能分离、管理机构与交易机构分设的要求，剥离市场交易服务职能，按相关法规制订本行业招投标活动实施细则和具体的监管办法，依法实施对招投标活动的监管。市招投标领导管理机构和行政监察部门要加强对招投标工作的领导、管理、协调和监督，保证各职能部门严格履行职责。市招投标中心要总结经验，进一步完善内部管理制度，规范运作程序，严格执行相关法律法规和规章，履行好市场交易和服务职能。同时，积极创造条件筹建统一的产权交易平台，依法实施非证券类各种所有制各种形态的综合产权或部分产权转让及高新技术产权转让。

此项工作由市招投标领导小组办公室负责，市监察局、市经济发展服务中心管委会参与，今年年底前完成。

（八）建设网上行政服务平台

要积极利用信息网络技术，建设统一的门户网站，通过政府专网实现与市级有关部门和各县（市）区行政（便民）服务中心的网上互动，向企业和公众提供行政审批、招投标、产权交易等相关业务的信息发布、政策查询、业务咨询和在线办理等电子化行政服务，为行政审批制度改革、政务公开和提高行政效能提供技术支持。

此项工作由市信息办负责，市经济发展服务中心、市政府信息中心参与，分期推进，明年年底前完成。

（九）健全行政许可（审批）责任及其追究制度

行政许可实施机关要承担行政许可（审批）责任和对被许可人从事行政许可事项活动的监督责任，并定期公开和报告行政许可（审批）权力的行使情况。行政监察部门、政府法制部门要加强对行政部门履行行政许可（审批）职能情况进行定期监督。各行政许可实施机关内设的纪检监察机构要对本部门履行行政许可（审批）职能情况进行经常性监督。市行政效能建设（"96178"廉政）投诉中心负责受理社会公众和申办对象投诉。对违规、违纪、违法行为,要分别追究行政许可(审批)部门、部门领导人和具体行为人的责任,做到权责要挂钩,有权必有责,用权受监督,侵权要赔偿。

四、主要措施

(一)把新一轮改革作为优化投资软环境的核心内容扎实抓好

各级各部门要以机关效能建设为动力,把以贯彻行政许可法为核心的行政审批制度改革作为事关全局的重要任务来抓。要建立分管市长牵头、部门一把手负总责的工作责任制,组织班子或指定专人,落实工作责任,拟定具体计划,精心组织实施。市政府法制办和市审改办要充分发挥组织、协调、督促、指导职能,研究新情况,采取新措施,确保新一轮改革的健康开展。

(二)把制度创新作为新一轮改革的着力点

市和县(市)区各相关部门要切实树立创新意识,把制度创新、机制创新作为重点,把人民群众是否满意作为标准,按行政许可法的规定,结合自身实际,继续深化第二轮行政审批制度改革推出的 10 项制度,从微观机制和各个工作环节上大胆突破旧有做法,保证新一轮改革任务在更高层次上的落实。

(三)整体规划,重点突破,滚动推进

要继续坚持"围绕总体目标系统规划、分阶段实施"的滚动推进思路。在方案设计上拓宽思路,为当前和将来一个时期的改革给出指导;在实际操作上充分考虑当前行政机关的管理手段、管理力量等方面的实际情况,以可以承受的程度来确定实施步骤,把整体推进和重点突破有机结合起来,保证整个改革过程目标的一致性和连续性。

(四)强化行政部门在行政审批制度改革中的主体地位和作用

各行政部门要真正确立改革的主体意识和责任意识,更好地行使公共权力,加强公共管理,提供公共服务,承担公共责任。要把新一轮行政审批制度改革与机关效能建设、打造信用宁波、民主评议机关等项工作结合起来,配套进行,相互促进。要建立行政审批制度改革监督制度、责任制度和奖惩制度。市人大、政协要加强对行政审批制度改革的监督,行政监察部门要对各部门的改革进程进行跟踪监察。要制订下发《新一轮行政审批制度改革目标考核办法》,分解各部门的具体责任和完成期限,按考核结果严格实施奖惩,调动和发挥改革主体的积极性和创造性,保证本方案各项具体任

务的落实。

各县(市)区新一轮行政审批制度改革工作可参照本方案,结合各地实际,自行组织实施。市审改办要及时了解各地情况,给予必要的指导。

各部门保留行政审批、核准事项登记表(2-1号)

填表部门:宁波市劳动和社会保障局 2002年12月12日

事项名称	定点医疗机构确认	审批时间	法定时限	无	是否收费,标准及依据: 不收费
			承诺时限	15个工作日	
责任处室	医疗保险处	审批范围	市本级 ✓	全大市	

| 审批对象 | 企业 ✓ | 事业 ✓ | 自然人 | 其他组织 | 申报条件、材料明细:
申报条件：
1.区域医疗机构设置规划;2.机构评审标准;3.遵守和执行国家和省、市有关医疗服务管理的法律、法规和标准,有健全和完善的医疗服务管理制度;4.严格执行物价权限部门规定的医疗服务价格政策和药品价格政策,并经物价部门监督检查合格;5.严格执行城镇职工基本医疗保险制度的有关政策规定,接受劳动保障行政部门的监督检查,认真履行与医保机构签订的协议;6.建立健全与基本医疗保险相适应的各项内部管理制度,配备必要的管理人员;7.具备计算机联网条件。 | 办理程序示意图:
医疗机构携申报材料
↓
市劳动保障局综合服务大厅
材料齐全　　材料不全
↓　　　　　　↓
受理并审核 ← 一次性书面告知需补正全部材料,材料补正后重新申报
↓
条件符合,进行计算机网络准备并测试,发文公布定点医疗机构名单
条件不符的,出具书面说明将材料退回,并告知提起行政复议或诉讼权利 |

审批对象	企业	√	事业	√	自然人	其他组织	申报材料： 　1.医疗机构执业许可证副本及复印件；2.医疗机构等级证明材料；3.大型医疗仪器设备清单；4.上年度业务收支情况和门诊、住院诊疗服务量(包括门诊诊疗人次、平均每一诊疗人次医疗费、住院人次、出院者平均住院日、平均每一出院者住院医疗费、出院者平均每日住院医疗费等)以及可承担医疗服务的能力；5.医疗机构评审标准的证明材料；6.企事业单位医院申请定点资格时应附执业医师证书、执业护士证书及复印件；7.监督管理和物价部门监督检查合格的证明材料；8.市劳动保障行政部门所需的其他材料。	
审批类型	审批	√		核准				
审批方式	单独审批		√	联合审批				
管理目标	保障职工医疗安全与健康							

续表

设定依据	法律法规	具体规定(标题、文号、条款内容):		
	地方性法规	具体规定(标题、文号、条款内容):		
	政府规章	《宁波市城镇职工基本医疗保险暂行规定》(2002 年市人民政府令第99 号)第三十四条第三款:定点医疗机构和定点零售药店由市劳动保障行政部门审查确定后,颁发定点医疗机构和定点零售药店资格证书,并向社会公布。		
	其他	具体规定(标题、文号、条款内容):		
设立理由: 　　定点医疗机构的资格关系到广大参保人员的医疗安全与健康,必须事前审批把关,才能更有效地管理。				
		批后监管措施: 　　1.加强对定点医疗机构的监督检查,对违反规定的分别给予警告,责令限期整改,通报批评,直至暂停或取消定点资格,并做一定的经济处罚。 　　2.实施《宁波市城镇职工基本医疗保险定点医疗机构医疗服务协议》制度,一年一订,明确双方权利、义务和责任。 　　3.实施定点医疗机构年度考核制度。根据考核情况分别给予表彰、责令限期整改、取消定点资格。		

解放思想　与时俱进
进一步推进我市深化行政审批制度改革工作
——在全市深化行政审批制度改革动员大会上的讲话

金德水

（二○○二年十月二十五日）

同志们：

为了更好地推进我市深化行政审批制度改革工作,部署全市新一轮行政审批制度改革,市委、市政府决定召开全市深化行政审批制度改革动员大会。今天的会议,是继 1999 年下半年我市第一次行政审批制度改革动员大会之后,又一次推进全市行政审批制度改革的重要会议。会议的主题是,贯彻落实国务院和省委、省政府关于行政审批制度改革的一系列重要精神,研究部署我市深化行政审批制度改革工作,进一步统一思想,明确目标,落实责任,全面推进我市深化行政审批制度改革工作。下面我讲三个问题。

一、认清形势,统一思想,充分认识深化行政审批制度改革的重要性和紧迫性

我市的行政审批制度改革工作始于 1999 年。当时,市委、市政府从转变政府职能,提高行政效率,优化投资环境的需要出发,积极向省委、省政府要求,作为全省唯一的行政审批制度改革试点城市率先进行改革。这次改革,按照剥离不适应市场经济发展要求的政府职能,从制度上削减过多过滥的部门权力这一基本思路出发,围绕"减少审批、规范程序、加强监管、改善服务"的目标,积极、稳妥、扎实地开展了行政审批制度改革工作,同时从方便基层和群众办事出发,组建了各级行政服务中心和服务窗口。通过各级各部门的共同努力,第一轮行政审批制度改革工作取得了明显成效:大幅度削减了行政审批事项。初步形成了高效的运作机制。审批办理方式趋于公开便捷。初步建立了有效监督机制。推动了机关工作人员的观念更新,服务意识和宗旨观念得到增强,行政机关的办事效率有了很大的提高。

但是,我们也要看到,行政审批制度改革是一次与时俱进的改革,不能一劳永逸。第一轮行政审批制度改革以来,随着时间的推移和形势的变化,

经济发展的客观实际对行政审批制度改革又提出了新的要求。我们要抓住机遇，乘势而上，进一步推进全市深化行政审批制度改革工作。

（一）我市第一轮行政审批制度改革是阶段性的，在新形势下必须继续深化

我市第一轮审批制度改革虽然在许多重要方面取得了明显的成效，但是由于改革起步较早，又是试点性的，没有成功的模式可做借鉴，干部群众的认识水平、思想基础和现实条件也有局限，总体来说，第一轮行政审批制度改革还是初步的、阶段性的。一些应该取消，但取消后和上级部门规定不一致的事项；一些可以取消，但取消后与部门利益有较大冲撞的事项；一些应该采取别的管理方式，但担心替代条件或监管措施不完备的事项，全部或者部分保留了下来。再加上有些改革措施落实不到位，行政审批事项的总量还是比较大，还有不少深层次问题也有待进一步解决。因此，进一步深化行政审批制度改革还有较大的余地和空间。

（二）随着形势的发展，行政审批制度改革工作已由一般性的倡导进入全面部署和实质性实施阶段

去年，国务院召开了全国行政审批制度改革电视电话会议，颁布了《行政审批制度改革工作实施意见》。省委、省政府也把行政审批制度改革作为抓住发展先机，再创体制新优势的实质性措施。省政府颁布了《浙江省行政审批管理暂行办法》，并已具体实施。全国各地也积极贯彻落实国务院电视电话会议精神，加快推进行政审批制度改革。全国最早开展行政审批制度改革的深圳，以启动第二轮审批制度改革为突破口，实现政府行政效率的全面提速。上海提出要把行政审批制度改革作为促进经济社会发展的一个有力抓手，作为完成"十五"计划的一项重要保证，作为增强城市综合竞争力的一项核心内容。青岛为应对入世挑战，打造新型政府，从自削权柄开始，原有行政审批事项削减 52%。最近，沈阳又削减行政审批事项四分之三，仅保留 302 个行政审批事项，市区 7 个行政服务中心同时运作，被誉为全国行政审批制度改革力度最大的城市。我市作为行政审批制度改革的试点城市，要保持体制创新的新优势，必须继续深化行政审批制度改革。

（三）我国加入 WTO 以后，要求政府行为全面与国际惯例接轨

加入 WTO，既是一种机遇，也是一种挑战，对于政府来说，最大最直接的课题就是政府的管理制度和行为方式如何与国际惯例接轨。对照 WTO 的相关规则，现行的行政审批制度在许多方面还有待改进和完善。目前，行

政审批事项过多,相关立法不完善,法律法规不稳定、不规范,缺乏统一性、公开性和透明度等问题还不同程度地存在。因此,我们要适应加入 WTO 的新形势,按照 WTO 的相关规则、我国的入世承诺和设定的时间底线,改变用内部文件、审批制度对企业进行微观干预等管理经济事务的老办法,建立与国际通行惯例相接轨的行政管理制度。

(四)区域经济的激烈竞争,要求我们进一步推进行政审批制度改革,创造更好的投资环境

当前,国内外客商选择投资地时,越来越看重一个地方的综合投资环境。这些投资者不在乎你有多少优惠政策,而是看重你的投资环境,尤其是看重你是否具备与国际接轨的法律保障机制和优质高效的服务体系。这一切都要求我们改变计划体制下政府"包打天下"的传统管理模式,由直接管理型向间接服务型转变,由主要依靠行政审批向主要依靠政策法规监管转变,由事前管制向事后监管转变。我市要加快建设现代化国际港口城市,提前基本实现现代化,就必须要有强烈的忧患意识,居安思危,奋发进取,千方百计地争创新的发展优势。其中一个至关重要的问题,就是我们的政府必须是廉洁高效的政府,我们的机关必须有一流的效率、一流的服务、一流的形象。因此,我们要通过深化行政审批制度改革,进一步减少审批、简化环节,提高效率,改善服务,创造良好的发展环境,增强区域经济的综合竞争力。

市委、市政府正是在分析和把握我市行政审批制度改革的现状和面临的新形势、新要求、新任务后,做出进一步深化行政审批制度改革这一决策的。各级各部门尤其是主要领导要站在贯彻和实践"三个代表"重要思想的高度,充分认识深化行政审批制度改革对于完善社会主义市场经济体制、转变政府职能、改善发展环境、加强和改进机关作风、预防和遏制腐败的重要意义,把思想统一到市委、市政府的决策部署上来,切实增强深化行政审批制度改革的紧迫感和使命感。解放思想、与时俱进,进一步推进全市深化行政审批制度改革工作。

二、把握原则,明确任务,积极推进新一轮行政审批制度改革

面对新的形势和要求,市委、市政府在回顾总结全市第一轮行政审批制度改革实践的基础上,着手进行了新一轮行政审批制度改革的前期准备工作。去年3月,市长办公会议专题听取了全市深化行政审批制度改革的意

见,并决定启动新一轮行政审批制度改革工作。经过一年多时间的精心准备,市审改领导小组成员单位在深入调查研究,并借鉴各地改革成功经验的基础上,形成了《宁波市深化行政审批改革审批实施方案》。市委、市政府听取汇报研究后认为,《实施方案》总体上是可行的,也是符合宁波实际的,开展新一轮行政审批制度改革的条件已经成熟,必须尽快推进。今天召开动员大会,就是对新一轮行政审批制度改革工作进行动员和部署。

新一轮全市行政审批制度改革的指导思想是:以江泽民同志"五三一"讲话和"三个代表"重要思想为指导,解放思想、与时俱进,以充分发挥市场配置资源的基础作用为基点,把制度创新摆在突出位置,切实转变政府职能,改革行政方式,规范行政行为,提高行政效能,促进廉政建设。新一轮全市行政审批制度改革,应遵循合法、合理、精简效能、权责统一、监督的原则。

新一轮全市行政审批制度改革的基本目标是:通过深化改革,行政审批事项削减 40%以上,办理时限进一步提速,重点在市场准入、市场监管、要素配置领域取得实质性突破,努力创立结构合理、管理科学、程序严密、制约有效的行政制度,营造全国一流的发展环境。经过前一阶段自上而下的全面清理和衔接,最后确定的行政审批事项削减方案为:对原保留的 668 项行政审批事项和根据新的法律、法规新增的 60 项行政审批事项,剥离 260 项左右审批特征不明显的事项,转为政府正常工作,不再列入行政审批范围;削减 190 项左右行政审批事项,取消或降为备案项目;保留 280 项左右的行政审批、核准事项,减幅达到 40%。

根据这一目标,新一轮全市行政审批制度改革的主要任务是:

(一)进一步转变政府职能,着力解决角色缺位、越位问题

"缺位"和"越位"问题,具体表现在行政审批制度上主要是:一些本不需要审批的领域,偏偏要进行审批;而在需要政府监管的地方又往往因为观念陈旧,手段落后,没有管住、没有管好。这种"重审批,轻监管"、"以事前审批代替事后监管"的现象非常突出。深化行政审批制度改革必须继续剥离不适应市场经济要求的政府职能,从制度上削减过多过滥的部门权力,切实做到"有所进、有所退"、"有所为、有所不为"。按照合法、合理、精简效能原则,清理和取消不符合政企分开和政事分开要求、妨碍市场开放和公平竞争以及实际上难以有效发挥作用的行政审批:一要还给投资者投资决策权,放宽审批管制,取消所有限制合法投资行为的地方性规定和相关行政审批;二要保障企业的经营自主权,放宽市场准入,取消限制一般性产品市场准入、经

营服务的不合理规定和属于企业行为的行政审批;三要发挥中介机构、自治组织的服务和自律功能,把中介、自治组织可以承担的职能逐步交给中介机构、自治组织依法办理;四要拓宽管理渠道,转变审批就是管理的思想,可以通过非审批方式管理的事项一律通过其他方式进行管理,把政府的主要注意力放到营造开放、公平、诚信的市场环境上,放到培育中介市场、规范中介行为上,放到提供优质的社会公共服务上。

(二)改革行政管理方式,努力创造高效的行政运作机制

过去行政审批事项多、范围广,审批环节多、时间长,重复审批、交叉审批的现象十分严重。虽然经过第一轮行政审批制度改革后,通过"项目会审""联合踏勘""并联审批"等手段提高了办事效率,但是,由于落后的行政管理习惯和行政执行体制等深层次问题,没有从根本上改革行政管理方式,离申办对象的要求,离信息化、市场化时代对政府效率的要求还有较大的差距。深化行政审批制度改革,要在加快政府管理体制和行为方式的改革,高效率地提供社会公共产品上做实质性的工作,切实更新行政理念,实现行政管理方式的"四个转变",即从"严入宽管"转变为"宽入严管",从"注重审批"转变为"注重服务",从习惯于直接和微观管理转变为间接管理和宏观调控,从行政指令的管理方式转变为以法律、法规为准则的法制管理方式。要通过实行告知承诺制、备案监管制、一事一批制、并联审批制、窗口服务制、网络办公制等 10 项制度,进行行政管理方式和手段的创新,达到和实现减少审批、简化环节、加强监管、改善服务的目标。

(三)规范行政审批行为,实现行政审批行为的法定化

行政审批是行政机关依法对经济、社会事务实行事前监督管理的重要方式之一,是我们依法行政、维护正常社会秩序的有力手段。但多年来在具体的实践中对行政审批的对象、设定权属及监督一直没有合理的界定和解决,行政审批工作中出现了许多矛盾和问题。深化行政审批制度改革,一定要根据国务院和省政府已经明确的规定和《行政许可法(草案)》精神对这些问题做超前思考和正确界定。一要对行政审批做出正确定义,明确界定行政审批的内涵,把不属于行政审批的事项剥离出去,按照事项性质,该用什么方式管理的,就采取什么方式管理。二要明确保留和设立行政审批的范围和领域。保留和设立行政审批应当遵循市场调节优先、社会自治优先、行政干预从缓原则。凡通过竞争、价值规律等市场机制能够解决的事项,不设

定行政审批;凡可通过行政奖励、行政合同、行政指导等非行政强制手段解决,或可以通过备案、监督检查等非行政审批的行政强制方式解决的事项,不设定行政审批。可以保留和设立行政审批的主要领域为:直接关系国家安全、经济安全、公共利益以及人民生命财产安全的事项;有限自然资源的开发利用、有限公共资源配置的事项;通过事后补救难以有效消除影响的事项。三要明确设定审批事项的权限和程序。保留和设立行政审批应当遵循我国立法体制和依法行政的要求,符合法定权限和法定程序。除法律、行政法规、省地方性法规和省政府规章外,本市行政审批应当由市地方性法规和市政府规章设定,其他规范性文件不得设定行政审批。四要规范具体审批行为。对每一审批事项的审批条件、审批时限、审批程序、审批方式、收费标准等进行明确规定;对审批行为和审批结果的合理性、准确性承担责任,对申办人获准事项承担事后监管责任。最大限度地控制行政审批自由裁量权,使行政审批真正做到依法、简便、高效和公开、公平、公正,实现行政审批行为的法定化。

(四)着眼方便群众、服务企业的宗旨,建立门类齐全、覆盖城乡的窗口式行政服务网络

一要进一步规范和完善全市行政服务中心建设,充分发挥这一重要行政资源的作用。到目前为止,市级和 11 个县(市)、区都拥有综合性的行政服务中心,各级各部门的专业服务中心和服务窗口数量更大,遍布城乡各地。这些集中办事机构大致承担 80% 以上行政审批和相关行政服务职能,运行以来,累计受理、办结各类行政审批事项百余万件。这些情况表明,行政服务中心在我市已发展到相当规模,已经成为承担行政审批服务职能的重要力量和重要形式,是一笔重要的行政资源。各地必须切实重视和关注这一行政资源,在巩固已有成果的基础上,要进一步提升档次,最大限度地发挥效益。二要加强对各级中心和服务窗口的经常性指导,拓宽服务领域、提高服务效率。我市的各类行政服务中心门类齐全,服务范围覆盖经济和社会生活的各个方面,但是,目前基本上是独立运作的,市审改办要加强对县(市)、区中心和部门服务窗口的经常性指导。市中心要侧重办理关联度高的经济事务审批事项,各部门窗口要侧重办理与群众生活密切相关的社会事务审批事项,市中心和各县(市)、区中心之间也要建立相关审批业务的直报或通过电脑网络联网办理制度,进一步拓宽现有中心的服务功能。三要加快市本级服务中心的配套建设,实现设计功能,提升服务水平。市经济

发展服务中心的设计功能包括行政审批、产权交易和招投标等综合性服务事项,为申办对象提供与经济发展事务相关的一条龙服务。这一设计思想,体现了探索创新精神,体现了省委、省政府关于"四中心"建设的要求,符合宁波经济社会发展的需求和群众的愿望,要坚定不移地按设计思路抓好配套建设,真正做到依法行政,高效行政,阳光行政。

(五)健全行政监督机制,促进规范行政、廉洁行政

从当前实际情况看,行政审批中对审批权力的行使过程还缺乏具体的监督,对审批对象所从事的活动情况也缺乏监督,往往只有权力、没有义务,缺乏公开有效的监督制约机制,这是当前急需解决的突出问题。深化行政审批制度改革的一项重要任务,就是要强化监督,严格责任。一要明确责任主体,制约特定权力的行使。政府部门、部门领导人和行政审批行为人是责任主体,对行政审批责任和批后监管负领导责任和直接责任,必须按规定的审批原则、事项、方式和程序实施审批,并定期公开和报告审批权力行使情况。二要完善制约措施,防止公共权力受到损害。所有审批事项都要制订严密的内部监督制约措施和规范的运作制度;重大事项,要加强事前调查研究,做到充分论证,严格把关,科学决策。三要强化监督责任,加强对行政审批过程的监督。要建立行政执法责任制、目标考核管理制,切实加强上级行政机关对下级行政机关、政府对其所属部门的层级监督和职能部门的专项监督,并自觉接受人大、政协、司法、社会公众和新闻媒体的监督。四要完善责任追究体系,努力消除行政失职。对擅自设定审批、超越职权审批、不履行监督责任等违纪、违规、违法行为要分别追究行政部门、部门领导人和行政审批行为人的责任,努力消除行政失职、行政不作为和利用审批权力寻租等现象,防止权力异化。

全市新一轮行政审批制度改革牵涉面广,政策性强,是一项复杂的系统工程,市委、市政府决定,市级新一轮行政审批制度改革工作从 10 月份开始,分三个阶段进行。第一阶段为准备阶段(10 月初至 10 月底)。这一阶段的主要工作是制定新一轮行政审批制度改革实施方案和相关规定,根据方案的原则和标准对现有的行政审批事项进行逐项清理,各部门分类制订各项具体的配套操作规范。准备阶段的工作采取自下而上的方法,由各部门根据实施方案和市政府令,分类制订具体审批事项的配套操作规范,内容包括:保留事项的审批规范和内部工作责任制、取消事项的监管措施、转为政府日常工作事项的内部工作制度、职能交叉事项的运作规范。第二阶段

为实施阶段(11 月至 12 月底)。这一阶段是关键的攻坚阶段,是关系到新一轮行政审批制度改革能否成功的关键阶段,市审改办和各部门一定要分级组织相关人员进行培训和考核,熟悉新的审批运作制度;严格按政务公开的要求,一律公开保留审批事项的审批依据、条件、程序、对象、范围、时限、收费标准;市经济发展服务中心办证大厅要根据新的审改方案做好审批事项和运作方式的调整工作,保证高效、顺畅运作;同时市招投标中心(大厅)也要争取在年底之前投入运作。第三阶段为巩固提高阶段(明年初至 6 月底)。这一阶段主要是做好改革方案实施情况的考核和监督检查,保证深化改革各项措施的落实。在实施过程中,要对部分设计不够周密的改革事项进行合理调整,并及时做好国务院各部委、省政府各部门改革事项的衔接工作。按照新的行政审批制度,各部门要清理、废止有关文件;市政府要清理、修改、废止有关规章,涉及市地方性法规的要建议市人大修改或废止,以巩固深化改革的成果。

各县(市)、区也要根据各地实际,明确目标、制订方案,尽快推开新一轮行政审批制度改革。

三、精心组织,周密部署,确保新一轮行政审批制度改革工作有序推进

深化行政审批制度改革是政府自身改革的又一项重大举措,任务艰巨,责任重大,只许成功不许失败。现在,总的改革的目标和任务都已经明确,关键是要抓好落实,有序推进。

(一)加强领导,落实分工,建立严格的工作责任体系

市委、市政府对深化行政审批制度改革十分重视,把它作为新形势下适应世贸组织规则、改善发展环境、应对来自国际国内激烈竞争的一项重大战略举措,也是当前和今后一个时期政府的一项中心工作。各地区、各部门也要把它作为本地区、本部门的一项中心工作,摆上重要的议事日程,各主要领导要高度重视这项改革,切实履行领导职能,用足够的时间和精力,把这项工作组织好,协调好,确保这项改革在本地区、本部门的顺利实施。为了确保新一轮审改各项任务的落实,整个改革工作要明确分工,建立严格的工作责任制度。市审改办要按照任务性质和各部门职责,制订具体明确的工作责任分解表,把深化改革的各项任务下达到各职能部门。各职能部门要

276

根据工作分工,成立专门工作班子或抽调专人负责,切实抓好各项工作的落实。宣传、监察、法制、体改、机构编制等部门和单位要在市委、市政府的统一领导下充分发挥职能作用,积极做好宣传发动和组织协调工作,形成工作合力。要严明纪律,建立赏罚分明、制约有效的监督奖惩机制。在整个深化改革过程中,各部门必须做到有令必行,有禁必止,坚决反对和防止形式主义。人大、政协要加强对改革过程的监督,行政监察机构和政府法制机构要对各部门的改革进程进行专项监察,定期公布监察结果。市政府将对行政审批制度改革工作目标落实情况进行专项考核,根据考核结果实施奖惩,同时要将考核情况作为明年机关作风评议依据之一。

(二)精心筹划,科学安排,形成有序的工作推进机制

行政审批制度改革不但涉及行政管理领域的具体层面,还涉及上下左右各种关系,必须周密部署、有序推进。对取消的审批事项,要建立后续监管制度,防止管理脱节;对保留的审批事项,要建立管理科学、程序严密的审批规范,保证顺畅、高效运作;对今后需要调整的审批事项,要按照依法设立的原则,制定严格的审批程序,形成制度规范;对不列入行政审批的事项也要改革办理方式,提高办事效率。与此同时,要建立审改工作的滚动推进机制,行政审批制度改革是渐进的过程,改革不可能一步到位。集中清理工作只是阶段性任务,集中清理结束之后要转为经常性工作。一方面要根据国务院各部委、省政府各部门的改革进程,及时做好审批事项的衔接工作;另一方面要根据经济社会发展和立法情况不断进行调整,有些需要进一步取消,有些需要相应增加,使这项工作更好地适应经济社会发展的新要求。

(三)突出重点,抓住关键,牢牢把握工作的主动权

要把行政管理方式的改革作为重中之重来抓。要努力通过行政管理方式的改革,达到高效行政的目的。实施方案规定的告知承诺制、并联审批制、一事一批制、备案监管制等10项制度,是以制度化形式对行政方式改革所做的探索,一定要切实贯彻执行好。要把配套制度、措施的建设和落实作为关键环节来落实,对涉及多部门的重复、交叉审批事项,要由行政程序转变为部门内部的工作程序,前置审批事项要变串联审批为并联审批方式,还有不少事要由原来的行政审批转为规则管理、备案监管,必须根据方案的确定原则,完善具体的配套操作规范,并切实加以落实。要把提高一线公务员队伍的思想、业务素质作为基础性工作来抓。

（四）上下协作，密切配合，形成强大的工作合力

行政审批制度改革牵涉面广，政策性强，是一项复杂的系统工程，没有各级、各部门的大力支持和全市上下的共同配合，很难取得好的效果。这次行政审批制度改革既是部门利益和权力的调整，也是行政方式和行政习惯的改变。希望各部门顾全大局，牢固树立全市一盘棋的观念，跳出部门利益，坚决贯彻执行市委、市政府的各项决策。市委各部门、人大、政协也要关心支持这项改革，积极履行职能，充分发挥各自作用，为这项改革的顺利推进提供坚强后盾。各新闻媒体要广泛宣传，使这项改革深入人心，得到全市人民的支持。

同志们，深化行政审批制度改革是继机构改革之后政府改革的又一重大任务，是政府的自我革命，是行政理念、行政方式和行政习惯的一次巨大变革，对新形势下加强政府自身建设、改善投资发展环境具有重大而深远的意义。这次改革难度大、要求高，全市人民也寄予了很高的期望。希望大家解放思想，与时俱进，齐心协力，同心同德，扎实推进新一轮全市行政审批制度改革，为我市的改革开放和现代化建设事业做出自己应有的贡献！

宁波市人民政府关于深化行政审批制度改革的实施意见

甬政发〔2013〕88 号

各县(市)区人民政府,市直各有关单位:

为进一步深化行政审批制度改革,推动我市经济社会持续健康发展,根据中央、省的决策部署,结合我市实际,现提出以下实施意见。

一、指导思想和总体目标

深化行政审批制度改革要以党的十八大精神为指导,深入贯彻落实科学发展观,坚持社会主义市场经济改革方向,解放思想、与时俱进,按照"减字当头、优字为要、治字为本"的方针,以充分激发社会活力和发挥市场机制作用为基点,切实转变行政理念和政府职能,着力创新制度,变革审批方式,规范审批行为,提高行政效能,促进勤政廉政。通过深化行政审批制度改革,实现以下总体目标:

行政理念进一步更新。各级政府"以人为本、执政为民、依法行政"的意识增强,有限政府、服务政府、效率政府、透明政府的观念深入人心。讲诚信、负责任、重服务成为政府及各部门的日常行为规范。

政府职能进一步转变。进一步简政放权,明晰政府与市场、政府与社会的职能边界,明显减少审批部门、审批事项、审批环节、审批时间,最大限度减少政府对生产经营活动和产品物品市场准入等微观事务管理,落实企业和个人投资自主权,促进市场主体、社会组织和中介机构的健康发展,提升市场、社会自我管理的能力。

行政管理方式和手段进一步创新。创新行政审批方式,引入标准化的质量方针,优化审批流程,强化联合审批机制,实现行政审批标准淘汰落后、引领发展的作用,切实推动政府的行政管理方式变"严入宽管"为"宽入严管",变"注重审批"为"注重服务和监管"。

行政效能进一步提高。行政服务中心"一站式""一条龙"服务功能得到充分发挥,政府部门审批职责交叉、分散的现象得到遏制,投资项目、企业开办等重点领域的审批效率得到进一步提升。

行政审批的长效治理机制进一步健全。行政审批的统一受理、集中办理和联合办理等机制及其配套措施进一步完善并落实，行政审批标准化、规范化、透明化程度进一步提高，内部监督和外部监督、自律和他律有机结合的行政审批监督机制进一步健全。

二、主要任务

（一）做好审批事项的"减法"，进一步减少行政审批事项、环节和前置条件

各级、各部门要按照《行政许可法》的立法精神和设定标准，对行政审批事项再进行一次全面彻底的清理规范。原则上行政许可事项以依法规范为主，非行政许可审批事项以清理削减为主，公共服务类事项以转交给社会自我管理为主。

事项清理。要着重把握好以下原则：没有法律法规依据的，一律取消；国务院、省政府已取消或要求取消的，一律取消；有法定依据，但与现实管理要求不相适应，难以达到管理目的的，按程序予以取消；市场能够有效调节、社会能够有效治理、行业组织能够自律管理的领域，政府要退出；法律法规、国家部委和省政府规章已经取消，而我市通过地方立法自行设定和连续两年无人申请办理的"零办理"事项，按规定程序予以清理。

环节和前置条件清理。要按照"规范、减少、调整"的原则，减少审批环节和前置条件。对没有法律法规依据、地方政府和部门自行设定的环节和前置条件，一律取消或者调整管理方式；虽有法定依据，但通过监管可达到管理效果的审批环节和前置条件，应改变管理方式；针对同一管理对象，不同部门审批事项互为前置条件的，应理顺审批流程；相关前置审批部门或者本部门其他审批事项中已经审核把关的审批环节或条件，不得重复审核。

事项规范。保留的事项，在环节和前置条件清理后，要及时修订单个事项行政审批标准并重新公开。依法新设的和从上级部门承接的事项，要按照《行政审批事项办理指南编写规则》编制单个事项行政审批标准，并对外公开。

（二）加大力度推动"放权"，按照"重心下移、权责一致"的要求下放行政审批权

市、县两级政府部门要在已有基础上，切实按照"重心下移、权责一致"的要求，进一步加大力度，采取依法交办、委托、延伸机构等多种方式，下放

行政审批权或减少审批层级。凡是中央和省已明确下放县级政府的行政审批权，一律下放；县(市)区有需求的行政审批权，要创造条件下放；属于县级政府部门初审的行政审批事项，市级部门要减少层级，程序性转报上级部门或直接委托县级部门终审；投资领域的审批权限要按照"事权和财权相统一、能放则放"的原则和一级政府层面整体完成基本建设项目审批的要求，对等配套下放行政审批及相关联的管理权限。

(三)继续推进项目审批的"简化优化"，实现基本建设项目审批一体化、环节整体化、进度同步化

投资项目审批流程和运作机制建设是行政审批制度改革的难点和重点。各级各部门要深入总结以往项目审批环节和流程简化优化、联合审批运作机制建设经验，在此基础上，重点实现以下几方面的突破：

一是强化项目联合审批机制，实现常态化运作。进一步完善以"6+1""9+X"会商会审和分级协调为核心的项目联合审批机制，加强上下级之间、部门之间联动与合作，增进审批职能部门与项目单位之间的协调配合，提高"6+1""9+X"会商会审会议的权威和效能；建立健全实时跟踪项目审批进度的信息网络，加强对项目审批效能的评价和督查。

二是继续简化审批环节，进一步优化项目审批流程。在继续简化项目办理环节的基础上，按照"一门受理、抄告相关、同时办理、限时办结"的要求，将涉及项目审批的各环节统一整合为立项前期会商、设计方案会审、施工图联合审查、工程竣工联合验收4个阶段，实行审批环节整体化、进度同步化。重点探索工程竣工联合验收制度。

三是简化优化以"招拍挂"获取土地项目的审批流程。土地出让之前，对出让土地进行评估论证，确定出让土地周边的控制性详细规划和修建性详细规划，确定项目的投资强度、产业范围，出具规划条件和土地出让条件。并在"招拍挂"后，组织相关部门为业主办理相关审批手续。

四是开展重大项目审批全程代办服务。组建代办员队伍，根据项目单位需求，开展项目审批全程代办服务。

(四)强化对行政审批的"治理"，建立完善集中审批、审批问责等一系列制度

一是完善集中审批制度。进一步落实行政审批职能归并改革工作，建立完善"批管分离"体制，理顺内部职能配置，切实做到"两集中、两到位"，即一个行政机关的审批事项向一个处室集中，行政审批处向行政服务中心集

中；进驻行政服务中心（分中心）的审批事项和审批权限到位。力争达到省政府提出的"行政服务中心既能受理又能办理的审批事项比例，要由现有的70％左右提高到90％"的目标。

二是建立健全审批责任制度。按照权责一致的原则，建立有效的问责和追究制度，加强对审批权力运行的监督制约，确保审批权力规范高效行使。

三是推动行政审批权力网上运作。加大行政审批信息化建设投入，完善网上审批暨电子监察系统功能，实现市级部门之间以及市、县、镇三级网上审批联动，逐步实行行政审批事项的网上受理和办理，以技术手段约束行政审批权力。

四是重新设置调整部门专业分中心。根据《中共中央办公厅、国务院办公厅印发〈关于深化政务公开加强政务服务的意见〉的通知》（中办发〔2011〕22号）要求，保留市人力资源和社会保障分中心、市科技分中心、市公安车管分中心三个分中心；将市房地产交易分中心、市住房公积金分中心作为市行政服务中心的分中心；撤销市交通分中心、市教育分中心、市公安出入境分中心，整体进驻市行政服务中心新大楼。

（五）继续推进行政审批标准化，实现行政审批规范化、便利化

一是总结推广行业联合审批标准。要总结文化娱乐业、餐饮业等六个试点行业联合审批标准建设实践经验，进一步优化行业联合审批流程，建立完善"一窗受理""联合审图""联合踏勘""信息共享"等制度；并在此基础上，将行业联合审批标准扩大到其他行业。

二是继续探索特定区域和项目的审批标准及运作机制。各产业集聚区、开发区要根据区域发展定位和总体规划要求，探索特定区域的审批标准和运作机制，以区块为单位，统筹考虑地下空间建设、容积率、建筑密度、绿地率、停车位、人防设置等相关指标，变"单体把关"为"区域总体把关"，达到总体的协调平衡；统一办理区块的水土保持方案、环境影响评价、交通影响评价、矿产压覆审查等审批环节，做深项目前期，简化单个项目的审批手续。

各有关部门要根据历史街区、道路综合整治等不能对照现有法规开展审批的项目和随着经济社会发展出现的新行业门类等特定项目的具体性质，研究不同审批标准和简化的审批路径，变"事中把关"为"事前把关"。

三是创新工商企业和社会组织注册登记等领域的行政审批方式。整合不同部门相同或相似的行政审批职能，理顺部门职责关系。在此基础上，建

立商事主体直接向工商部门申请登记设立企业的审批制度和社会组织直接向民政部门依法申请登记设立社会组织的审批制度。

（六）大力推进社会中介机构改革，建立中介服务公平竞争机制

按照事业单位改革的总体要求，加快推进从事中介服务活动事业单位的转企改制；按照政企分开要求，改革行政部门与从事中介服务活动机构的管理体制和利益机制，实现彻底脱钩；按照打破垄断、鼓励竞争的要求，放宽社会中介机构准入条件，鼓励和支持社会力量举办社会中介机构，开放服务市场；按照加强监管、规范服务的要求，公开服务时限和服务收费标准，规范中介服务行为，建立健全科学规范的社会中介机构诚信体系。重点要加强工程建设领域中介服务市场的管理和培育，清理规范中介服务，建立政府招标购买中介服务等制度，着力推动工程建设领域中介服务的规范高效。

三、实施步骤

市本级深化行政审批制度改革工作分三个阶段进行：

第一阶段（2013 年 7 月底前）：动员部署。根据国务院和省政府的部署要求，制定我市深化行政审批制度改革实施方案，并进行动员部署。重点完成两项任务：一是清理、削减、规范和下放行政审批事项；二是规范完善集中审批，行政服务中心窗口既能受理又能办理的行政审批事项达到 90％。

第二阶段（2013 年底前）：组织实施。全面组织各审批职能部门落实各项改革任务。重点完成五项任务：一是"6＋1""9＋X"会商会审制度常态化运作，立项前期会商、设计会审、施工图联审、工程竣工联合验收四个阶段项目审批环节切实优化整合；二是开展项目审批全程代办服务，并建立相应机制；三是开展工程建设领域中介服务的清理规范，建立中介服务的诚信体系，强化对中介机构的管理；四是杭州湾新区特定区域和项目的审批标准及运作机制建设试点取得突破；五是建立健全行政审批责任制度。

第三阶段（2013 年底—2014 年 6 月）：巩固提高。市审管办会同市纪委（市监察局）、市法制办、市政府督查室做好各项改革任务落实情况的监督检查。对难度较高，任务设计不周密的改革工作要进行合理调整。按照新的行政审批制度，各部门要做好有关文件的清理、废止工作，或者提请市政府清理、修改、废止有关规章，或者提请市政府建议市人大修改、废止有关地方性法规，以巩固深化改革的成果。

四、保障措施

深化行政审批制度改革政策性强，涉及面广，工作难度大，各级各部门要高度重视，精心组织，科学实施，确保改革深入推进。

（一）统一思想，提高认识

各级各部门尤其是部门中层，要深入学习党的十八大精神，充分认识深化行政审批制度改革对推动服务型、法治型、效能型政府建设，促进政府职能转变，加快经济转型升级，加强和改进机关作风，预防和遏制腐败的重要意义，自觉从实践"三个代表"和科学发展观的高度认识改革，增强政治责任感和使命感，解放思想，转变理念，以更宽的视野和更高的立足点，积极投身改革实践，以创新思维落实改革任务。

（二）加强领导，落实责任

各级各部门要按照中央、省、市深化行政审批制度改革的部署要求，加强对改革工作的组织领导。各部门主要领导要亲自抓，要进一步配强工作班子和工作力量。市行政审批制度改革领导小组办公室的各成员单位要在市委、市政府的统一领导下，充分发挥各自职能作用，积极做好宣传发动和组织协调工作，形成合力。各相关部门要按照深化改革工作的职责分工，切实抓好各项工作的落实。

（三）周密部署，搞好衔接

深化改革工作要充分考虑当前自身实际，制订周密工作计划，创造条件，有序推进。同时也要及时关注跟踪上级政府的改革动态，积极做好与上级政府的改革衔接，根据国务院、省政府的改革进程及时做好审批事项的承接、调整工作。

（四）加强监督，严肃纪律

各地、各部门要严格执行落实本意见，坚决反对和防止形式主义。市审改办要会同有关部门加强监督，适时组织专项督查，对个别进度迟缓、成效不明显的部门，要责成认真整改，并追究主要领导责任。

本意见自公布之日起 30 日后施行。

宁波市人民政府

2013 年 7 月 29 日

宁波市旅馆业联合审批办理指南

一、总则

（一）重要申明

本办理指南旨在帮助您迅速了解旅馆业开设的有关信息，并不能代替法律法规及有关政策规定，因此，作为申请人在申请前有义务详细阅读并了解法律法规及有关政策规定。您申办过程中如有任何意见建议及投诉举报，可以联系：

96178 效能投诉中心投诉电话：96178。

（二）适用范围

本办理指南规定了申报一般旅馆业许可证照的种类、条件、材料、流程及旅馆业所涉审批部门、审批时间及审批费用。

本办理指南适用于利用不改变使用性质的已建房屋申办经营纯住宿业务的企业或个体工商户。

（三）职能管理部门

公安部门（含消防），卫生部门，环保部门。

（四）需办证照批文

环保部门的建设项目环境影响评价审批文件；

卫生部门的卫生许可证；

公安部门消防的《公众聚集场所投入使用、营业前的消防安全检查合格证》、治安的《特种行业许可证》。

根据旅馆业设立的建设环节，申请人需分两次集中申报上述许可证照，首次是旅馆业装修前，第二次是旅馆业开业前。

（五）办理时限

旅馆业装修前首次集中申报为 20 个工作日，旅馆业开业前第二次集中申报为 30 个工作日。

（六）受理地址

宁波市行政服务中心工商窗口。

（七）受理时间

夏令时（上午 8:30—12:00，下午 2:00—5:30），冬令时（上午 8:30—12:00，下午 1:30—5:00）。

（八）简要流程

步骤一：申请人向工商局窗口申请《名称预核准》，并获得核准。

步骤二：在旅馆装修前，申请人首次向各窗口一次性提交公安、卫生、环保等部门所需材料。

步骤三：组织相关审批部门对旅馆经营场所进行联合现场踏勘。

（九）申请必备条件

获得工商部门的企业名称预核准或营业执照；

从事旅馆经营的场所须与建筑的使用性质相符。

（十）咨询电话

环保窗口电话：_____

卫生窗口电话：_____

消防窗口电话：_____

公安窗口电话：_____

（十一）需要缴纳费用

不收费。

（十二）提示与警示

1. 提示

本指南仅适用于旅馆业开设集中申报，如申请人不愿集中申报办理的，则应另行按申领旅馆业许可证照办理指南逐个申报。

申报材料中如有材料要求保密的，应提出保密要求。

取得本指南行政许可证件后应及时办理工商营业执照、公章刻制、税务登记、机构代码证。

旅社开业三个月内，须向环保部门申报环境保护竣工验收。

为提高旅馆的等级和标准，可视旅馆自身的性质、规模、类型和成熟度向旅游部门申办旅游饭店星级评定、浙江省绿色饭店评定和宁波市经济型酒店评定。

其他与旅馆业相关的行政许可服务事项：

(1)当需临时占用人行道对建筑外立面、门面进行装修时，应当向城管部门申领道路占用许可；

(2)当增加向客人提供餐饮服务时，应当符合中小餐馆审批条件，向食品药品监管部门申领餐饮服务许可证；

(3)属重要街道两侧建筑或重要建筑的如需装修外立面、设置招牌，应当向规划部门申报外立面装修规划许可。

2.警示

未取得旅馆业相关行政许可证件前不得从事旅社经营活动。未取得许可证照经营旅馆业的，将坚决予以关闭或整改，申请人将承担由此造成的所有损失；

隐瞒有关情况或者提供虚假材料，将不予受理或者不予许可；

以欺骗、贿赂等不正当手段取得上述各类许可证照的，发现后予以撤销。

二、获取旅馆业相关证照批文的申请条件和申请材料

(一)申请条件

1.房屋建筑、消防设备符合国家有关规定。有固定、合法的营业场所，房屋建筑质量及消防安全必须依法通过有关单位或部门的验收。利用人防工程开办的旅馆必须具备良好的通风、照明设备和两个以上出入口。

2.禁止非商业用房开设旅馆，从事旅馆经营的场所必须与建筑的使用性质相符。

3.符合城镇规划、环境功能和环境保护的要求，同时与周边自然和人文环境相协调。

4.排放的污染物，应达到国家或地方的污染物排放(控制)标准。

5.使用 $0^{\#}$ 柴油、天然气、电等清洁能源。

6.不得在城市居民住宅楼和商住楼内产生油烟、烟尘、噪声、振动等污染。

7.消防设计单位具备资质条件。

8.消防设计文件的编制符合公安部规定的消防设计文件申报要求。

9. 建筑的总平面布局和平面布置、耐火等级、建筑构造、安全疏散、消防给水、消防电源及配电、消防设施等的设计符合国家工程消防技术标准强制性要求。

10. 选用的消防产品和有防火性能要求的建筑材料符合国家工程建设消防技术标准要求。

11. 消防设计文件必须使用中文，资料原文是其他文字的，须同时附准确中文翻译。

12. 进行新建、改建、扩建的，经营者应当在建设项目图纸设计阶段办理预防性卫生审查手续。

13. 具备必要的防盗安全设施。旅馆客房的门、窗必须符合防盗要求，并设有符合防盗要求的物品保管柜(箱)。其中二星级以上旅馆或者客房数在 50 间以上的旅馆必须另外设有专供旅客存放行李物品的寄存室和存放大宗现金或贵重物品的保险柜(箱)，各楼层通道须装有安全监控设备。

14. 具备单独的旅客房间。

15. 符合旅馆业治安管理信息系统要求的条件。有符合系统安装要求的电脑、二代证读卡器、信息传输线路，以及熟悉掌握信息录入操作业务的前台登记、管理人员。

16. 符合《公共场所卫生管理条例实施细则》(卫生部令第 80 号)、《旅店业卫生标准》(GB9663—1996)、《公共场所集中空调通风系统卫生规范》(卫监督发〔2006〕58 号)等有关规定。

17. 场所设置、布局及卫生设施符合《住宿业卫生规范》的卫生要求。

18. 集中空调通风系统应符合《公共场所集中空调通风系统卫生管理办法》的要求。

19. 场所主要卫生指标符合卫生要求。

20. 具有经公共场所卫生知识培训、符合相关条件的卫生安全管理人员，以及与本单位实际相适应的保证公共场所卫生安全的规章制度。

(二)申请材料

工商行政管理部门《企业名称预先核准通知书》或《营业执照》。

《宁波市旅馆业开设申请表(一)》。

《宁波市旅馆业开设申请表(二)》。

环境影响评价文件(报告表或登记表)。

营业场所产权证明及附图或使用权的有效证明文件。

营业场所属租赁的,应当提供租赁协议,且租赁目的必须注明用于开设旅馆,同时提供房屋产权人同意装修开设旅馆的书面材料。

拟任法定代表人(经营负责人)的身份证件复印件及联系方式。拟任法定代表人及管理人员为外国人的,还需提供外国人就业许可证及复印件。

消防设计单位资质证明文件。

消防设计文件(详见 www.nb119.com 办事流程:建设工程消防设计文件申报要求;建筑消防设施设计必须由法定资格单位承担,图纸必须有设计证号、出图日期、设计单位名称及设计人员、审核人员的签名,盖设计专用章,报审的图纸须盖"出图章",且要求折叠成 29 厘米×20 厘米的图纸)。

卫生设计图纸(地形图、总平面图、剖面图、平面图、立面图、透视图)。

环境卫生专篇,具体包括选址及环境情况、卫生功能间的设置情况(如消毒间、公共用品保洁间/布草存放间、洗衣房等)和相关卫生设施配套情况(循环净化消毒设施、集中空调通风系统、二次供水)。

工程竣工验收报告。确属无法提供房屋竣工验收合格证明文件的,由建设管理部门或具有资质的相关部门出具房屋工程质量鉴定证明文件。

原建筑消防审核意见书、验收意见书,属 1998 年 9 月以前竣工的建筑,可用建筑合法性证明替代原建筑消防审验意见。

建设单位委托当事人办理消防手续的委托书及身份证复印件(委托书模板请到 www.nb119.com 下载)。

全套土建、水、电、暖通、消防系统图纸及钢结构建筑的结构施工图纸附光盘(采用 AutoCAD 软件制作电子图纸,光盘盒上应粘贴加盖设计单位出图章的标签,光盘图纸中图签的设计、校对、审定、日期等栏目均应填写完整,不得将所有平面图或剖面图合并在一个 DWG 文件内)。

消防设施、电气防火技术检测合格证明文件。

施工、工程监理、检测单位的合法身份证明和资质等级证明文件。

经消防机构审批的各类审核验收意见书。

消防设计专篇及消防设计变更技术联系单。

消防产品生产许可证明原件、建筑防火材料、构件和消防产品质量检验报告、合格证明。主要消防产品、设备的生产单位对其产品、设备的数量、型号及施工安装质量的确认报告。

自动消防设施安装、调试记录;地下及隐蔽工程验收记录;消防设施系统调试报告;施工单位出具的消防设施联动测试报告;自动消防设施操作维护管理手册。

竣工图一套(建筑、水、电、暖通等各系统图)。

消防控制室值班人员名单及培训记录。

钢结构防火喷涂施工、检验记录。

装修材料检测报告及外墙(屋顶)保温材料委托检测报告。

消防安全制度、灭火和应急疏散预案。

旅馆员工岗前消防安全教育培训记录和自动消防系统操作人员取得的消防行业特有工种职业资格证书复印件。

标注面积、功能间名称、主要设备、卫生设施设置、客房数量、床位数量、楼宇和技防设施分布、安全通道及主要功能区、经营场所的旅馆平面布局示意图。

具有相应资质的卫生技术服务机构对旅馆主要卫生指标进行检测的检测报告,使用集中空调通风系统的,还应提供集中空调通风系统卫生检测或者评价报告。

进行新建、改建、扩建的经营者应当提供建设项目竣工卫生验收认可书。

旅馆卫生管理组织与卫生制度,传染病和健康危害事故应急预案。

旅馆从业人员健康和卫生知识培训合格名单及证明。

上述复印件均需对原件进行核对,原件核对后当场归还。

三、联合审批流程

(一)申请和受理

1.申请人在向工商局窗口申请名称预核准并取得核准后,在装修前首次进行申报。并提交以下材料。

工商行政管理部门《企业名称预先核准通知书》或《营业执照》。

《宁波市旅馆业开设申请表(一)》。

环境影响评价文件(报告表、登记表)。

营业场所产权证明及附图或使用权的有效证明文件。

营业场所属租赁的,应当提供租赁协议,且租赁目的必须注明用于开设旅馆,同时提供房屋产权人同意装修开设旅馆的书面材料。

拟任法定代表人(经营负责人)的身份证件复印件。拟任法定代表人及管理人员为外国人的,还需提供外国人就业许可证及复印件。

卫生设计图纸(地形图、总平面图、剖面图、平面图、立面图、透视图)。

环境卫生专篇。

10000m² 以上的装修工程,或者 200m² 以上 10000m² 以下属于备案项目且被抽中审查的装修工程,应提供的申报材料:

(1)消防设计文件;

(2)原建筑消防审核意见书、验收意见书;

(3)设计单位资质证明文件;

(4)建设单位委托当事人办理消防手续的委托书及身份证复印件;

(5)全套土建、水、电、暖通、消防系统图纸及钢结构建筑的结构施工图纸附光盘。

上述复印件均需对原件进行核对,原件核对后当场归还。

2.各窗口对申请资料进行基本审查,核对申请资料是否齐全完整、符合法定形式:

申请资料齐全,符合法定形式的受理;

资料不齐全、不符合法定形式的,不予受理,并当面退还申请人;

申请材料存在可以当场更正的错误的,允许申请人当场更正;

受理阶段时限:5 个工作日。

(二)联合审查、现场踏勘

1.审批部门:

(1)各审批部门在受理后对申请材料进行书面实质性审查:符合法定要求,提出书面审查通过意见;不符合法定要求可以修改的,允许申请人修改,提出修改意见;不能修改或修改后仍不符合法定要求的,提出不予同意意见,说明理由。

(2)书面实质性审查通过后,由牵头窗口组织相关部门进行联合现场勘查,各部门派 2 名以上有执法资格的工作人员参加现场勘查;联合勘查有未尽事宜的,各相关部门可自行组织安排现场再勘查。

(3)联合勘查应制作联合现场勘查记录,记载存在问题及需整改内容,并由申请人和所有现场勘查工作人员签名确认。

(4)联合审批实行一票否决制。经现场踏勘后讨论决定:符合法定设立条件的,做出准予筹建决定,并将公安部门(消防)《建设工程消防设计审核意见书》或在浙江消防网公告合格(当建筑面积在 1 万平方米以下的)、环保部门许可批文、卫生部门的《建设项目设计卫生审查认可书》等证照批文送达申请人；不符合法定要求可以整改的，允许申请人整改（其中消防安全设计须在消防部门查明问题责任人并进行相应处罚后进行整改）。

2.申请人：

（1）配合并接受相关审批部门对申报材料的审查和询问。

（2）承担所提交的资料和证明文件真实、可靠、有效的责任。

（3）根据综合窗口的通知，做好接受联合现场勘查的各项准备。

（4）积极配合现场勘查，解答现场提问，对不明白的事项应及时咨询了解。

（5）对需整改的内容及存在问题，能现场整改的事项可及时整改，不能现场整改的事项应在联合勘查后根据整改意见和要求落实整改内容。

（6）联合勘查结束后，在勘查记录上签名确认。

（7）在领取行政决定书时应在送达单上签名；指派他人代为领取签收的，应有法定代表人的授权委托书。

（三）联合验收

1.申请人在旅馆装修结束后应主动提出验收申请，并提交下列材料：

（1）《宁波市旅馆业开设申请表（二）》。

（2）工程竣工验收报告。确属无法提供房屋竣工验收合格证明文件的，由建设管理部门或具有资质的相关部门出具房屋工程质量鉴定证明文件。

（3）消防安全制度、灭火和应急疏散预案。

（4）旅馆员工岗前消防安全教育培训记录和自动消防系统操作人员取得的消防行业特有工种职业资格证书复印件。

（5）标注面积、功能间名称、主要设备、卫生设施设置、客房数量、床位数量、楼宇和技防设施分布、安全通道及主要功能区、经营场所的旅馆平面布局示意图。

（6）具有相应资质的卫生技术服务机构对旅馆主要卫生指标进行检测的检测报告，使用集中空调通风系统的，还应提供集中空调通风系统卫生检测或者评价报告。

（7）进行新建、改建、扩建的经营者应当提供建设项目竣工卫生验收认可书。

（8）旅馆卫生管理组织与卫生制度，传染病和健康危害事故应急预案。

（9）旅馆从业人员健康和卫生知识培训合格名单及证明。

10000m² 以上的装修工程,验收应提供的申报材料:

(1)建筑工程竣工消防验收报告;

(2)消防设施、电气防火技术检测合格证明文件;

(3)施工、工程监理、检测单位的合法身份证明和资质等级证明文件;

(4)经消防机构审批的各类审核验收意见书;

(5)消防设计专篇及消防设计变更技术联系单;

(6)消防产品生产许可证明原件、建筑防火材料、构件和消防产品质量检验报告、合格证明,主要消防产品、设备的生产单位对其产品、设备的数量、型号及施工安装质量的确认报告;

(7)自动消防设施安装、调试记录,地下及隐蔽工程验收记录,消防设施系统调试报告,施工单位出具的消防设施联动测试报告,自动消防设施操作维护管理手册;

(8)竣工图一套(建筑、水、电、暖通等各系统图);

(9)消防控制室值班人员名单及培训记录;

(10)钢结构防火喷涂施工、检验记录;

(11)装修材料检测报告及外墙(屋顶)保温材料委托检测报告;

(12)建设单位委托当事人办理消防手续的委托书及身份证复印件。

200m² 以上 10000m² 以下属于备案项目且被抽中审查的装修工程,验收应提供的申报材料:

(1)消防产品质量合格证明文件;

(2)有防火性能要求的建筑构件、建筑材料、室内装修装饰材料符合国家标准或者行业标准的证明文件、出厂合格证;

(3)消防设施、电气防火技术检测合格证明文件;

(4)施工、工程监理、检测单位的合法身份证明和资质等级证明文件。

消防安全开业前检查申报材料一般单位提交:

(1)消防安全检查申报表、社会单位消防安全"四个能力"建设达标验收申请表;

(2)备案项目提供未抽中的《建设工程竣工验收消防备案受理凭证》或提供抽中项目合格的公告结果;

(3)消防安全制度、灭火和应急疏散预案;

(4)员工岗前消防安全教育培训记录和自动消防系统操作人员取得的消防行业特有工种职业资格证书复印件;

(5)对依法进行消防竣工验收备案且没有进行备案抽查的公众聚集场所申请消防安全检查的，还应当提交场所室内装修消防设计施工图、消防设计光盘、消防产品质量合格证明文件，以及装修装饰材料防火性能符合消防技术标准的证明文件、出厂合格证。

2.审批部门

(1)组织卫生、环保、公安、消防等部门进行联合验收和消防安全开业前检查。

(2)验收和消防安全开业前检查后，对验收和消防安全开业前检查符合法定要求的，统一做出准予许可决定。

(3)验收和消防安全开业前检查不合格的，相关部门提出整改意见告知申请人。

(4)如申请人申请验收时不具备进行消防安全开业前检查的，则消防部门另行单独安排开业前检查。

3.申请人：

对审批部门提出整改要求的，立即进行整改，整改结束后及时向窗口提交重新验收和消防开业前检查的报告。

（四）审批决定

根据联合审批工作会议决定，做出准予行政许可的，卫生部门制作卫生许可证，环保部门制作环评报告批复文件，公安部门（消防）制作《建设工程消防验收意见书》或在浙江消防网公告合格（当建筑面积在1万平方米以下的）、公安部门（消防）制作《公众聚集场所投入使用、营业前消防安全检查合格证》、公安部门（治安）制作《特种行业许可证》，交工商窗口，由工商窗口告知准予行政许可的审批信息。

根据联合审批工作会议决定，相关行政部门认为不符合法定要求，做出不予同意决定的，将书面决定意见交工商窗口，并说明理由，由工商窗口告知申请人不予行政许可信息，并告知其享有依法申请行政复议或提起行政诉讼的权利。

四、申请表格

（一）《宁波市旅馆业开设申请表（一）》（适用旅馆装修前）（见附表）。

（二）《宁波市旅馆业开设申请表（二）》（适用旅馆装修后开业前）（见

附表）。

五、规范性引用文件

下列法规、标准及文件对于旅馆业的开设是必不可少的。

《浙江省旅馆业治安管理办法实施细则》(浙江省人民政府令第 208 号)

《中华人民共和国消防法》(中华人民共和国主席令第 6 号)

《浙江省消防条例》

《旅馆业治安管理办法》(1987 年 9 月 23 日国务院批准，1987 年 11 月 10 日公安部发布)

《浙江省公安厅关于贯彻执行〈浙江省旅馆业治安管理办法实施细则〉若干问题的通知》(浙公通字〔2006〕55 号)

《浙江省中、小旅馆治安消防安全管理工作若干规定》(浙公通字〔2008〕106 号)

《建设工程消防监督管理规定》(公安部 106 号令)

《消防监督检查规定》(公安部 107 号令)

《中华人民共和国环境保护法》(中华人民共和国主席令第 22 号)

《中华人民共和国环境影响评价法》(第九届全国人大常委会第三十次会议通过)

《宁波市环境污染防治规定》(宁波市第十二届人民代表大会常委会第四十次会议通过)

《建设项目竣工环境保护验收管理办法》(国家环保部令第 13 号)

《公共场所卫生管理条例》(国发〔1987〕24 号)

《公共场所卫生管理条例实施细则》(卫生部令第 80 号)

《旅店业卫生标准》(GB9663—1996)

《住宿业卫生规范》(卫监督发〔2007〕221 号)

《公共场所集中空调通风系统卫生规范》(卫监督发〔2006〕58 号)

《公共场所集中空调通风系统卫生管理办法》(卫监督发〔2006〕53 号)

《宁波市城市房屋使用安全管理条例》(浙江省第十届人大常委会第三十六次会议于 2007 年 12 月 27 日批准)

更多法规、标准及文件详见各单一行政许可事项办理指南。

国务院关于实行最严格水资源管理制度的意见

（国发〔2012〕3 号）

各省、自治区、直辖市人民政府,国务院各部委、各直属机构:

水是生命之源、生产之要、生态之基,人多水少、水资源时空分布不均是我国的基本国情和水情。当前我国水资源面临的形势十分严峻,水资源短缺、水污染严重、水生态环境恶化等问题日益突出,已成为制约经济社会可持续发展的主要瓶颈。为贯彻落实好中央水利工作会议和《中共中央　国务院关于加快水利改革发展的决定》(中发〔2011〕1 号)的要求,现就实行最严格水资源管理制度提出以下意见。

一、总体要求

（一）指导思想

深入贯彻落实科学发展观,以水资源配置、节约和保护为重点,强化用水需求和用水过程管理,通过健全制度、落实责任、提高能力、强化监管,严格控制用水总量,全面提高用水效率,严格控制入河湖排污总量,加快节水型社会建设,促进水资源可持续利用和经济发展方式转变,推动经济社会发展与水资源水环境承载能力相协调,保障经济社会长期平稳较快发展。

（二）基本原则

坚持以人为本,着力解决人民群众最关心最直接最现实的水资源问题,保障饮水安全、供水安全和生态安全;坚持人水和谐,尊重自然规律和经济社会发展规律,处理好水资源开发与保护关系,以水定需、量水而行、因水制宜;坚持统筹兼顾,协调好生活、生产和生态用水,协调好上下游、左右岸、干支流、地表水和地下水关系;坚持改革创新,完善水资源管理体制和机制,改进管理方式和方法;坚持因地制宜,实行分类指导,注重制度实施的可行性和有效性。

（三）主要目标

确立水资源开发利用控制红线,到 2030 年全国用水总量控制在 7000亿立方米以内;确立用水效率控制红线,到 2030 年用水效率达到或接近世

界先进水平,万元工业增加值用水量(以 2000 年不变价计,下同)降低到 40
立方米以下,农田灌溉水有效利用系数提高到 0.6 以上;确立水功能区限制
纳污红线,到 2030 年主要污染物入河湖总量控制在水功能区纳污能力范围
之内,水功能区水质达标率提高到 95％以上。

　　为实现上述目标,到 2015 年,全国用水总量力争控制在 6350 亿立方米
以内;万元工业增加值用水量比 2010 年下降 30％以上,农田灌溉水有效利
用系数提高到 0.53 以上;重要江河湖泊水功能区水质达标率提高到 60％
以上。到 2020 年,全国用水总量力争控制在 6700 亿立方米以内;万元工业
增加值用水量降低到 65 立方米以下,农田灌溉水有效利用系数提高到 0.55
以上;重要江河湖泊水功能区水质达标率提高到 80％以上,城镇供水水源
地水质全面达标。

二、加强水资源开发利用控制红线管理,严格实行用水总量控制

(一)严格规划管理和水资源论证

　　开发利用水资源,应当符合主体功能区的要求,按照流域和区域统一制
定规划,充分发挥水资源的多种功能和综合效益。建设水工程,必须符合流
域综合规划和防洪规划,由有关水行政主管部门或流域管理机构按照管理
权限进行审查并签署意见。加强相关规划和项目建设布局水资源论证工
作,国民经济和社会发展规划以及城市总体规划的编制、重大建设项目的布
局,应当与当地水资源条件和防洪要求相适应。严格执行建设项目水资源
论证制度,对未依法完成水资源论证工作的建设项目,审批机关不予批准,
建设单位不得擅自开工建设和投产使用,对违反规定的,一律责令停止。

(二)严格控制流域和区域取用水总量

　　加快制定主要江河流域水量分配方案,建立覆盖流域和省市县三级行
政区域的取用水总量控制指标体系,实施流域和区域取用水总量控制。各
省、自治区、直辖市要按照江河流域水量分配方案或取用水总量控制指标,
制定年度用水计划,依法对本行政区域内的年度用水实行总量管理。建立
健全水权制度,积极培育水市场,鼓励开展水权交易,运用市场机制合理配
置水资源。

(三)严格实施取水许可

　　严格规范取水许可审批管理,对取用水总量已达到或超过控制指标的

地区，暂停审批建设项目新增取水；对取用水总量接近控制指标的地区，限制审批建设项目新增取水。对不符合国家产业政策或列入国家产业结构调整指导目录中淘汰类的，产品不符合行业用水定额标准的，在城市公共供水管网能够满足用水需要却通过自备取水设施取用地下水的，以及地下水已严重超采的地区取用地下水的建设项目取水申请，审批机关不予批准。

（四）严格水资源有偿使用

合理调整水资源费征收标准，扩大征收范围，严格水资源费征收、使用和管理。各省、自治区、直辖市要抓紧完善水资源费征收、使用和管理的规章制度，严格按照规定的征收范围、对象、标准和程序征收，确保应收尽收，任何单位和个人不得擅自减免、缓征或停征水资源费。水资源费主要用于水资源节约、保护和管理，严格依法查处挤占挪用水资源费的行为。

（五）严格地下水管理和保护

加强地下水动态监测，实行地下水取用水总量控制和水位控制。各省、自治区、直辖市人民政府要尽快核定并公布地下水禁采和限采范围。在地下水超采区，禁止农业、工业建设项目和服务业新增取用地下水，并逐步削减超采量，实现地下水采补平衡。深层承压地下水原则上只能作为应急和战略储备水源。依法规范机井建设审批管理，限期关闭在城市公共供水管网覆盖范围内的自备水井。抓紧编制并实施全国地下水利用与保护规划以及南水北调东中线受水区、地面沉降区、海水入侵区地下水压采方案，逐步削减开采量。

（六）强化水资源统一调度

流域管理机构和县级以上地方人民政府水行政主管部门要依法制订和完善水资源调度方案、应急调度预案和调度计划，对水资源实行统一调度。区域水资源调度应当服从流域水资源统一调度，水力发电、供水、航运等调度应当服从流域水资源统一调度。水资源调度方案、应急调度预案和调度计划一经批准，有关地方人民政府和部门等必须服从。

三、加强用水效率控制红线管理，全面推进节水型社会建设

（一）全面加强节约用水管理

各级人民政府要切实履行推进节水型社会建设的责任，把节约用水贯

穿于经济社会发展和群众生活生产全过程,建立健全有利于节约用水的体制和机制。稳步推进水价改革。各项引水、调水、取水、供用水工程建设必须首先考虑节水要求。水资源短缺、生态脆弱地区要严格控制城市规模过度扩张,限制高耗水工业项目建设和高耗水服务业发展,遏制农业粗放用水。

(二)强化用水定额管理

加快制定高耗水工业和服务业用水定额国家标准。各省、自治区、直辖市人民政府要根据用水效率控制红线确定的目标,及时组织修订本行政区域内各行业用水定额。对纳入取水许可管理的单位和其他用水大户实行计划用水管理,建立用水单位重点监控名录,强化用水监控管理。新建、扩建和改建建设项目应制订节水措施方案,保证节水设施与主体工程同时设计、同时施工、同时投产(即"三同时"制度),对违反"三同时"制度的,由县级以上地方人民政府有关部门或流域管理机构责令停止取用水并限期整改。

(三)加快推进节水技术改造

制定节水强制性标准,逐步实行用水产品用水效率标识管理,禁止生产和销售不符合节水强制性标准的产品。加大农业节水力度,完善和落实节水灌溉的产业支持、技术服务、财政补贴等政策措施,大力发展管道输水、喷灌、微灌等高效节水灌溉。加大工业节水技术改造,建设工业节水示范工程。充分考虑不同工业行业和工业企业的用水状况和节水潜力,合理确定节水目标。有关部门要抓紧制定并公布落后的、耗水量高的用水工艺、设备和产品淘汰名录。加大城市生活节水工作力度,开展节水示范工作,逐步淘汰公共建筑中不符合节水标准的用水设备及产品,大力推广使用生活节水器具,着力降低供水管网漏损率。鼓励并积极发展污水处理回用、雨水和微咸水开发利用、海水淡化和直接利用等非常规水源开发利用。加快城市污水处理回用管网建设,逐步提高城市污水处理回用比例。非常规水源开发利用纳入水资源统一配置。

四、加强水功能区限制纳污红线管理,严格控制入河湖排污总量

(一)严格水功能区监督管理

完善水功能区监督管理制度,建立水功能区水质达标评价体系,加强水功能区动态监测和科学管理。水功能区布局要服从和服务于所在区域的主体功能定位,符合主体功能区的发展方向和开发原则。从严核定水域纳污

容量,严格控制入河湖排污总量。各级人民政府要把限制排污总量作为水污染防治和污染减排工作的重要依据。切实加强水污染防控,加强工业污染源控制,加大主要污染物减排力度,提高城市污水处理率,改善重点流域水环境质量,防治江河湖库富营养化。流域管理机构要加强重要江河湖泊的省界水质水量监测。严格入河湖排污口监督管理,对排污量超出水功能区限排总量的地区,限制审批新增取水和入河湖排污口。

(二)加强饮用水水源保护

各省、自治区、直辖市人民政府要依法划定饮用水水源保护区,开展重要饮用水水源地安全保障达标建设。禁止在饮用水水源保护区内设置排污口,对已设置的,由县级以上地方人民政府责令限期拆除。县级以上地方人民政府要完善饮用水水源地核准和安全评估制度,公布重要饮用水水源地名录。加快实施全国城市饮用水水源地安全保障规划和农村饮水安全工程规划。加强水土流失治理,防治面源污染,禁止破坏水源涵养林。强化饮用水水源应急管理,完善饮用水水源地突发事件应急预案,建立备用水源。

(三)推进水生态系统保护与修复

开发利用水资源应维持河流合理流量和湖泊、水库以及地下水的合理水位,充分考虑基本生态用水需求,维护河湖健康生态。编制全国水生态系统保护与修复规划,加强重要生态保护区、水源涵养区、江河源头区和湿地的保护,开展内源污染整治,推进生态脆弱河流和地区水生态修复。研究建立生态用水及河流生态评价指标体系,定期组织开展全国重要河湖健康评估,建立健全水生态补偿机制。

五、保障措施

(一)建立水资源管理责任和考核制度

要将水资源开发、利用、节约和保护的主要指标纳入地方经济社会发展综合评价体系,县级以上地方人民政府主要负责人对本行政区域水资源管理和保护工作负总责。国务院对各省、自治区、直辖市的主要指标落实情况进行考核,水利部会同有关部门具体组织实施,考核结果交由干部主管部门,作为地方人民政府相关领导干部和相关企业负责人综合考核评价的重要依据。具体考核办法由水利部会同有关部门制订,报国务院批准后实施。有关部门要加强沟通协调,水行政主管部门负责实施水资源的统一监督管理,发展改革、财政、国土资源、环境保护、住房城乡建设、监察、法制等部门按照职责分工,各司其职,密切配合,形成合力,共同做好最严格水资源管理制度的实施工作。

（二）健全水资源监控体系

抓紧制定水资源监测、用水计量与统计等管理办法,健全相关技术标准体系。加强省界等重要控制断面、水功能区和地下水的水质水量监测能力建设。流域管理机构对省界水量的监测核定数据作为考核有关省、自治区、直辖市用水总量的依据之一,对省界水质的监测核定数据作为考核有关省、自治区、直辖市重点流域水污染防治专项规划实施情况的依据之一。加强取水、排水、入河湖排污口计量监控设施建设,加快建设国家水资源管理系统,逐步建立中央、流域和地方水资源监控管理平台,加快应急机动监测能力建设,全面提高监控、预警和管理能力。及时发布水资源公报等信息。

（三）完善水资源管理体制

进一步完善流域管理与行政区域管理相结合的水资源管理体制,切实加强流域水资源的统一规划、统一管理和统一调度。强化城乡水资源统一管理,对城乡供水、水资源综合利用、水环境治理和防洪排涝等实行统筹规划、协调实施,促进水资源优化配置。

（四）完善水资源管理投入机制

各级人民政府要拓宽投资渠道,建立长效、稳定的水资源管理投入机制,保障水资源节约、保护和管理工作经费,对水资源管理系统建设、节水技术推广与应用、地下水超采区治理、水生态系统保护与修复等给予重点支持。中央财政加大对水资源节约、保护和管理的支持力度。

（五）健全政策法规和社会监督机制

抓紧完善水资源配置、节约、保护和管理等方面的政策法规体系。广泛深入开展基本水情宣传教育,强化社会舆论监督,进一步增强全社会水忧患意识和水资源节约保护意识,形成节约用水、合理用水的良好风尚。大力推进水资源管理科学决策和民主决策,完善公众参与机制,采取多种方式听取各方面意见,进一步提高决策透明度。对在水资源节约、保护和管理中取得显著成绩的单位和个人给予表彰奖励。

国务院

二〇一二年一月十二日

索　引